普通高等教育“十一五”国家级规划教材
普通高等教育国际经济与贸易专业系列教材

国际贸易实务

第3版

主　编　崔日明　李　丹　张　欣
参　编　栾申洲　张桂梅　郭贞贞　姜　伟

机械工业出版社

本书坚持“实际、实用、实践”的原则，结合国际贸易实践的发展变化和国际相关规则与惯例的要求，对第2版的内容进行了必要的调整和增删。本书内容全面、重点突出，具有较强的针对性、实用性、规范性和可操作性。

本书共十四章，分别为：绪论，国际货物买卖合同及其商订，商品的品名、品质、数量和包装条款，国际货物运输条款，国际货物运输保险的基本规则，国际贸易术语及价格条款，国际结算条款，商品检验条款，争议、索赔、不可抗力、仲裁条款，贸易前的准备工作，经济效益核算，合同的签订与履行，违约及其法律救济方法，国际贸易方式。

本书适合国际经济与贸易专业本科教学需要，也可作为高职高专经贸类专业及相关专业学生的教材，亦可供外经贸工作者及从事国际商务工作的各类人员参考。

图书在版编目（CIP）数据

国际贸易实务 / 崔日明，李丹，张欣主编. -- 3版. 北京：机械工业出版社，2025. 2. --（普通高等教育“十一五”国家级规划教材）（普通高等教育国际经济与贸易专业系列教材）. -- ISBN 978-7-111-77456-3

Ⅰ. F740. 4

中国国家版本馆CIP数据核字第2025M4Q931号

机械工业出版社（北京市百万庄大街22号　邮政编码100037）
策划编辑：常爱艳　　责任编辑：常爱艳　马新娟
责任校对：梁　园　陈　越　　封面设计：鞠　杨
责任印制：单爱军
北京虎彩文化传播有限公司印刷
2025年3月第3版第1次印刷
184mm×260mm · 17.5印张 · 389千字
标准书号：ISBN 978-7-111-77456-3
定价：54.80元

电话服务　　网络服务
客服电话：010-88361066　机　工　官　网：www.cmpbook.com
010-88379833　机　工　官　博：weibo.com/cmp1952
010-68326294　金　书　网：www.golden-book.com
封底无防伪标均为盗版　机工教育服务网：www.cmpedu.com

前言

Preface

在21世纪的今天，全球经济一体化不断深化，信息技术和数字技术飞速发展，国际贸易呈现出全球化、电子化、多元化、环保化、数字化等特点。这些特点将影响国际贸易的方式、速度和成本，各国之间的贸易往来越来越频繁，商品和服务的流通范围也越来越广，一些国际贸易流程、业务做法和国际通行的规则与惯例也在不断地变化，以适应时代发展的需要。我国已连续多年稳居世界第一货物贸易大国地位，具备国际贸易业务实践的基本知识、基本能力和基本素质的人才一直是我国开放发展的重要支撑。

为促进“国际贸易实务”课程的教学，本教材编写团队结合丰富的教学经验，为满足国际贸易实践中的发展变化、国际相关规则和惯例的要求，对第2版教材内容进行了必要的调整和增删，旨在为读者提供全面、实用的一站式指南，帮助读者理解国际贸易业务的基础知识，掌握国际贸易实践中的各种技能。本教材以国际贸易流程为主线，以国际基本贸易方式为核心，以国际货物买卖合同为重点，以相关的国际贸易规则和惯例为依据，深入浅出地介绍了国际贸易业务流程的各个方面，包括合同签订的准备、合同内容及条款的拟订、合同的履行等。同时，为适应时代发展的需要，本教材增加了关于跨境电子商务等当前发展迅猛的新型贸易方式的相关内容。通过本教材的学习，读者能够理解国际贸易的基本原理，掌握贸易谈判、合同签订、货物交付等关键步骤，了解如何顺利开展贸易业务活动、如何处理贸易纠纷、如何利用各种国际贸易规则和惯例来保障与维护贸易利益。

本教材内容全面、重点突出，充分满足了国际贸易业务技能的适配性要求；取材新颖，结合了国际贸易中现行的惯例，以及国际新修订、颁布的有关法规和条例；结构编排实用，体现了整个贸易流程的规范性和操作性；文字简洁易懂，文中例子突出代表性、启发性，具有较强的逻辑性、可读性和趣味性。

本书由崔日明、李丹和张欣三位教授担任主编，具体分工如下：第一、十四章由三明学院张桂梅教授编写，第二、三章由辽宁大学李丹教授编写，第四、十三章由辽宁大学崔日明教授编写，第五、六章由沈阳工业大学郭贞贞老师编写，第七、十二章由大连民族大学张欣教授编写，第八、九章由北京工业大学姜伟教授编写，第十、十一章由青海民族大学栾申洲教授编写。

我们感谢所有为本教材做出贡献的人，包括编辑、校对员、设计师等，他们的努力和专业知识使这本教材得以出版。我们也诚恳地感谢每一位读者，希望您在使用本教材的时候，对教材中可能存在的一些纰漏和不足进行批评和指正。

最后，以本教材为媒介，让我们一起以开放和包容的心态，共同迎接国际贸易带来的挑战和机遇。

崔日明

2024年10月于辽宁大学

目 录

Contents

第九章 争议、索赔、不可抗力、仲裁条款

第十章 贸易前的准备工作

第十一章 经济效益核算

第十二章 合同的签订与履行

第十三章 违约及其法律救济方法

第一章 绪　论

第一节　国际贸易实务概述

国际贸易是指国际性商品流通的具体运作过程。国际贸易实务也称进出口贸易实务，是经济贸易类专业的一门核心课程，是从事外贸业务相关人员重点学习的一门课程。国际贸易实务课程要求理论与实践紧密结合，其不仅涉及国际贸易理论和政策，还涉及国际贸易惯例与法律、国际保险与运输、国际金融、国际营销等学科的基本原理与基本知识的运用，这门课程专门研究国际商品交换的具体过程，兼具涉外性和实践性。

一、国际贸易实务的研究对象与主要内容

国际贸易实务以国际货物贸易为研究对象，以交易条件和合同条款为重点，以国际贸易惯例和法律为依据，研究国际货物买卖过程的基本知识、基本规则、基本操作流程和技巧。国际贸易包括货物贸易、服务贸易和技术贸易，其中，货物贸易是基础，服务贸易与技术贸易的具体业务操作方法也有不少基于货物贸易的具体操作方法。

二、国际贸易实务的特点

国际贸易实务在交易环境、交易条件、贸易方法上所涉及的问题以及所面对的国际法律、惯例和变化因素远比国内的贸易过程更加复杂，其表现在以下几个方面：

1）从交易环境上来说，交易过程处在不同的国家和地区，各国的要求不完全相同，在洽商交易和履约的过程中，通常会涉及各国不同的社会制度、政策措施、法律、惯例和习惯，情况错综复杂。

2）从交易数量和交易时间上来看，国际贸易的货物成交量通常比较大，一般交易

的商品需要长距离运输，花费时间也较国内贸易要长，在此过程中可能出现自然灾害、意外事故及外来风险等因素，买卖双方要承担巨大的风险。

3）从社会环境层面，国际贸易受国际政治、经济形势和其他客观条件变化的影响，灵活多变的同时又不可预测。

三、国际贸易实务的当事人

国际贸易实务的当事人主要有出口企业和进口企业。出口企业作为卖家，相应地需要承担大部分职责，如订立合同、提交信用证开证申请，以及缮制发票和装箱单等，而进口企业需要审查出口企业发来的单据和信用证。

第二节　国际贸易相关法律与惯例

在国际贸易中，买卖双方在订立合同、履行合同和处理争议时，都应遵循相关的法律和惯例。与国际贸易相关的法律和惯例包括各国与国际贸易有关的法律、国际条约或公约、国际贸易惯例。

一、国内法

各国与国际贸易有关的法律是指国家制定或认可并在本国主权管辖范围内生效的与国际贸易相关的法律，即国内法。

国际货物买卖合同必须符合国内法，即符合国家制定或认可的法律。比如，按照《中华人民共和国民法典》的规定，订立合同必须遵守我国法律，即使依照法律规定适用外国法律或国际惯例的也不得违反我国的社会公共利益。由于合同双方当事人所在国的法律制度不同，对于同一问题可能出现不同的法律规定，为解决这种法律冲突，一般都在国内法中规定冲突的处理办法。根据此类法律规定，双方当事人可以协商并约定处理合同争议所适用的准据法。若未能就此进行约定，则可以由受理合同争议的法院或仲裁机构依据与合同有密切联系的国家的法律来处理合同项下的争议。

二、国际公约

有关国际贸易的国际条约主要是属于统一实体法规则的国际条约，如 1980 年《联合国国际货物销售合同公约》、1978 年《联合国海上货物运输公约》、1988 年《联合国国际汇票和国际本票公约》等，其中《联合国国际货物销售合同公约》是迄今为止关于国际货物买卖的一个较重要的国际公约。

《联合国国际货物销售合同公约》（*the United Nations Convention on Contracts for the International Sale of Goods*，CISG）在联合国国际贸易法委员会（UNCITRAL）的主持下，于 1980 年在维也纳订立，并于 1988 年 1 月 1 日正式生效，是规范缔约国之间国际贸易合同的主要依据。该公约共分为 4 个部分：①适用范围；②合同的成立；③货物买卖；④最后条款。全文共 101 条。我国是最早参加《联合国国际货物销售合同公约》的国家之一。我国曾派遣代表参加了 1980 年维也纳会议，并于 1986 年 12 月向联合国秘书长递交了关于该公约的核准书，成为该公约的缔约国。值得注意的是，我国在核准该公约时，曾根据该公约第 95 条和第 96 条的规定，对该公约提出了关于采用书面形式和关于公约适用范围的保留。

《联合国国际货物销售合同公约》以议定书的形式修订。1974 年参加该公约的国家有 25 个，1980 年有 38 个。该公约对其适用范围、时效期间的停止和延长、当事人对时效期间的变更、时效期间的一般限制、时效期间届满的后果以及时效期间的计算等做了规定。

该公约规定时效期间一般自请求权产生之日起计算，而违约引起的请求权在违约行为发生之日产生，货物有瑕疵或不符合合同规定而引起的请求权在货物实际交付买方或买方拒绝接受之日产生，基于欺诈行为而引起的请求权在该项欺诈被发现或理应被发现之日产生。但无论时效期间如何停止、延长，自起算之日起 10 年届满。时效期间届满后的请求权在任何法律程序中不承认或执行。

三、国际贸易惯例

国际贸易惯例是指根据长期的国际贸易实践中逐步形成的某些通用的习惯做法而制定的规则。虽然不是法律，不具有普遍的法律约束力，但按各国的法律，在国际贸易中都允许当事人有选择适用国际贸易惯例的自由，一旦当事人在合同中采用了某项惯例，它对双方当事人都具有法律约束力。

有些国家的法律还规定，法院有权按照有关的贸易惯例来解释双方当事人的合同。在国际贸易中影响最大的是国际商会制定的《国际贸易术语解释通则》和《跟单信用证统一惯例》。

（一）《国际贸易术语解释通则》

最早的《国际贸易术语解释通则》是国际商会（International Chamber of Commerce，ICC）于 1936 年公布的，先后于 1953 年、1967 年、1976 年、1980 年、1990 年、2000 年、2010 年、2020 年进行多次修订和补充。目前实施的是《国际贸易术语解释通则 2020》（*International Rules for the Interpretation of Trade Terms 2020*），于 2019 年 9 月 10 日公布，2020 年 1 月 1 日开始在全球范围内实施，较 2010 年版本进一步对各方责任承担做出更加准确划定。

《国际贸易术语解释通则》对采用国际贸易术语（如 CIF 和 FOB）订立的合同中各方主体的义务、风险和费用成本的承担进行了详细解释。值得注意的是，《国际贸易术语解释通则》对国际贸易术语的解释和普通法下的解释有所不同，只有在明确约定适用《国际贸易术语解释通则》的情况下，《国际贸易术语解释通则》中的贸易术语才会适用。

为推出新版本的《国际贸易术语解释通则》，国际商会从国际贸易中具有代表性的参与人那里收集了全面的反馈意见，并评估了共计 3000 多条相关评论。国际商会的目标是找到一个为各个国家服务的折中方案，并形成一个具有高度现实意义和实践导向的《国际贸易术语解释通则》的新版本。

（二）《跟单信用证统一惯例》

《跟单信用证统一惯例》(《UCP600》) 是由国际商会起草，并在国际商会 2006 年 10 月巴黎年会通过，新版本于 2007 年 7 月 1 日起实施。它是信用证领域最权威、影响最广泛的国际商业惯例，包括 39 个条款。

《跟单信用证统一惯例》并非建立在法律基础上，不具有强制性。因此，银行有权在信用证中规定与《跟单信用证统一惯例》不同的条款。虽然不具有强制性，但《跟单信用证统一惯例》已被世界绝大多数国家和地区的银行和贸易界接受，成为全世界各国家和地区通用的惯例。

第三节 国际货物买卖合同的基本内容

国际货物买卖合同是地处不同地区的买卖双方对买卖过程达成的一项协议，也是当事人履行各自约定的依据。一旦发生违约行为，当事人双方在履行义务、进行违约补救或处理争议产生困难时，可以根据国际货物买卖合同解决纠纷。

一、货物的品质条款

货物的品质规格是指商品所具有的内在质量与外观形态。品质条款的主要内容是品名、规格或牌名。合同中规定品质规格的方法有两种：凭样品和凭文字与图样。凭样品成交适用于从外观上即可确定商品品质的交易。凭文字与图样成交的买卖包括：凭规格、等级或标准的买卖，凭说明书的买卖，以及凭商标、牌号或产地的买卖。对于附有图样、说明书的合同，要注明图样、说明书的法律效力。

二、货物的数量条款

数量条款的主要内容是交货数量、计量单位与计量方法。制定数量条款时应注意明确计量单位和度量衡制度。在数量方面，合同通常规定有“约数”，但对“约数”的解释容易发生争议，故应在合同中增订“溢短装条款”，明确规定溢短装幅度，如“东北大米 500 公吨，溢短装 3%”，同时规定溢短装的作价方法。

三、货物的包装条款

包装是指为了有效地保护商品，如数量完整、质量完好，将商品装进适当的容器。包装条款的主要内容有包装方式、规格、包装材料、费用和运输标志。制定包装条款要明确包装的材料、造型和规格，不应使用“适合海运包装”“标准出口包装”等含糊不清的词句。

四、货物的价格条款

价格条款的主要内容有每一计量单位的价格金额、计价货币、指定交货地点、贸易术语与商品的作价方法等。为防止商品价格受汇率波动的影响，在合同中还可以增订黄金或外汇保值条款，明确规定在计价货币币值发生变动时，价格应做相应调整。

五、货物的装运条款

装运条款的主要内容有装运时间、运输方式、装运地与目的地、装载方式、装运通知。根据不同的贸易术语，装运要求是不一样的，所以应该依照贸易术语来确定装运条款。如果合同中规定了选择港，则应注明增加的运费、附加费用由谁承担。

六、货物的保险条款

国际货物买卖中的保险是指进出口商按照一定险别向保险公司投保并交纳保险费，以便货物在运输过程中受到损失时，从保险公司得到经济上的补偿。在国际货物买卖中，保险责任与费用的分担由当事人选择的贸易术语决定，因此投保何种险别以及双方对于保险有何特殊要求都应在合同中注明。此外，双方应在合同中注明所采用的保险条款名称，不同保险条款具有不同的效力。

七、货物的支付条款

支付条款的主要内容包括支付手段、支付方式、支付时间和地点。支付手段有货币和汇票，主要是汇票。付款方式可以分为两种：一种是不由银行提供信用，但通过银行代为办理，如直接付款和托收；另一种是由银行提供信用，如信用证。支付时间通常按交货与付款先后，可分为预付款、即期付款与延期付款。付款地点即为付款人或其指定银行所在地。

八、货物的检验条款

商品检验是指由商品检验机关对进出口商品的品质、数量、重量、包装、标记、产地、残损等进行查验分析与公证鉴定，并出具检验证明。在国际贸易中，检验机构主要有官方检验机构、产品的生产或使用部门设立的检验机构、由私人或同业协会开设的公证行。在国际货物买卖中，通常由当事人在合同中约定检验的标准和方法，应按照合同的具体约定出具符合合同要求或某些国家特殊法律规定的检验证书。

九、不可抗力条款

不可抗力条款是指合同订立以后发生的当事人订立合同时不能预见的、不可避免的、人力不可控制的意外事故，导致合同不能履行或不能按期履行，遭受不可抗力一方可由此免除责任，而对方无权要求赔偿。一般来说，不可抗力来自两个方面：自然条件和社会条件。有时当事人在合同中改变了不可抗力概念通常的含义，因此需要在合同中注明双方公认的不可抗力事故。

十、仲裁条款

仲裁条款是双方当事人自愿将其争议提交第三者进行裁决的意思表示。仲裁条款的主要内容有仲裁机构、适用的仲裁程序规则、仲裁地点及裁决效力。在国际贸易实践中，仲裁机构、仲裁地点都由双方约定产生，仲裁程序规则一般由选择的仲裁机构决定，裁决效力一般是一次性的、终局的，对双方都有约束力，凡订有仲裁协议的双方，不得向法院提起诉讼。

十一、法律适用条款

国际货物买卖合同是在营业地分处不同国家的当事人之间订立的，由于各国政治、经济、法律制度不同，就产生了法律冲突和法律适用问题。当事人应当在合同中明确说明合同适用国的法律。

第四节 国际货物贸易的基本流程

国际贸易与国内贸易相比，由于运用的交易方式和采用的成交条件不同，其业务环节也不尽相同。但是无论出口货物贸易还是进口货物贸易，就它们的基本业务程序而言，均可概括为以下3个阶段：准备阶段、磋商和签订合同阶段、履行合同阶段。

一、出口货物贸易的基本流程

（一）出口交易前的准备

出口交易前的准备是一系列复杂的工作，需要认真准备。这个阶段需要做的事情很多，主要包括：熟悉商品、市场调研并选择目标市场、选择交易对象、制定出口商品经营方案、做好商标的国外注册工作，以及组织谈判团队。这些工作都很重要，特别是目标市场的选择需要在市场调研的基础上，按照某些指标对世界市场进行细分，最终确定某些国家或地区的某些细分市场；做好商标的国外注册工作是保证企业当前或以后可以用自有品牌出口的基本措施，如果本企业商标在国外市场被其他企业抢注，则该出口企业将失去在国外市场使用该商标的权力。

（二）出口合同磋商和签订

贸易商在与选定的国外客户建立业务关系后，即可就出口交易的具体内容与对方进行实质性谈判，即交易磋商。交易双方既可通过书面形式，也可通过电话、当面谈判的口头形式就买卖货物的各项交易条件进行磋商。交易磋商一般要经过询盘、发盘、还盘、接受等环节，其中发盘和接受是交易成立的基本环节，也是合同成立的必要条件。

如果一方对另一方的发盘或还盘表示接受，即宣告合同成立，谈判的结果可以以书面合同的形式确定下来。国际货物买卖合同与国内买卖合同相比，既有相似之处也有不同之处，两者的标的物都是货物，合同的性质均为买卖，但国际货物买卖合同具有国际性，即买卖双方位于不同国家。

合同可以由卖方或买方起草，分为销售合同和销售确认书、购货合同或购货确认书。合同是交易中一种非常正式的货物买卖协议，它的内容比较全面、详细，包括交易的品名、品质、数量、包装、价格、总值等主要交易条件，以及保险、商检、索赔、仲裁等条件，适合大宗交易。确认书是合同的简化形式，主要适用于成交额不大、批次较多的轻工业品、土特产品或包销、代理等长期协议的交易。

（三）出口合同履行

国际货物买卖合同有效订立后，买卖双方就应根据合同规定，各自履行自己的义务。若有违反或不履行，致使对方蒙受损失，违约方必须承担对方损失的法律责任。出口方在履约阶段，需要进行的工作包括以下内容：

1）备货。出口商在订立合同后应与生产厂家联系货源，保证按时、按质、按量交付合同约定的货物。在备货过程中，还应根据有关法律和法规报请主管机构检验或自行安排检验。在检验合格后，才能对外装运出口。

2）催证、审证和改证。如果国外客户未能按合同规定及时开来信用证，出口商应向国外客户催开信用证。在收到信用证后，还要根据合同规定和《跟单信用证统一惯例》审查信用证，如发现与合同有歧义的条款或难以实现的条款，应当立即要求客户修改信用证，使之符合出口合同规定或便于自身履行。

3）及时办理运输、保险和出口报关。出口商在收到信用证经审核无误后应及时办理发货装运手续。在办妥托运手续，明确载货工具和出运日期后，必须及时办理运输保险，然后向海关办理出口报关手续。经海关查验放行后，将货物装上指定的载货工具，并向承运人取得运输单据。货物装运后，出口商应及时将装运情况通知进口商，以便对方准备收货和支付价款等事宜。如果货物运输保险是由买方办理，出口商则应适当提前发出装运通知的时间，以便买方有足够的时间办理保险手续。

4）缮制单据，及时向银行交单结汇。货物装运后，出口商应备妥单据，包括商业发票、运输单据和保险单等主要单据以及其他单据。单据缮制后，应立即按合同规定向有关银行交单，收取货款。

倘若在订立合同后，一方不履行或在履行中有违反合同规定的情形，都会使对方蒙受损失。此时，受害方有权按合同规定向违约方提出索赔甚至解除合同。如果买卖双方对是否违约或对损失金额意见不一致，就会产生索赔与理赔以及处理争议的问题。

出口货物贸易的基本流程如图 1-1 所示。

二、进口货物贸易的基本流程

进口货物贸易的基本流程一般分为进口交易前的准备、进口合同磋商和签订、进口合同履行，如图 1-2 所示。

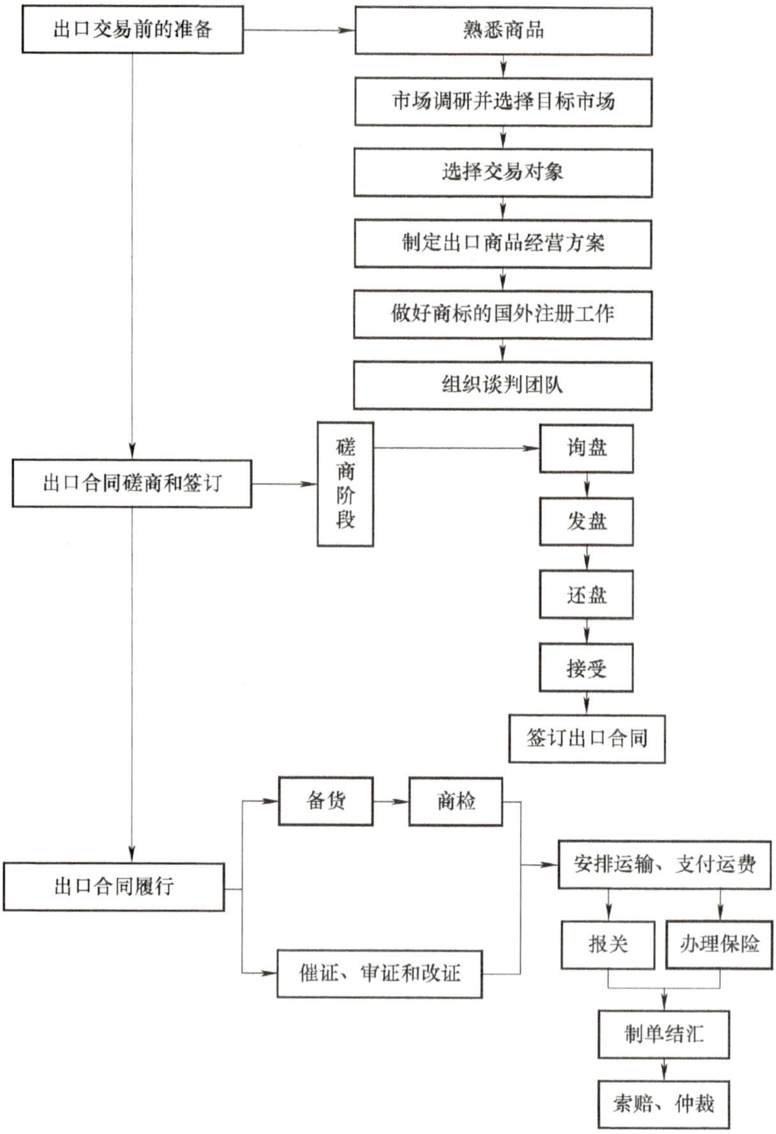

图 1-1 出口货物贸易的基本流程

注：以 CIF 合同成交、使用信用证结算为例。

（一）进口交易前的准备

进口交易前的准备工作主要有：编制进口计划，制定进口商品经营方案，市场调研，选择交易对象并建立业务关系，组织谈判团队等。在这个阶段，首先应编制进口计划，制定进口商品经营方案，明确进口需求商品及其品质数量等内容。然后进行市场调研，了解国际市场行情、主要出口国及出口企业的产品供应情况等，在此基础上选择进口市场上的数家资信较好的交易对象，建立业务关系。如果交易金额较大或需要采购大型设备，在正式进入磋商环节之前，还应根据实际情况组建谈判团队。

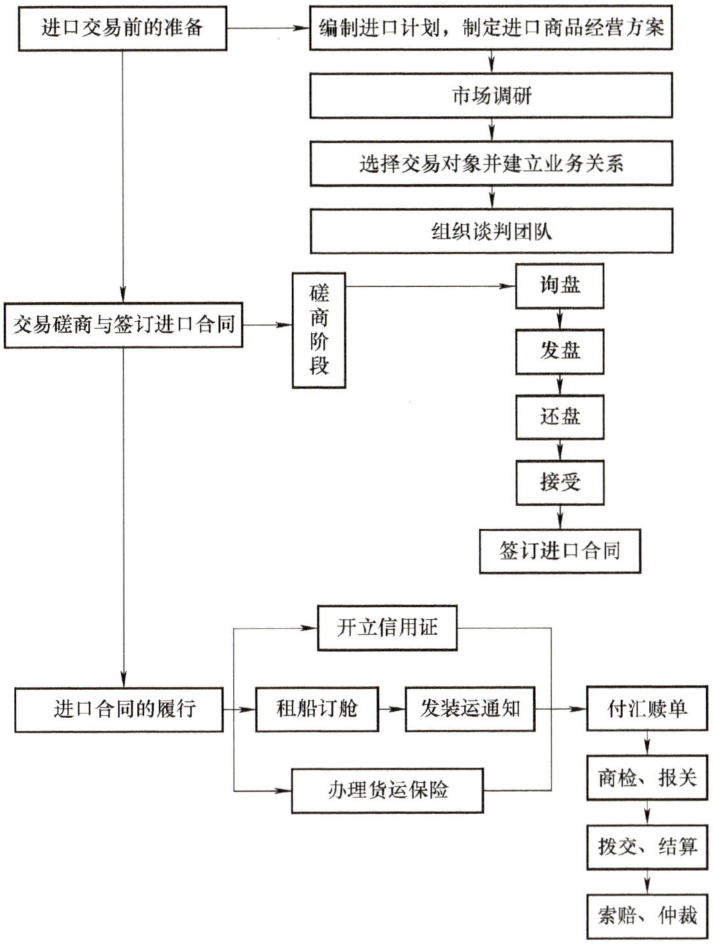

图 1-2 进口货物贸易的基本流程

注：以按 FOB 合同成交、使用信用证结算为例。

（二）交易磋商与签订进口合同

进口交易磋商与出口交易磋商的程序基本相同。但在实际业务中，进口交易磋商还应注意：不要向同一地区过多询盘，可分别向不同国家的出口商询盘，防止国外商人乘机抬价；在了解国际市场行情的基础上，对不同国家或地区的报价要仔细综合比较，做好“货比三家”的工作，以保证得到合理的价格。

（三）进口合同的履行

在合同履行阶段，进口商需要在规定的时间，按照合同规定的内容，找到银行开立以出口商为受益人的信用证。办理租船订舱事宜，支付运费，向卖方发出包括船名、装船时间等在内的通知，便于卖方准备装船。待接到卖方的已装船通知后，还要办理货运保险，支付保险费。之后要付款赎单，提取货物，并分拨给国内客户。如果履约过程出现意外，致使货物受损，或卖方所交货物与合同不符，买方可以向相关责任人或保险公司索赔。

习 题

一、名词解释

1. 联合国国际货物买卖合同公约
2. 国际贸易术语解释通则
3. 跟单信用证统一惯例

二、简答题

1. 简述“国际贸易实务”研究的主要内容。
2. 国际货物买卖合同的基本内容有哪些?

第二章 国际货物买卖合同及其商订

第一节 国际货物买卖合同

一、国际货物买卖合同的含义及形式

（一）国际货物买卖合同的含义

国际贸易是以合同为中心进行的。国际贸易合同或称国际货物买卖合同，又称国际货物销售合同（Contract for the International Sale of Goods），是指位于不同国家的买卖双方之间，通过友好协商，按照一定的交易条件，买卖某种商品（进口或出口）所签订的协议。《联合国国际货物销售合同公约》规定，国际货物销售合同是指营业地处于不同国家当事人之间所订立的货物销售合同。具体来讲，它是根据买卖双方都接受的国际贸易惯例或国际法律的规定而成立的。合同不仅规定了买卖的商品，还规定了双方的权利和义务，对双方均有约束力。按照国际贸易有关法律的解释，一项发盘被受盘人有效地接受后，买卖双方都受合同的约束，并按规定履行合同。

（二）国际货物买卖合同的形式

不同国家对国际货物买卖合同形式的规定不尽相同。国际贸易合同一般可以分为书面合同和口头合同两类。《联合国国际货物销售合同公约》规定，销售合同无须以书面订立或书面证明，在形式方面也不受任何其他条件的限制。销售合同可以用包括人证在内的任何方法证明。所以，国际通用的解释是这两类合同的效力是一致的，除非当事人约定以签订正式书面合同为合同成立要件，否则口头合同与书面合同在法律上效力一致。例外的情况是，有的国家要求一定金额以上的合同必须是书面的，不承认口头合同的有效性。例如，美国《统一商法典》规定，凡 500 美元以上金额的货物销售合同必须有书面文件为证，否则不得由法律强制执行。因此，对于那些通过口头磋商达成的交易，订立书面合同是完全必要的。

我国在核准加入《联合国国际货物销售合同公约》时，对合同形式的规定提出了保留，坚持认为国际货物买卖合同必须采用书面形式。因此，我国境内的当事人在从事国际货物买卖交易时，无论是发价、接受、订约或变更、终止买卖合同，都必须采用书面方式，不得采用口头方式或其他非书面的方式。

二、国际货物买卖合同的分类

国际货物买卖合同按照不同标准和角度可以分为不同类别。

（一）书面合同和口头合同

按照形式不同，合同可分为书面合同（Written Contract）和口头合同（Oral Contract）。书面合同是指通过信件、电子邮件、电报、电传等通信方式磋商交易达成的协议；口头合同则是指在谈判桌上面对面的谈判，如参加交易会、洽谈会、出访、邀请来访、长途电话等进行的磋商，达成一致意见，而无须书面证明。

（二）出口合同和进口合同

按照制作人不同，合同可分为出口合同（Export Contract）和进口合同（Import Contract）。由卖方制作的合同称为销售合同或出口合同，由买方制作的合同称为购货合同或进口合同。

（三）销售或购货合同和销售或购货确认书

按照合同的内容繁简程度不同，出口合同可分为销售合同（Sales Contract）和销售确认书（Sales Confirmation），进口合同则可分为购货合同（Purchase Contract）和购货确认书（Purchase Confirmation），如图 2-1 所示。

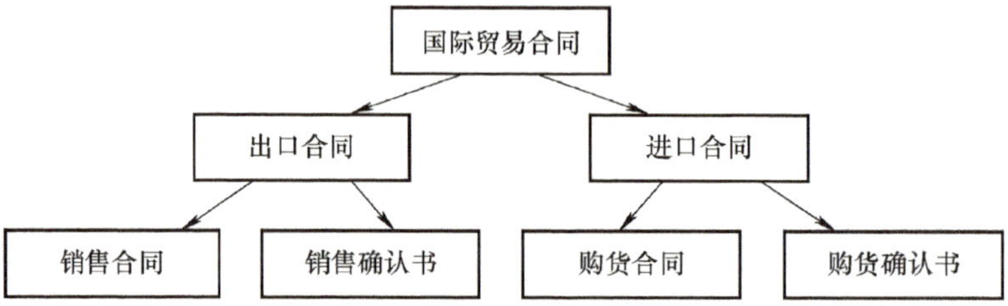

图 2-1　国际贸易合同的分类（按内容繁简程度）

销售合同内容比较全面、完整，除商品的名称、数量（重量）、包装、规格、单价、装运港和目的港、交货期、支付方式、运输标志、商品检验等条件外，还包括有关异议索赔、不可抗力、仲裁等条款。使用的文字大多是第三人称的语气。它的特点是内容比较全面，对双方的权利和义务以及发生争议后如何处理都有规定。由于权、责明确，因此，大宗商品或成交金额较大的交易，大多采用此种形式的合同。

销售确认书是合同的简化形式。经过双方当事人签字后，它具有与销售合同同等的法律效力，对买卖双方均有约束力，但它所包括的内容比销售合同简单，一般不包括异议索赔、不可抗力、仲裁等条款，使用的文字大多是第一人称的语气。

（四）装运合同和到货合同

按照使用的贸易术语不同，合同可分为装运合同（Shipping Contract）和到货合同（Arrival Contract）。根据国际商会《国际贸易术语解释通则 2020》，贸易术语共分为 4 组 11 个，其中 E 组（EXW）、F 组（FCA，FAS，FOB）、C 组（CFR，CIF，CIP，CPT）的 8 种价格术语卖方都是在出口国的内地或港口完成交货，故把这三组交货条件成交的合同称为装运合同；D 组（DAP，DPU，DDP）的价格术语卖方都是在进口国边境、港口或内地完成交货，按这些价格术语成交的合同称为到货合同。

三、国际货物买卖合同成立的法律规范

一般而言，各国法律对于国际货物买卖合同的成立和生效均有明确规定，必须符合相应的法律规范才能受到法律的保护。归纳起来，国际贸易合同的成立要件主要有以下几个方面：

1）合同中的内容必须是合法的。这也就是说，合同中买卖的货物应是政府允许出口或进口的商品。如属政府管制的，应有许可证或配额。货款和外汇的收付必须符合国家规定。《中华人民共和国民法典》第 153 条规定，违反法律、行政法规的强制性规定的民事法律行为无效，违背公序良俗的民事法律行为无效。因此，订立合同必须遵守我国法律，并不得损害社会公共利益，否则合同无效。

2）当事人双方应具有法律行为的资格和能力。《中华人民共和国民法典》第 144 条规定：“无民事行为能力人实施的民事法律行为无效。”《中华人民共和国民法典》第 119 条规定：“依法成立的合同，对当事人具有法律约束力。”

3）必须是当事人双方在自愿基础上一致同意的。国际贸易合同是买卖双方的法律行为，不是单方面的行为，所以必须双方当事人一致同意方能成立。《中华人民共和国民法典》第 4 条规定：“民事主体在民事活动中的法律地位一律平等。”国际贸易合同双方当事人的法律地位是平等的，一方不得将自己的意志强加给另一方。这种一致必须建立在双方自愿的基础之上。所以，通常要通过一方发盘和另一方对该发盘表示接受的程序。这种表示必须以合法为前提。一方采用诈骗、威胁或暴力等行为而签订的合同，在法律上是无效的。《中华人民共和国民法典》第 148 条明确规定：“一方以欺诈手段，使对方在违背真实意思的情况下实施的民事法律行为，受欺诈方有权请求人民法院或者仲裁机构予以撤销。”第 150 条规定：“一方或者第三人以胁迫手段，使对方在违背真实意思的情况下实施的民事法律行为，受胁迫方有权请求人民法院或者仲裁机构予以撤销。”

4）合同必须有对价或合法的约因。对价和约因属于法律范畴的概念。对价（Consideration）是英美法系的一种制度，是指合同当事人之间所提供的相互给付（Counterpart），即双方互为有偿。国际货物买卖合同是双方合同，有偿的交换是由国际货物买卖合同的性质所决定的，双方都拥有权利，又都承担义务，卖方交货是为了取得买方支付的货款，买方支付货款是为了得到卖方提交的货物。买方付款和卖方交货就是双方的相互给付，就是买卖合同中的对价。约因（Cause）是指当事人签订合同所追求的直接目的。买卖合同只有在有对价或约因的情况下才是有效的合同，否则得不到法律的保护。

5）合同的形式必须符合法律规定的要求。如前所述，有的国家法律规定国际贸易

合同必须采用书面形式，或超过一定金额的合同必须采用书面形式，而不承认口头合同的有效性。有的国家则允许使用口头合同这种形式。此外，有的国家法律规定，有些买卖合同还必须经过一定的审批手续方能成立。《中华人民共和国民法典》第502条规定，依法成立的合同，自成立时生效，但是法律另有规定或者当事人另有约定的除外。依照法律、行政法规的规定，合同应当办理批准手续的，依照其规定。世界各国一般都有不同程序的对外贸易管制措施，因此，大多也有类似的规定。

以上是有效合同成立的条件。国际贸易合同只有符合上述条件才具有法律效力，才能得到法律的承认并受到法律的保护。在合同履行过程中，如发生争议，合同是解决争议的法律依据。

合同样例如图2-2所示。

合同
CONTRACT

卖方
Seller:______________

合同号码
Contract No.:__________

地址
Address:______________

日期
Date:__________

电话
Telephone:__________ 传真
Fax:________

签约地点
Signed at:________

买方
Buyer:______________

地址
Address:______________

电话
Telephone:__________ 传真
Fax:________

经买卖双方确认根据下列条款订立本合同：

This contract is made out by Sellers and Buyers as per the following terms and conditions mutually confirmed:

(1) 货物名称及规格 Name of commodity and specification	(2) 数量 Quantity	(3) 单价 Unit Price	(4) 金额 Amount

数量及总额允许有5%的增减。

5% more or less both in amount and quantity allowed.

总额

Total Amount:______________

(5) 合同总额（大写）

Total Value (in words):______________

(6) 包装及唛头

Packaging and shipping Marks:______________

(7) 装运口岸和目的地__________准许分批装运与转运。

Loading Port & Destination from__________with transshipment and partial shipments allowed.

(8) 保险：由卖方按发票全部金额110%投保至______为止的______险。按中国海洋运输保险条款办理。

Insurance: To be effected by seller for 110% of full invoice value covering______up only. Subject to C.I.C.

(9) 付款条款

Terms of Payment :______________

卖方
THE SELLERS

买方
THE BUYERS

图2-2 合同样例

第二节 国际货物买卖合同的商订

一般的贸易往来，在经过发盘、还盘、接受、磋商阶段后，即可订立合同。但很多的贸易商为了追求贸易的稳定性，在磋商之后，还要经过谈判来达成最后的合同，大型项目更是如此。合同的商订又称交易磋商（Business Negotiation），它是指买卖双方为买卖某种商品，就交易的各项条件进行协商以期达成交易的过程，一般又称为买卖谈判。在国际贸易的实践中，这是一项非常重要的工作。因为谈判是订约的基础，谈判的好坏直接影响合同的订立和合同的履行，关系到双方切身的经济利益。为此，从事对外贸易的业务人员要广泛掌握有关外贸业务的知识，同时要做好市场调研工作，在此基础上制定切实可行的商品经营方案。

一、交易前的准备工作

在进行商务谈判前必须做好准备工作，准备工作的目的是掌握充分的信息和材料，在谈判中做到知己知彼、百战不殆。这项工作做得不好，就会失去交易机会或降低应有的市场占有率，甚至会造成亏损。对于进出口公司来说，交易前的准备工作主要包括：选择谈判人员，进行己方交易产品资料准备、国际市场调研、客户调研，制定进出口商品经营方案。

（一）选择谈判人员

为了保证洽商交易的顺利进行，应选配精明能干的谈判人员。尤其是对一些大型的、内容复杂的交易，更要组织一个坚强有力的谈判团队，这个谈判团队中必须包括熟悉商务、技术、法律和财务的人员，他们应具有较高的素质且善于应战。具体对人员的选择在前面已经介绍。一般来说，一个富有经验的谈判团队能够使谈判更好地沿着己方期望的方向发展；反之，谈判进程将会受到谈判人员的影响。

（二）交易产品资料准备

在谈判之前，一定要对己方拥有的资源进行重新评估和整合，以使其能够达到应对谈判的最佳状态，一般包括：资信状况相关证明材料，技术设备介绍材料，人力资源配备材料，业务经营状况——进出口业务情况等；交易产品的产地及生产相关资料，品质、规格、技术资料，生产能力、备货能力，主要优点、特点，出口评价，行情等方面。

（三）国际市场调研

在洽商交易之前，出口商必须认真对国际市场进行调查研究。国际市场调研是对国际市场的有关信息资料进行收集、记录、分析和说明的过程。其目的有两个：一是发现有利的国际市场机会；二是预测国际市场营销中的问题，以设法避免或解决这些问题。根据国际市场调研的内容，国际市场调研主要有如下几个方面：市场环境调研、市场供求关系调研、进出口商品调研、价格调研。

（四）客户调研

客户调研是对国外客户资信情况和政治情况等方面的调研，通过全面调查，分类排队，有利于正确选择交易对象，使对外成交建立在可靠的基础之上。

1）了解客户的支付能力，包括注册资本的多少、营业额的大小、潜在资本、资产负债状况和借贷能力等。

2）对客户的背景进行分析，包括政治、经济背景等。

3）了解客户的经营范围和经营能力，包括客户的经营品种、经营性质、经营范围、业务往来，以及活动能力、购销渠道、联系网络、贸易关系等。

4）了解客户的商业信誉、商业道德、服务态度、公关业务水平等。

5）调研完毕后需要根据调研资料对客户进行分类排队。一般情况下，优先与基本往来客户成交，大部分交易与基本往来客户进行，必要时，在交易条件方面可给予适当优惠；对一般往来客户要进行培养，经常与其发生贸易往来；争取普通客户，通过各种方式了解他们的情况，加强联系；严格掌握对不与往来客户交往的原则。

6）要注意建立客户档案。建立客户档案是收集、整理和掌握客户基本情况的有效手段。其方法主要有建立客户卷宗和建立客户卡片等。客户卡片的形式可根据需要而不同，但应包括客户本身的基本情况和与我方往来的基本情况。

（五）制定进出口商品经营方案

为了更有效地做好交易前的准备工作，使磋商交易有所依据，保证经营意图的贯彻和实施，一般要事先制定出口或进口商品经营方案。

1. 出口商品经营方案

出口商品经营方案是指一个企业或部门对某一重点商品或某一系列商品在一定时期内的出口营销进行总体规划。出口商品经营方案一般应包括如下内容：前期经营方案执行情况的分析和总结；世界经济贸易的发展动向和所经营商品的国际供求预测；出口计划指标；主要外销市场的安排；重点客户的销售安排；组织出口货源的措施；营销的主要策略；市场价格趋势预测和出口价格掌握方案；出口商品中长期战略的阶段规划等。

（1）前期经营方案执行情况分析和总结

这项工作是对前期经营方案的执行情况进行概括性的工作总结，对编制新年度的出口商品经营方案具有指导和鉴别的作用，并可使新老两个方案具有连贯性和统一性。

对前期出口商品经营方案的执行情况，应重点分析以下几个方面：出口商品计划指标的完成情况及其完成（或未完成）的原因；出口商品及品种结构对国外市场的适应性；外销市场形势及竞争环境的变化；重点客户的经营情况；价格水平；贸易方式方面的经验教训等。

（2）出口货源的组织

组织和落实出口货源，是制定出口商品经营方案时需要重点考虑的内容。这方面的工作包括了解国内生产能力或出口的数量，以及出口商品的品质、规格和包装等情况。

（3）重点市场和重点客户的安排

重点市场是指商品出口金额所占比重较大的市场。对这样的市场，应在货源供应、营销措施上做出重点安排，以确保市场份额或扩大市场占有份额。对重点客户是指其经营出口金额总和占总出口金额较大比重的客户。对重点客户的销售安排工作应注意以下几点：按上年度的出口业绩，估计当年的经营形势，结合供货可能和销售意图，分户订立年度出口成交指标；在国际市场繁荣时期，对畅销品种和紧俏商品有计划地做好分配；在国际市场萧条时期，要在价格、折扣、付款条件等方面给予优惠；对待售现货和滞销商品，要做好推销安排，制定推销措施、进度和指标；及时交货，保证质量，做好售后服务。

（4）出口商品价格计划的制订

出口商品价格计划的制订要遵循以下原则：

首先，对不同的商品制定不同的定价标准。对以初级产品为主的原料性商品，一般应以国际市场上最有代表性的集散中心的市场价格或商品交易所经营的商品价格为依据；对一般大宗商品，可以以客观上形成的国际市场价格（如大量出口国家的出口成交价或大量进口国家的成交价）为依据；对没有形成国际市场中心行情的商品，可以以我国以前的进口成交价格或当地市场上主要供应国家类似商品的出口价格为依据；对工艺等特种商品，可参照类似商品的出口价格或样品试销探索的价格水平。

其次，按出口商品的品质、档次、包装、交货期等不同的贸易条件，确定与国际市场价格水平的差价。

再次，按出口商品的畅销与滞销、直销与转口、稳定市场与竞争市场，以及不同的客户政策等因素，确定数量差价、地区差价、优惠和折扣差异等。

在实际的价格运用的策略中，还应密切注意复杂多变的国际地位市场价格，既要掌握原则又不能绝对，既有原则性又有灵活性，使我方出口价格能及时地适应国际市场价格的变化。

此外，出口商品在出口交易前，还应在国内外进行商标注册，及时做好广告宣传工作。

2. 进口商品经营方案

进口商品经营方案是指一个企业或部门对一定时期内欲进口的商品的总体规划。它是对外洽商交易、采购商品和安排进口业务的依据，主要包括对进口商品的品种、数量、时间、国别、交易对象及交易价格的安排等。

（1）订购数量和时间的掌握

订购数量和时间要根据用货部门及国内需要的轻重缓急，结合国外市场的具体情况进行适当安排，既要防止过度集中，又要避免前松后紧或前紧后松；在保证满足国内需要的情况下，既要争取有利的成交价格和良好的采购时机，又要为合理安排运输创造有利条件。

（2）采购市场的安排

在对采购国别（地区）的安排上，一方面要贯彻国别政策，另一方面要注意进口商品的质量要求和经济效益。同时，还要力求实现进口多元化，防止过分集中于某一市场。

（3）交易对象的选择

选择和安排哪些客户作为我方的交易对象，是进口商品经营方案中应仔细研究的一个问题。在安排和选择为我方提供进口商品的客户时应注意：第一，国别和对我国的政治态度，要从国家战略的高度选择那些对我方友好、态度积极的客户作为成交对象；第二，交易对象的资信和经营范围以及经营能力；第三，要根据不同的进口商品，尽量选择商品制造厂商直接成交，以便减少中间环节，争取低价成交，节约外汇，在直接采购确有困难的情况下，也可通过中间代理商订购。因为虽然代理商要从中取得折扣或佣金，但有时由于代理商熟悉市场，掌握各种进货渠道，通过他们来订购的价格可能比直接采购的价格还低。

(4) 进口价格的掌握

根据国际市场近期价格参考近期的进口成交价格，结合我方的采购意图，拟订价格范围，以作为进口洽商的依据。在价格的掌握上，既要防止价格偏高，又要避免价格偏低。因为价格偏高会造成经济损失，浪费外汇；价格偏低找不到合适的卖主，完不成采购任务。

(5) 贸易方式的运用

采用什么贸易方式进口，应根据不同商品的特点、交易地区和对象、贸易习惯做法等来掌握。对于各种交易方式应灵活掌握和运用，在经营方案中可以规定一些原则性意见。

二、国际贸易合同商订的程序

国际贸易合同的磋商一般有两种形式：一种是书面形式，表现为买卖双方通过电报、电传、传真、信函、电子邮件等方式进行交易洽商；另一种是口头形式，表现为当面谈判、交易会洽谈等。有时也可以采用书面和口头相结合的方式交叉进行。

买卖双方交易磋商的主要内容有商品的品名、品质、规格、数量、包装、价格、装运、保险、支付、商检、异议索赔、仲裁、不可抗力等各项交易条件。只有双方就各项交易条件取得共识，达成一致意见后，交易方可达成，合同才能签订。

但是，在日常普通的商品交易磋商时，为缩短磋商时间和节约费用开支，可以使用固定格式的合同，其中商检、索赔、不可抗力、仲裁等一般交易条件（General Terms and Conditions of Business）可以提前印制在合同中，对此，只要对方没有任何异议，就不必重新协商，这些条件就成为双方进行交易的基础。

国际贸易合同的商订程序一般包括询盘、发盘、还盘、接受四个环节。其中，发盘和接受是达成交易不可缺少的两个基本环节或法律步骤。当一项有效的发盘被对方有效地接受时，交易即告达成，就可签订书面合同。

(一) 询盘

询盘（Inquiry）又称询价，是交易的一方欲购买或出售某种商品，向另一方询问买卖该项商品的各种交易条件。根据发出人的不同，询盘可以分为卖方询盘和买方询盘。其中，卖方询盘又称邀请递价（Invitation to Make a Bid），买方询盘又称邀请发盘（Invitation to Make an Offer）。

下面就询盘举两则实例。

买方询盘：BOOKABLE NORTHEAST SOYBEAN 100M/T PLEASE CABLE

LOWEST PRICE EARLIEST DELIVERY.（拟订购东北大豆 100 公吨，请电告最低价格、最快交货期。）

卖方询盘：CAN SUPPLY NORTHEAST SOYBEAN MARCH SHIPMENT CABLE IF INTERESTED.（可供中国东北大豆，3 月装运，如有兴趣请电告。）

询盘是交易磋商的第一步，是合同磋商的起点。但需要注意的是，询盘并不是合同订立的必经程序。如交易一方向交易另一方询问买卖商品的交易条件时，提出了某些带有保留条件的建议，这仍不能算作一项有效发盘，而应属于询盘。此类比较典型的样式是在书面的询盘中注明："以我方最后确认为准"（Subject to Our Final Confirmation），或者"有权先售"（Subject to Prior Sale）。

（二）发盘

发盘（Offer）又称发价，是卖方或买方向对方提出一定的交易条件，并愿意按照这些条件与对方达成交易、订立合同的一种表示。发盘的发出人称为发盘人或发价人（Offeror），另一方称为受盘人或被发价人（Offeree）。发盘是国际贸易合同订立的必经程序之一。发盘有书面和口头两种形式。书面发盘可以用书信、电报、电传、传真、电子邮件、报价单、价目单和发票等形式进行。发盘可以是应对方的询盘做出的答复，也可以是在没有询盘的情况下直接发出。

按照发盘人的不同，发盘可以分为递盘和报盘两种。递盘（Bid）又称购货发盘或买方发盘（Buying Offer）。报盘又称售货发盘或卖方发盘（Selling Offer）。通常情况下，发盘由卖方发出。

下面是一个有效发盘的实例。

OFFER 1000 GROSS SHANGHAI TOOTHPASTE ART. NO. 101 PACKED IN CARTONS OF SIX DOZ EACH GBP FIFTY TWO PER GROSS CIF SINGAPORE MAR./JUNE SHIPMENT IRREVOCABLE SIGHT CREDIT SUBJECT REPLY HERE 20TH.（兹发盘 1000 箩上海牙膏，货号 101，纸箱装，每箱 6 打，每箩 52 英镑，CIF 新加坡，5—6 月装运，以即期不可撤销信用证支付，限 20 日复到有效。）

1. 发盘有效的条件

《联合国国际货物销售合同公约》第 14 条规定，向一个或一个以上特定的人提出的订立合同的建议，如果十分确定并且表明发盘人在得到接受时承受约束的意旨，即构成发盘。一个建议如果写明货物并且明示或默示地规定数量和价格，或者规定如何确定数量和价格，即为十分确定。从上述发盘的定义中可以看出，构成一项有效的发盘应具备以下几个条件：

（1）对象特定

一项有效的发盘必须是向一个或一个以上特定的人（Specific Person）提出。发盘必须指定可以表示接受的受盘人，受盘人可以是一个，也可以指定多个。不指定受盘人的发盘，称为一般发盘（General Offer），或称邀请做出发盘（Invitation to Make an Offer）。如出口商向国外广发价目单（Price List）或报价单（Quotation Sheet），而未规定价目单所列价格对收到者是否有效，只是吸引对方提出订货，所以这种价目单或报价单不构成对寄发人的约束。此外，一方在报刊或电视广播中大做商业广告，即使内容明确完整，由于没有特定的受盘人，也不能构成一项有效的发盘，也应视为邀请对方做出发盘。

（2）目的明确

一项有效的发盘必须清楚地表明愿按发盘内容订立合同的意旨（Contractual Intent）。发盘必须清楚地表明订约意旨，即发盘应该表明发盘人在得到接受时，将按发盘的条件承担与受盘人订立合同的法律责任。这种意思有时可以用有关术语和语句加以表明，如发盘、报价、可供、递盘、订购、可订、订货等。在实际业务中，有时也不使用上述或类似术语或语句，而是按实际磋商的具体情况，根据当事人双方过去的业务往来情况或双方已经确立的习惯做法，来确定发盘人订立合同的意思。

（3）主要交易内容确定

一项有效的发盘，其主要交易条件必须是十分确定的。这样，发盘在被接受时，才能成为法律上有效的合同。发盘的主要交易条件的肯定性，具体表现为交易条件必须是明确的、完整的和无保留的。所谓明确，是指主要交易条件清楚、确切，没有含糊不清或模棱两可的词句，也不能使用“大约”或“参考价”等词语。所谓完整，是指主要交易条件完整，应包括商品的品名、品质、数量、包装、价格、交货、支付等条款和有效期。所谓无保留，是指发盘人在发盘中不能附有任何保留条件或限制性条件，如“以我方最后确认为准”“以未售出为准”“不受约束”等词句。

（4）到达生效

发盘必须在有效期内到达受盘人方始生效。到达标志是将发盘送交特定受盘人的营业场所或通信地址，如无营业场所或通信地址，则送交受盘人经常居住地。

2. 发盘人的法律约束力

一项发盘只要经受盘人有效地接受，发盘人就有按照发盘条件与受盘人达成交易、订立合同的义务。发盘的这种法律约束力是对发盘人的而言的，不构成对受盘人的约束，是发盘人的单方面的自我约束。

3. 发盘的有效期

发盘人不可能对一项发盘承担无限期的义务。所以，发盘应有一个发盘人受法律约束的期限，这个期限就是发盘的有效期。超过发盘的有效期，发盘人就不再受法律的约束了。有的发盘明确规定了发盘的有效期，受盘人必须在此规定的期限内接受才有效；有的发盘则没有明确规定发盘的有效期，而是根据惯例，在合理的时间内有效。

在实际业务中，常见的明确规定发盘有效期的方法主要有如下3种：

（1）明确截止日期的情形

1）OFFER SUBJECT REPLY MAY TENTH.（发盘限5月10日复。）

该方法中，如受盘人选择邮寄信函方式回复，则只要将回复于5月10日寄出即可。

2）OFFER SUBJECT REPLY HERE MAY TENTH.（发盘限5月10日复到。）

该方法明确规定了回复到达发盘人的最晚时间为5月10日。

3）OFFER VALID TILL MAY TENTH OUR TIME.（发盘有效至5月10日我方时间。）

该方法为避免时差，进一步规定了以发盘人所在地时间为准。

（2）规定一段有效期间或回复期间的情形

1）规定有效期间：OFFER VALID FIVE DAYS.（发盘有效期5天。）

2）规定回复期间：OFFER REPLY IN TEN DAYS.（发盘10天内复。）

期间起讫的计算方法：《联合国国际货物销售合同公约》第20条规定，发盘人在电报或信件中规定的接受期间，从电报交发时刻或信上载明的发信日期计算。如信上未载明发信日期，则从信封上所载日期起算。发盘人以电话、电传或其他可立即传达到对方的方法规定的接受期间，从发盘到达受盘人时起算。在计算接受期间时，这段时间内的正式假日或非营业日应计算在内。但是，如果接受通知在接受期间的最后一天未能送达发盘人的地址，因为那天在发盘人的营业所在地是正式假日或非营业日，则这段时间应顺延至下一个营业日。

（3）没有明确期限，界定合理有效期的情形

《联合国国际货物销售合同公约》规定，发盘中如未规定时间，在一段合理的时间内，未曾送到发盘人，接受就成为无效。但必须适当地考虑到交易的情况，包括发盘人所使用的通信方法的迅速程度。但合理时间究竟有多长，怎样才算迅速，各国法律并无明确规定或解释。一般来说，这就取决于各种实际情况，而传送的方法和货物的性质是重要因素。如用口头发盘则有效期为即时；如用电报、电子邮件、电传、传真发盘则有效期较短；如用邮寄信函方式发盘则有效期相对较长。在实际业务工作中，常见的有OFFER……REPLY IMMEDIATELY（发盘……速复）或OFFER……REPLY AS SOON AS POSSIBLE（发盘……尽快复）。此类发盘有效期规定得比较笼统，一般情况下，应按照国际贸易惯例，在合理的时间内答复，或立即做出答复，否则将被认为接受逾期。

总之，为了避免不必要的纠纷和争论，最好在发盘中明确规定有效期。

4. 发盘的撤回和撤销

发盘的撤回和撤销是两个不同的概念。

（1）发盘的撤回

撤回是指发盘生效前，发盘人采取行动，阻止它的生效。《联合国国际货物销售合同公约》也做了如下规定：发盘于送达受盘人时生效；一项发盘，即使是不可撤销的，但如果撤回的通知在发盘到达受盘人之前或同时到达受盘人，发盘得予撤回。按照上述规定，一项发盘是在传达到受盘人时才发生效力。因此，在受盘人接到该项发盘之前，发盘人可以用更为迅速的传递方式，声明撤回发盘。只要该项声明是早于或与发盘同时送达受盘人的，撤回即可生效。如果发盘人没有做到这一点，发盘即可生效，就对发盘人产生了约束力。此时，发盘人就不能再撤回，只能考虑是否可以将已经生效的发盘撤销。

（2）发盘的撤销

撤销是指在发盘到达受盘人并生效之后，发盘人以一定方式解除发盘的效力。作为一项发盘在有效期内能否被撤销，在各国法律解释上是不一致的。《中华人民共和国民法典》和《联合国国际货物销售合同公约》原则上允许撤销发盘，但撤销发盘的通知应当在受盘人发出接受通知之前到达受盘人。英美法系（又称普通法系 Common Law System）认为，发盘在被接受前的任何时候都可以撤销。英国法律规定，只要是未经受盘人付出某种代价的发盘或未经发盘人签字蜡封的发盘，均可随时撤销。美国《统一商法典》认为，如发盘人是商人，发盘有效期不得超过 3 个月，而且书面发盘只有经发盘人签字后，在有效期内才不能撤销。大陆法系（Civil Law System）则认为，在发盘有效期内，发盘人不得撤销发盘。《德国民法典》明文规定，订有具体有效期的发盘，在有效期内不能撤销；没有具体规定有效期的发盘，在合理的时间内不得撤销。法国法律虽然允许发盘人在有效期内撤销其发盘，但判例表明，发盘人必须承担损害赔偿的责任。

由于各国法律对发盘的撤销解释不一，这就给国际贸易的顺利进行造成了障碍。为了解决这一问题，《联合国国际货物销售合同公约》对上述问题特做如下规定：

1）在订立合同之前，如果撤销通知于受盘人发出接受通知之前送达受盘人，发盘得予撤销。

2）但在下列情况下，发盘不得撤销：发盘中注明了有效期，或以其他方式表明发盘是不可撤销的；受盘人有理由信赖该发盘是不可撤销的，并且已本着对该发盘的信赖行事。

5. 发盘的失效

发盘的失效又称发盘的终止。根据《联合国国际货物销售合同公约》的规定，一项发盘即使是不可撤销的，于拒绝通知送达发盘人时终止，发盘人不再受其约束。此外，一项发盘如遇下列情况之一也即告失效：

1）发盘中规定的期限届满，受盘人未做出承诺。

2）被受盘人拒绝或还盘。发盘一经受盘人拒绝或还盘，即使发盘原定有效期尚未届满，发盘也立即失效。还盘必须对发盘内容做出实质性变更。

3）发盘在被接受前，发盘人对发盘进行了有效的撤回或撤销。

4）其他方面的原因造成发盘失效。例如，发盘可由于发盘人或受盘人在发盘被接受前丧失行为能力（如死亡、法人破产等）而失效。又如，在发盘人发盘后，政府宣布发盘中的商品禁止进口或禁止出口，该发盘即失效。

6. 应注意的问题

1）在发盘中有无“发盘”字样，并不是构成发盘的必要条件。如果具备了发盘的必要条件，即使没有“发盘”字样，也是发盘；反之，如果有“发盘”字样，但不具备发盘的必要条件，也不是发盘。

2）在实际业务中，不是从一个函件或者一封电邮来判断其是否算作发盘，发盘内容是否完整。有时就一个具体的发盘来说，在主要交易条件方面，往往在表面上来看并不完整，而实际是完整的。因为有的交易条件已被包含在买卖双方确认的“一般交易条件”（General Terms and Conditions）中，或发盘中援引了以往的来往函电或合同的内容，或与老客户间对一些交易条件已有交易习惯和约定方法。

3）过去有“实盘”（Firm Offer）和“虚盘”（Free Offer）的提法。“实盘”类似有效发盘，“虚盘”类似邀请发盘。自我国核准《联合国国际货物销售合同公约》后，为防止由解释不一而造成的误解，放弃了“实盘”和“虚盘”的提法，以便与《联合国国际货物销售合同公约》的提法和解释相一致。

（三）还盘

还盘（Counter Offer）又称为还价，是指受盘人收到发盘之后，对其内容不完全同意，为了进一步磋商交易，向发盘人提出修改建议或一定限制性的意见。还盘可以是口头或书面的。还盘可以是针对价格的，也可以是针对品质、数量、交货时间及地点、支付方式等。

还盘是对原发盘的拒绝，其实质是一个新的发盘。还盘一经做出，原来的发盘即行失效，原来的发盘人可不再受发盘的约束，受盘人也不得在日后再要求接受原来的发盘。还盘等于受盘人以发盘人的身份向原来的发盘人所做的一项新的发盘。还盘做出后，还盘的一方与原发盘的发盘人在地位上发生了变化，还盘人由原来的受盘人变成了新的发盘人，而原来的发盘人则变成了新受盘人。新受盘人有权针对还盘的内容进行考虑，决定接受、拒绝或者再还盘。通常情况下，还盘的内容比较简单，这是因为凡是还盘人同意发盘的内容，一般就不再在还盘中列出，只列出需要实质性更改的内容。但需要指出的是，还盘中必须注明对方发盘的日期或文号，以表明该发盘的针对性和完整性。但贸易实务中，有无“还盘”字样并不是构成还盘的必要条件。

下述是两则有关还盘的实例：

YOURS TENTH PRICE TOO HIGH COUNTER OFFER GBP FIFTY REPLY FIFTEENTH.（你 10 日电收悉，价太高，还盘 50 英镑，限 15 日复。）

此回复直接标明是还盘。

YOURS TENTH ACCEPTABLE PROVIDED SHIPMENT JULY REPLY FIFTEENTH HERE.（你 10 日电收悉，如 7 月装可接受，限 15 日复到。）

贸易实务中可见此种回复，尽管没有出现“还盘”字样，但由于对发盘中规定的装运期进行了实质性修改，所以视为还盘。

（四）接受

接受（Acceptance）是指受盘人在发盘的有效期内，无条件地同意发盘的全部内容，并愿意按此条件同对方达成交易、订立合同的一种口头或书面的表示，有时也可以通过行为表示出来。在法律上，接受被称为承诺。接受与发盘一样，既属于法律行为，也属于商业行为。接受可以由卖方做出，也可由买方做出。发盘一经受盘人接受，交易即告达成，买卖双方之间的合同即告成立。接受一般较为简单，不必重复列出双方协议一致的有关交易条件，但由于交易的金额较大，或因往返磋商函电较多，为了避免差错和误解，受盘人在表示接受时，会将最后商订的各项交易条件重述一遍，如下方第三则例子。

下述是三则接受的实例：

YOURS FIFTEENTH WE ACCEPTED.（你15日电收悉，我接受。）

YOURS FIFTEENTH CONFIRMED PLEASE ADVISE CONTRACT NUMBER.（你15日电确认，请告合同号码。）

YOURS FIFTEENTH ACCEPTED 1000 GROSS SHANGHAI TOOTHPASTE ART. NO. 101 PACKED IN CARTONS OF SIX DOZ EACH GBP FIFTY PER GROSS CIF SINGAPORE JULY SHIPMENT IRREVOCABLE SIGHT CREDIT PLEASE ADVISE CONTRACT NUMBER.（你15日电收悉，接受1000箩上海牙膏，货号101，纸箱装，每箱6打，每箩50英镑，CIF新加坡，7月装运，即期不可撤销信用证支付，请告合同号码。）

1. 接受的有效条件

根据《联合国国际货物销售合同公约》的规定，构成一项有效的接受，必须具备以下4个条件：

（1）接受必须由发盘指定的受盘人做出

因为发盘是发盘人向特定的受盘人提出的订立合同建议，一项发盘必须有明确特定的受盘人，所以只有发盘指定的受盘人表示接受才有效。任何第三者针对该发盘做出的接受对发盘人均无约束力。

（2）接受必须以一定的方式向发盘人表示出来

按照《联合国国际货物销售合同公约》的规定，缄默或不行动本身不等于接受。受盘人可以用向发盘人发出声明的方式或其他行为来表示同意。表示接受大多采用口头或书面声明（Statement）的方式，也可以用行为（Conduct）表示接受。所谓行为，是指根据发盘人的意思或依照当事人之间已约定或确立的习惯做法和惯例所做出的行为。例如，一个进口商向出口商发盘，由于发盘内容明确，所列条件又符合出口商的要求，他接到发盘后，马上就可把货物装运出去。这就属于以行为表示接受。但是受盘人在收到发盘后，仅仅表示缄默，一般不能认为是对发盘的同意或接受。再如，买方接到出口商的发盘后，随即支付货款或向银行申请开立信用证，这也是一种以行为表示接受的情况。但是，这种行为并不是任意的行为，而是符合一定限制条件的行为。这种以行为表示接受，在有些国家也不适用。如有些国家在法律中明确要求合同的成立必须以书面形式方有效（如中国）的情况下，以行为表示接受就不具有约束力。

（3）接受必须与发盘相符

接受必须绝对、全部同意发盘条件，才能达成交易协议。也就是说，受盘人对一项发盘毫无保留地完全同意，即接受的内容必须与对方发盘的内容一致，否则在法律上就不能构成一项有效的接受。但在实际业务中，在受盘人表示接受时，往往不能做到完全同意，在接受时对原发盘做了某些增加、更改或限制，尽管在答复对方的发盘时也使用了“接受”这样的字样，但这已构成了有条件的接受（Conditional Acceptance），如按上述原则，则该有条件的接受就不能视为有效接受，合同则不能成立。从本质上看，有条件的接受应视为还盘，实际上是对发盘的拒绝，其法律效果与还盘是一样的，发盘人可以不受其约束。为此，《联合国国际货物销售合同公约》第 19 条对这一原则做了如下规定：

1）对发盘表示接受但载有增加、限制或其他变更的答复，即为拒绝该项发盘，并构成还盘。

2）对发盘表示接受但载有添加或不同条件的答复，如所载的添加或不同条件在实质上并不变更该项发盘的条件，除非发盘人在不过分迟延的期间内以口头或书面通知反对其差异外，仍构成接受。如果发盘人不做出这种反对，合同的条件就以该项发盘的条件以及接受通知内所载的变更为准。

3）有关货物的价格、付款、货物质量和数量、交货地点和时间、一方当事人对另一方当事人的赔偿责任范围或解决争端等的添加或不同条件，均视为在实质上（Material）变更发盘的条件。

据此，我们应当把有条件的接受与在肯定接受的前提下提出的某种希望或建议区别开来。前者是对发盘的拒绝，构成还盘；后者只是在表示接受的前提下提出的某种希望，不构成对发盘实质性的修改，应看作一项有效接受，而不是还盘。例如：Accepted, we hope earliest shipment if possible（我方接受，但希望能尽量提前交货）。

（4）接受必须在发盘有效期内表示

这是一项有效接受必须遵循的原则。发盘中所规定的有效期有双重意义：一方面约束发盘人在有效期间内，只要受盘人同意，就必须承担同对方订立合同的义务；另一方面也约束受盘人，只有在此期间做出表示接受的答复才具有法律效力。如果一项发盘未规定有效期，根据国际贸易习惯，应在合理时间内表示接受才有效。因此，为避免引起不必要的纠纷，在对外发盘时，最好明确规定有效期限，并规定“接受通知在有效期限内到达为准”。

2. 逾期接受

在实际业务中，由于种种原因，受盘人的接受通知有时晚于发盘的有效期送达发盘人，这被称作“迟到的接受”或“逾期接受”（Late Acceptance）。按一般原则，逾期接受视为无效接受，发盘人不受其约束，不具有法律效力，但也有例外的情况。《联合国国际货物销售合同公约》对“逾期接受仍具有效力”做了以下几点说明：

1）一项逾期接受，如果发盘人认为该项逾期接受可以同意，这项逾期接受仍可有效，但发盘人必须毫不迟延地用口头或书面方式将此种意思通知受盘人。如果发盘人不及时通知，该项接受就失去效力。

2）如遇到发盘有效期限的最后一天是发盘人所在地的正式假日（Official Holiday）或非营业日（Non-Business Day）使对方的接受不能送到受盘人，只要事后证明上述情况属实，该项接受的最后期限应顺延至下一个营业日继续有效。需要指出的是，在计算接受期限时，接受期间的正式假日或非营业日应计算在内。

3）如果逾期接受并非受盘人的过失，而是传递方面的原因造成的失误，也就是说，受盘人已按期发出了接受，如果传递正常的话，本可以及时送达发盘人，那么属于这种情况而造成的逾期接受仍可以有效，除非发盘人毫不迟延地用口头或书面方式通知受盘人，他认为发盘已经失效。也就是说，如果发盘人没有及时表态，那么该接受即为有效。

总之，根据《联合国国际货物销售合同公约》的规定，在逾期接受的情况下，不管受盘人有无责任，决定该接受是否有效的主动权始终掌握在发盘人的手里。

3. 接受的生效和撤回

根据法律的一般要求，接受必须在发盘的有效期内被传达到发盘人方能生效。实际对外贸易磋商中，当面口头谈判或通过电话谈判，或用电传磋商交易时，接受具有即时性，在发盘有效期内做出的接受在发盘有效期内传送到发盘人是不成问题的。但是，在用信件或电报方式进行磋商以及用行动表示接受时，接受的表示不能立即送到发盘人，对此，接受应于何时生效，各国法律解释不同。

英美法系的国家实行的是“投邮生效原则”（Mail-Box Rule）（又称“投邮主义”或“发送主义”），即以信件或电报送达时，则承认当信件投邮或电报交发，接受即告生效。按此规则，即使接受的函电在邮递途中延误或遗失，发盘人未能在有效期内收到，甚至根本没有收到，也不影响合同的成立。但如发盘人在发盘中规定，接受必须于有效期内送达发盘人，接受的函电送达，接受方能生效。

大陆法系则一般采用“到达生效原则”（Received the Letter of Acceptance），即表示接受的函电必须在发盘有效期内送达发盘人，接受方生效。如果表示接受的函电在邮递途中延误或遗失，则合同不能成立。

《联合国国际货物销售合同公约》采用的是“到达生效的原则”，在《联合国国际货物销售合同公约》第18条中明确规定，接受发盘于表示同意的通知送达发盘人时生效。如果接受在发盘的有效期内，或者发盘未规定有效期，在合理的时间内未送达发盘人，接受即为无效。至于以行为表示接受的生效时间，《联合国国际货物销售合同公约》也明确规定：“接受于该项行为做出时生效，但该项行为必须在上一款规定的期限内做出。”

《联合国国际货物销售合同公约》第22条规定，如果撤回的通知应于接受生效之前或同时送达发盘人，接受得予撤回。也就是说，接受通知一经到达发盘人即不能撤回。因为接受一经生效，合同即告成立，撤回接受实质上已属毁约行为。所以，从理解上看，接受的撤回和发盘的撤回是一样的，它是指接受尚未送达发盘人之前，受盘人采取取消原接受通知的行为。如上所述，接受生效的时间通常是以接受送达发盘人的时间为准。因为在它生效之前，一项接受与发盘一样，也是可以撤回的。但是此项撤回的通知必须于接受原应生效之前或同时送达发盘人，否则接受不予撤回。

第三节 国际货物买卖合同的签订

经过交易磋商，一方的发盘或还盘被另一方有效地接受后，就算达成了交易，双方构成了合同关系。在具体业务中，一般还要用书面形式把买卖双方的权利、义务规定下来，以便于执行，这就是所谓的“签订合同”。合同一经订立，对双方均有法律上的约束力，任何一方都不能单方面修改合同的内容，任何一方都要履行各自的义务，否则将承担合同的法律责任。

一、签订书面合同的意义

按照一般的法律规则，合同的成立取决于一方的发盘和另一方对发盘的接受的程序。签订书面合同是不是合同有效成立的必备条件，各国法律对此解释不一。《联合国国际货物销售合同公约》第 11 条规定，买卖合同无须以书面订立或书面证明，在形式方面不受任何其他条件的限制。买卖合同可以包括人证在内的任何方法证明。按国际惯例，货物买卖合同并无特定的形式限制，可采用正式的合同（Contract）、确认书（Confirmation）、备忘录（Memorandum）、意向书（Letter of Intent）、订单（Order）、委托订购单（Consigned Purchase Order）、协议（Agreement）等形式。在实际业务中，经当事人双方磋商一致，达成交易后，一般均须另行签订书面合同，因为它有如下一些重要作用：

（一）书面合同是合同成立的证据

根据一般法律的要求，凡是合同必须能得到证明，提供证据，包括人证和物证。凡以信件、电报、电传、传真达成的交易，举证自无困难，但以口头谈判达成的协议，如不用一定的书面形式加以确定，那么它将由于不能被证明或不具备法律所规定的形式而难以得到法律的保障。当双方事后发生争议提交仲裁或诉讼时，由于提不出书面证据，而被不予受理。可见，通过口头谈判达成的交易，签订书面合同就不可缺少。正如人们常说的“空口无凭，立字为据”。

（二）书面合同有时是合同生效的条件

一般情况下，合同的生效是以接受的生效为条件的，只要接受生效，合同就成立。但是，假如当事人在发盘可接受时声明以签订的正式书面合同为准，即使双方已对合同全部条件达成一致意见，书面合同在签订以前，还不能构成有效合同。在此情况下，签订书面合同就成为合同生效的条件。《中华人民共和国民法典》第 469 条规定，书面形式是合同书、信件、电报、电传、传真等可以有形地表现所载内容的形式。以电子数据交换、电子邮件等方式能够有形地表现所载内容，并可以随时调取查用的数据电文，视为书面形式。

（三）书面合同是履行合同的依据

国际贸易有别于国内贸易，它涉及面广、环节复杂，履行过程中的复杂和困难程度也是可想而知的。尽管有些货物买卖法都承认口头合同的效力，但在国际贸易中，一般都要签订书面合同，特别是对于通过口头协商达成的交易，其作用更为明显。若双方事后发生争议并提交仲裁或诉讼，仲裁员或法官亦须先确定双方是否已建立了合同关系；无论口头合同还是书面达成的协议，在贸易实务中，买卖双方都需要将各自应享受的权利和义务（各项条款）用文字明确规定下来，作为正确履行合同的依据；有时买卖双方约定以签订书面合同作为达成交易的条件，或者根据国家法律的规定须经政府部门批准，合同方告成立。在这些情况下，书面合同是达成交易的条件。

二、签订合同时应注意的问题

国际贸易涉及的范围比较广，环节比较多，往往一笔进出口业务要通过各种合同关系才得以实现。除了买卖合同以外，买方或卖方还要与租船公司订立运输契约，与保险公司订立保险合同，与银行建立申请开立信用证或托收等合同关系。所以，买卖合同不仅涉及买卖双方的利益，而且还关系到国家的权益和政策法令。为此，在签订合同时应注意如下一些问题：

（一）遵循“平等互利”的原则

要贯彻我国的对外贸易政策，在合同条款的拟定上要体现“平等互利”的原则。我们既反对双方把片面维护一方利益的条款订入合同，也决不把对方不愿意接受的某些条款强加于人。

（二）合同文本的起草问题

按照惯例，必须先通过交易磋商达成原则性协议，然后再起草正式合同文本。有些外商往往在交易磋商开始时就提出一份完整的文本。对于这种做法要具体问题具体分析，不能轻易接受。因为以对方拟定的文本作为交易磋商的基础，等于我方按照外商设定的模式进行谈判，必然使我方处于不利的地位。另外，将外文文本作为基础，对我方也有很多不利因素，外文往往一词多义，特别是有些词意的内涵较多，容易造成纠纷。

（三）符合合同有效成立的要求

订立合同必须符合合同有效成立的要求，即双方当事人的签约资格，双方的法律地位、行为能力和法律能力，双方当事人的意思表示都必须一致和真实，合同的标的、内容必须合法等。

（四）措辞应准确清楚

在合同的首部中，序言是表示缔约双方的意愿和执行合同的保证，措辞应准确清楚，切忌含糊不清。因为合同是严肃的法律文件，不能容许文字上的随意。缔约双方的名称和地址应完整、准确地列明，不要用简称，更不能写错。有些国家的法律甚至还规定，这是合同正式成立的条件。对于订约地点，因为它往往关系到买卖双方一旦发生争执时应以哪个国家法律为准的问题，所以在我国的进出口业务中，一般应争取将订约地点确定为我方公司所在地。

（五）合同的内容应与商妥事项一致

合同的内容应与商妥的事项完全一致，同时在条款的规定上必须严密，要明确责任，权利义务对等。有关商品的品名、品质、规格、价格、数量、交货期、支付方式、包装等主要交易条件，绝不能有任何出入。切忌订立有多种意思解释的任意性和不确定性的条文。如果有些条款事先未商妥，在订立书面合同前要达成协议，否则会造成不可估量的损失。

（六）要注意合同各条款间的一致性

合同是各项交易条件的有机组合整体，各项条款之间必须协调一致，相互呼应，不能脱节，更不能相互矛盾，否则就会引起误解和纠纷。例如，在品质、数量方面如有增减条款或溢短装条款，那么在采用以信用证为支付方式的情况下，信用证的金额就应规定相应的增减幅度。又如，价格条件为 FOB 或 CFR 成交，在保险条款中就应订明由买方负责投保并支付保险费。再如，根据商品的不同性质，商品检验期限也应有所不同。一般情况下，易腐易烂的商品，检验期限应规定得短些，机器设备等规格复杂的商品，检验期限则相应规定得长些等。

总之，书面合同是一个严肃的法律文件，是订约的书面依据。合同签订的成功与否，关系到合同能否履行。我们在签订书面合同中应根据重合同、守信用的原则，认真对待。

三、合同的内容

《中华人民共和国民法典》第 470 条规定，合同的内容由当事人约定，一般包括以下条款：①当事人的名称或者姓名和住所；②标的；③数量；④质量；⑤价款或者报酬；⑥履行期限、地点和方式；⑦违约责任；⑧解决争议的方法。当事人可以参照各类合同的示范文本订立合同。具体来说，合同的内容一般包括 3 个部分：

（一）合同的首部（约首部分）

这部分具体包括开头语或序言，合同的名称、合同号、缔约日期、缔约地点、缔约双方的名称和地址等。在这一部分中常常写明双方订立合同的意愿和执行合同的保证。

（二）合同的条款部分（主体部分）

这一部分是合同的主体部分，它是缔约双方达成协议的全部内容，为了提高履约率，在规定合同内容时应当考虑周全，力求使合同中的条款明确、具体、严密和相互衔接，且与磋商内容一致，以利于合同的履行。特别是一些基本条款，主要包括成交商品的品名、品质、数量、包装、价格、运输、保险、支付、检验、索赔、不可抗力和仲裁等。这部分具体规定买卖双方的权利和义务。此外，根据不同商品和不同的交易情况，还加列其他条款，如溢短装条款等。

（三）合同的尾部（约尾部分）

这部分一般包括合同的使用文字和效力、合同份数以及双方的签字等。有的合同还规定了生效日期和合同附件的效力。有的合同还将订约时间和地点在合同的尾部予以规定。

习　　题

一、名词解释

1. 发盘
2. 接受
3. 不可抗力条款

二、简答题

1. 简述国际贸易合同成立的法律规范有哪些？
2. 交易磋商前的准备工作包括哪些内容？

第三章 商品的品名、品质、数量和包装条款

第一节　商品的品名条款

一、合同中品名的意义

所谓“品名”，是指能够使某种商品区别于其他种类商品的称呼。在国际贸易活动中，明确所要交易的商品以及对其规定的名称关系到买卖双方在权利和义务方面的划分。按照有关法律和惯例，对交易商品的详细描述是构成商品说明（Description）的一个组成部分，是买卖双方凭以交接货物的基本依据。根据《联合国国际货物销售合同公约》的规定，若卖方交付的货物不符合约定的品名和说明，买方有权提出损害赔偿要求，甚至可以拒收货物和撤销合同。因此，品名条款是进出口合同中必不可少的一部分，具有很重要的地位。

二、品名条款的内容

品名条款的内容一般取决于商品的品种与特征，在进出口合同中并无统一格式，形式比较简单，由买卖双方明确即可，通常是位于商品名称（Name of Commodity）的标题下或者合同的开头部分。对于一般的商品而言，只需要在合同中规定商品的具体名称即可。但考虑到一些交易商品具有不同的品种、等级、产地等，为了避免给合同履行带来不必要的麻烦，还必须把这些对于品种、等级、产地等相关的限制性描述包括进去。

三、品名条款中的注意事项

（一）品名条款内容应明确、具体

在品名条款中，对于交易标的物名称的描述，要能够准确反映商品的用途、性能和特点，同时既要尽量避免使用模糊、空泛的表述，又要谨慎使用可能涉及其他国家商品名称专利权的内容描述，以防影响合同的正常履行，给买卖双方造成不必要的损失。当需要进一步明确商品的相关细节时，必要的细节描述要做到适当得体，可用附表详细列明具体的商品名称及规格，但应注意避免过分夸大或列入不切实际的描述性词句，以免引发争议。

（二）商品名称要实事求是

买卖双方应该从自身实际出发，根据自身利益和能力来约定合同品名条款中所规定的交易商品，切忌盲目成交，从而给后续的合同履行埋下隐患。对卖方而言，所交易的商品必须是在现有生产条件下能够生产出来和按时供给的；对买方而言，进口的商品必须是当前需要通过进口以满足自身需求的。此外，买卖双方对于列入海关《禁止进口货物目录》和《禁止出口货物目录》的商品要有意识，自觉杜绝违法贸易行为。

（三）恰当选用合适的名称

应按照《商品名称及编码协调制度》中已有的国际贸易商品分类目录严格规范使用商品名称。在面对某些商品具有多种称呼的情况时，恰当选用合适的名称，有利于降低关税、运费，以及避免外国海关可能设置的贸易限制等。此外，对于新产品的命名及其译名，应该本着通俗易懂、符合国际惯例的原则，尽量避免令人产生误解。

（四）商品品名要统一

在进出口贸易合同中，同一种商品不能同时用几个不同的名称，这就不仅要求确保同一合同中的其他条款采取统一的品名，还要求做到中英文名称的精准一致。若使用地方性名称，则需要交易双方达成一致。

第二节 商品的品质条款

商品的品质是指商品内在质量和外观形态的综合，是商品为适应一定用途、满足用户需要的各种特性。商品的内在质量包括需要借助各种仪器加以辨识的物理机械性能、化学成分以及生物特征等自然属性，而外观形态则主要是指商品的外形、色泽、款式和透明度等外在属性。

一、商品品质的重要性

因为商品品质是衡量商品使用价值的尺度，所以品质的优劣决定着商品的市场价格和产品特性。尤其是在当前国际市场竞争激烈的情况下，商品品质更是直接影响着国内消费者和企业的切身利益。因此，树立牢固的质量意识和以质取胜的观念是赢得市场竞

争优势的关键因素。

合同中的品质条款不仅是构成商品说明的重要组成部分，还是买卖双方交接货物的依据。根据《中华人民共和国民法典》第619条的规定，因标的物不符合质量要求，致使不能实现合同目的的，买受人可以拒绝接受标的物或者解除合同。买受人拒绝接受标的物或者解除合同的，标的物毁损、灭失的风险由出卖人承担。由此可见，为了在实际业务中减少和避免贸易摩擦，无论从法律要求角度还是从交易买卖双方的利益角度出发，谨慎约定品质条件和签订品质条款都至关重要。

二、商品品质的表示方法

由于国际贸易中交易的商品包罗万象，各种商品的品质与特性各异，与之对应的表示品质的方法也各有差异。总结起来，商品品质的表示方法可以包括以实物表示和以说明表示两大类。

（一）以实物表示商品品质

以实物表示商品品质通常包括看货买卖和凭样品买卖两种方式。前者以作为交易对象的实际商品来进行表示，后者以代表商品品质的样品来表示。

1. 看货买卖

这种方式一般是由买方或其代理人先行验看货物，待达成交易后，卖方只需要以之前检验过的商品品质为基准按时交付货物即可。但由于在国际贸易中，买卖双方来自不同的国家和地区，这种由交易距离所产生的不便使得该种方式只适合某些特定的业务，如拍卖、展卖和寄售业务。

2. 凭样品买卖

样品（Sample）是能够代表商品品质的少量实物。它是从整批商品中抽取出来或者在大批量生产前根据商品设计而先行由生产者制作、加工而成，并将生产出的样品作为买卖交易中商品的交付标准。因此，凡是买卖双方约定以样品表示商品品质并作为交货依据的交易称为凭样品买卖（Sales by Sample）。凭样品买卖具体又分为以下3种：

（1）凭卖方样品买卖

由卖方提供样品作为日后交货依据的交易称为凭卖方样品买卖（Sale by Seller's Sample）。在此情况下，卖方所提供的样品必须能够代表整批货物的平均品质，买方在收到样品后认为可以并达成交易后，卖方所提交的全部货物必须和样品的品质保持基本一致。同时，卖方在寄出样品后，应注意留存复样以供日后交货时核查或由检验机构凭留存样品检验合格出口商品并出具检验证书。

（2）凭买方样品买卖

由买方提供样品、磋商合同并达成交易的买卖称为凭买方样品买卖（Sale by Buyer's Sample）。采取这种方式往往是因为买方想订购更加符合自身要求的商品。但是在这种场合下，卖方不仅要明确应买方要求所承制的商品是否符合国内的相关法规，还要充分考虑自身的原材料、加工技术以及出口能力能否符合合同的规定，以免后续带来交货困难问题。

（3）凭对等样品买卖

对等样品是指卖方根据买方来样进行仿制后提交给买方的样品，也可称回样。在实际业务中，凭买方样品买卖虽然能够在一定程度上提高卖方产品的竞争力，但是卖方却要承担日后可能因无法提交准确符合买方要求的商品而蒙受损失的风险。因此，卖方更愿意先回样，待买方确认后再磋商合同。此外，卖方一般还应在合同中对工业产权进行说明，《联合国国际货物销售合同公约》第 42 条规定，若卖方按照买方提供的技术图样、规格等进行生产和交货时，第三方根据工业产权或其他知识产权要求任何权利或其他要求，卖方可不负责。

（二）以说明表示商品品质

在国际货物买卖中，以说明表示商品品质是指用文字、图表或照片来说明交易商品的质量。这类方式主要包括以下 6 种：

1. 凭规格买卖

商品规格是指一些足以反映商品品质的主要指标，如化学成分、含量、纯度、性能、容量、长短、粗细等。不同商品对应的质量指标各有侧重，即使同一商品，也会因其产品结构和用途的不同造成相应规格出现差异。因此，在合同签订中，对于适用该方式的交易应提供充分详细的规格说明。凭规格买卖（Sale by Specification）具有简单易行、灵活调整的优点，被广泛运用于国际贸易中。

2. 凭等级买卖

商品等级是指对于同一商品，根据其达到质量标准的程度所做的分类。这种表示商品质量优劣的标志不仅适合特定条件下用途大小的划分，也是商品鉴定的组成部分。凭等级买卖（Sale by Grade）在简化交易手续、促进成交以及体现按质论价原则上具有很大的优势。但由于同一商品的不同等级隶属于不同的规格区间，故为了顺利履行合同，在品质条款的约定中，应当对每一等级的规格做详细的说明。

3. 凭标准买卖

商品的标准是对商品的规格和等级予以标准化。商品的标准根据发生作用的范围可以分为国际标准（ISO、UNFAO）、国家标准以及企业标准三类。在我国实际业务中，凡是我国规定有标准的商品，通常要采用我国相关的标准规定来进行成交。但当需要采用外国标准时，优先使用国际标准。此外，对于采用国外某个国家的标准时，考虑到各个国家制定的标准时常出现变动，应在品质条款中载明所使用标准的年份和版本。

在国际货物贸易中，有些农副产品因其品质幅度波动较大且不易规定统一标准，一般采用“良好平均品质”（Fair Average Quality，FAQ）来表示。它以一定时期某地所收获的农产品中的中等货或一定时期装船地所装运货物的平均品质为准。

4. 凭说明书和图样买卖

在国际贸易中，有些机器、仪表和电器等技术性密集产品在生产和制作过程中，因结构和涉及的数据比较复杂，很难通过样本或简单的几项指标来表述其品质。此外，有些产品即使名称相同，但由于所使用的原材料、设计与制作工艺的不同，所表现出来的使用特效也可能存在较大差异。对于此类商品，通常采用说明书并附以图样、照片、设计图样及性能分析表来介绍该商品的性能和结构特点。需要注意的是，在使用该方法时，在合同中除列明说明书和图样的详细内容外，一般还需要订立卖方品质条款和技术条款，从而确保买方有权对卖方未能提供合格产品的情形提出索偿。

5. 凭品牌和商标买卖

品牌是指工商企业给其制造或销售的商品所冠的名称，以便与其他企业的同类产品区别开来。一个品牌既可用于一种产品，也可用于一个企业的所有产品。商标是生产者或销售商用来区别商品或服务来源、具有显著特征的标志，一般由一个或几个具有特色的单词、字母、数字、图形或图片等组成。在国际市场上极负盛誉的厂商，其品牌和商标本身就是一种代表良好品质的象征。因此，人们在交易时可只通过品牌和商标进行购买，无须担心品质问题。凭品牌和商标买卖（Sale by Brand or Trademark）一般只适用于一些品质优良的工业制成品或者经科学加工的初级品。但是，在面对一些品牌具有多种不同规格和标准的产品时，应在合同中做明确表述。

6. 凭产地名称买卖

有些地方的产品，因产区的自然条件、传统加工工艺等因素，在其生产和制造过程中具有独特的风格和品质特点。对于该类产品的买卖，一般可采用地方名称来表示品质，如“黄山毛峰”等。这些名称既体现了其所具有的独特地理位置，又在无形中为其提供了一定的品牌保障。

三、品质条款的内容

（一）品质条款的一般内容

在制定品质条款时，既要注重同时兼顾买方的规格要求以及卖方的实际生产能力，也要考虑不同商品的规格和特点，从而能够灵活地选择恰当的表示商品品质的方法。例如，对于能够用等级、规格、标准等科学的指标来说明商品品质的，应准确列明相关的指标内容；对于结构和数据比较复杂的技术密集型产品，一般适用于凭说明书和凭图样买卖；对难以采用科学指标和规格化的产品，则应该在约定品质条款时采取凭样品买卖的方式。因此，不管是以规格为准还是以样品为准，卖方所如期提交的货物必须符合合同中对于品质的相关要求，否则买方有权提出索赔请求。

（二）公差条款

在国际货物买卖中，某些制成品在生产制作过程中难免会出现质量指标上的差错，为了确保能够顺利履行进出口合同，可在品质条款中订明一定幅度的公差。公差条款是指允许交付货物的特定质量指标在国际公认的一定范围内存在差异的条款。它有两种做法：一是对于那些很难使用具体标准和科学指标的制成品，采取“合理差异”这种笼统做法；二是订明具体的公差幅度范围，如“尺码和重量允许有3%～5%的合理公差”。

（三）品质机动幅度的规定

品质机动幅度是指某些商品在规定的质量指标之外，可在一定幅度内进行灵活把握，主要适用于某些初级产品。规定品质机动幅度的方法有3种：一是规定范围，即对商品的某些特定指标规定一定的差异范围，如“漂布，幅阔35/36英寸[㊀]”；二是规定极限，如“花生仁，破碎粒不超过6%，含油量最低44%”；三是规定上下差异，如“灰鸭毛，含绒量18%，上下1%”。在此规定下，虽然卖方所提交的货物品质只要处于机动幅度之内，买方便无权拒收，但对于一些对价格产生较大影响且允许有一定机动幅度的质量指标，买卖双方可在合同中加订品质增减价条款，即按照交货的实际品质进行相应的增价或减价处理，如“水分每±1%，则合同价格±1%”。

四、品质条款中的注意事项

（一）品质条款内容要明确、具体

为了便于买卖双方能够顺利履行进出口合同以及明确彼此之间的责任，在约定品质条款时，尽量避免使用“大约”“左右”“合理即可”等笼统、模糊的字样，以免双方未来交货时在品质方面上出现争议。

（二）实事求是地确定品质条件

规定品质条款时，要本着实事求是的原则约定品质条件。既要考虑买方对于进口商品的具体要求，也要考虑卖方对于出口商品供货的可能性。任一方出现问题都势必会给合同的履行带来困难。若买方规定的品质要求过于苛刻，是卖方现有生产工艺下不可能或者很难达到的条件，卖方盲目接受极有可能会带来索赔风险。同时，买方也不能因一味追求低价而不断降低品质要求，以致影响产品功效，造成资源浪费。

（三）合理选订质量指标

在质量指标的选取上，对于那些能够影响商品的重要指标，应当详细列明，不予遗漏。对于那些与商品品质相关性不强的指标和说明，在兼顾条款内容避免过于烦琐的基础上，可以有选择性地部分列出。此外，在选订质量指标时，由于各指标实际上并不是独立存在的。因此，应注意各质量指标间的内在联系，防止因某项指标规定不当从而影响其他指标，间接带来合同履行困难。例如，对荞麦品质的规定是“水分不超过17%，不完善粒不超过6%，杂质不超过3%，矿物质不超过0.15%”，显然该规定对卖方不利，因为若想要使矿物质达标，势必要通过反复加工，从而导致杂质和不完善粒的含量也逐渐上升。

第三节 商品的数量条款

一、商品数量的重要性

在国际货物贸易中，商品的数量是合同构成中不可或缺的主要条件之一。交易双方约定的数量条款不仅是交货的重要依据，还是划分买卖双方在权利和义务方面的衡量尺度。根据《联合国国际货物销售合同公约》第37条的规定，卖方必须按照合同数量条

㊀ 1英寸=0.0254m。

款的规定如数交货。如果卖方交货数量多于约定数量，买方可以收取，也可以拒绝收取多交货物的全部或一部分，但不得拒收合同数量条款内的数量。如果卖方交货数量少于约定数量，卖方应在规定的交货期届满前补交，但是不得使买方遭受不合理的不便或者承担不合理的开支，并且买方有保留要求损害赔偿的权利。因此，在进出口合同中，合理规定交易数量并签订数量条款具有重要的实际意义。

二、计量单位

国际货物贸易中的交易商品种类繁多，不同种类的商品所具有的特性与结构决定了计量单位的多种多样。国际上使用的计量单位通常有下列几种：

（一）重量

重量（Weight）是当前国际货物贸易中使用最为广泛的一种计量方法，主要适用于大宗农副产品、矿产品以及部分工业制成品，一些贵重商品也惯于使用重量单位。常用的重量单位有克（Gram）、千克（Kilogram）、公吨（Metric Ton）、长吨（Long Ton）、短吨（Short Ton）、磅（Pound）、克拉（Carat）等。

（二）数量

大多数工业制成品，尤其是日用消费品、轻工业品、机械产品及一部分土特产品，一般习惯于按数量（Number）计算。常见的计量单位有只（Piece）、双（Pair）、套（Set）、打（Dozen）、件（Package）、箩（Gross）、令（Ream）、卷（Roll）、箱（Case）、袋（Bag）、桶（Drum）等。

（三）长度

长度（Length）单位通常适用于金属绳索、布匹和丝绸等的交易中。常用的计量单位有码（Yard）、米（Meter）、英尺（Foot）等。

（四）面积

在一些玻璃、地毯、皮革等的交易中，常常会使用面积（Area）作为计量单位。常见的计量单位有平方码（Square Feet）、平方米（Square Meter）、平方英尺（Square Yard）等。

（五）体积

木材、天然气、化学气体等少数商品按体积（Volume）成交。常用的计量单位有立方米（Cubic Meter）、立方码（Cubic Yard）等。

（六）容积

各类谷物和流体货物习惯于采用容积（Capacity）计量。常用的计量单位有公升（Liter）、加仑（Gallon）、蒲式耳（Bushel）等。

三、计量方法

在国际贸易中，按重量计量的商品有很多。在计量重量时，通常有以下几种方式：

（一）毛重

毛重（Gross Weight）是指货物本身的重量加上皮重，即加上包装材料的重量。对于一些价值不高的商品，可采用按毛重计算的方法。

（二）净重

净重（Net Weight）是指商品本身的实际重量，即去除包装物后的重量。国际贸易中那些以重量计价的货物买卖，大多数采用净重计价。但是，对于一些价值较低或因与包装物不便分别计量的商品（如粮谷、卷筒白报纸等），常常采用“以毛作净”的原则，也就是以毛重作净重计价，如“大豆 100 公吨，单层麻袋包装以毛作净”。

（三）公量

有些商品由于具有较强的吸湿性，使得其重量因其含水量的不稳定也不断变化。为了能够计算出商品重量，国际上采用公量的方法，即用科学的方法除去其所含的实际水分，再加上国际公认的含水量。公量的计算方式为

$$\begin{aligned}\text{公量}&=\text{商品干净重}\times(1+\text{标准含水量})\\&=\text{实际重量}\times(1+\text{标准回潮率})/(1+\text{实际回潮率})\end{aligned}$$

例如，某出口公司出口 10 千克羊毛，标准回潮率为 10%，经抽样证明 10 千克纯羊毛用科学方法抽干水后净重 8 千克干羊毛，则用公量计算的交货重量为多少？

$$\text{实际回潮率}=\text{水分}/\text{干量}=(10-8)/8\times100\%=25\%$$

$$\begin{aligned}\text{公量}&=\text{实际重量}\times(1+\text{标准回潮率})/(1+\text{实际回潮率})\\&=10\times(1+10\%)/(1+25\%)\\&=8.8\ (\text{千克})\end{aligned}$$

（四）理论重量

一些商品在生产上具有固定的生产规格、尺寸，只要确保其规格一致，则每件商品的重量大体相同，此时可以通过件数来推算总重量。该总重量即为理论重量。

（五）法定重量与实物净重

按照一些国家海关法的规定，在对商品征收从价税时，其重量以法定重量计算。所谓法定重量，是指商品重量加上直接接触商品的包装物料（如销售包装等）的重量。扣除这部分重量所表示的纯商品的重量称为实物净重。

四、数量条款的内容

（一）数量条款的一般内容

在进出口合同中，数量条款一般包括交易商品的数量、计量单位以及计量方法。实际业务中所涉及的商品种类繁多，每种商品所具有的性质和特点也各不相同，因此数量条款内容的繁简需视具体情况而定。此外，各国在度量衡制度上存在差异，致使同一计量单位所表现出的数量不同。为了便于履行合同，在约定数量条款时，除个别特殊领域，通常采用公制（Metric System）、英制（British System）、美制（US System），以及在公制基础上发展起来的国际单位制（International System of Units，SI）。

（二）溢短装条款

在国际货物贸易中，一些大宗商品（如矿砂、化肥和粮食等）容易受商品特性、生产条件、运输工具和包装等因素的影响，卖方很难严格按照数量条款中的内容准确交货。为了避免卖方因实际交货不足或过多致使合同无法正常履行，买卖双方可提前在合

同中加订溢短装条款，即允许交货数量存在一定的机动幅度。

（三）数量机动幅度的规定

数量机动幅度是指卖方根据买卖双方约定的某一具体数量多交或少交的若干幅度。其规定方法有：一是在合同中明确具体地规定数量的机动幅度；二是在规定具体幅度的同时，还约定机动幅度的选择权以及溢装、短装数量的计价原则。例如，合同条款规定“实际装运商品500公吨，1500美元/公吨，允许5%的溢短装，溢短装选择由卖方决定，溢短装部分按照实际装运日国际市场价格定价”。此外，对于合同或信用证未规定数量机动幅度的情况，《UCP600》第30条b款规定，只要不超过信用证金额，对于不可精确计量的商品货物的装运，则允许有5%的溢短装。

五、数量条款中的注意事项

（一）准确掌握成交数量

在商定数量条款时，要充分考虑到国内外市场的供求状况，避免因盲目成交给国家和企业造成巨大的经济损失。具体来说，在确定出口商品成交量时，既要对国外市场供求进行详细调研，又要充分了解国内货源的供应状况以及国际价格的变动情况等因素。在确定进口商品成交量时，应考虑国内消费者对于商品的偏好与需求量、商品的质量以及运输成本等因素。

（二）合理规定机动幅度的选择权

机动幅度的选择权是指在实际业务中，由买卖双方中的某一方来选择装运的溢短装。在实际装运过程中，溢短装选择权可以由出口商、进口商或者承运人决定。拥有选择权的一方可以根据国际市场的价格调整实际装运数量，以获得更多利润。因此，溢短装条款应当与贸易术语相结合，如果合同规定按照FOB贸易术语成交，由买方租船订舱、安排装运，可以由买方选择溢短装。如果合同规定按照CIF、CFR贸易术语成交，由卖方租船订舱、安排装运，则应当由卖方选择溢短装。租船运输中的溢短装条款应由承运人决定。

（三）溢短装数量的计价要公平

拥有溢短装选择权的一方，在国际市场价格波动幅度较大时，往往会利用溢短装条款选择对自己有利的数量进行装运。因此，为了避免另一方承担不合理的价格波动风险，体现公平计价原则，有必要对超出或者短少部分另行定价，以避免价格变动风险。在国际贸易实践中，通常可以选择实际装运日或者实际卸货日或者双方约定日期的国际市场价格进行定价。

第四节　商品的包装条款

一、商品包装的意义

商品包装是指在流通过程中为了保护商品、方便运输、促进销售，按一定技术方法而采用的容器、材料及辅助物等的总体名称。在国际货物贸易中，除少数商品因自身的特性很难或无法进行包装而只能采取裸装、散装的方式外，其他大部分商品都要求进行一定的包装后进入商品的流通、消费领域，进而实现其使用价值和价值。尤其是在当前国际市场竞争愈演愈烈的情况下，各国都把改善商品包装、提高商品美观程度作为一种非价格策略，以提高商品的竞争力。

在实际业务中，交易双方都把商品包装作为货物说明的重要组成部分，从而在约定进出口合同中更加重视商品包装条款中的内容，如果卖方未按照约定的方式包装，买方有权拒收货物。因此，我们必须重视商品的包装方式，切实掌握与包装有关的知识以及国际市场上最新的包装动态，签订包装条款。

二、包装的种类

根据包装在流通过程中所起作用的不同，包装可分为运输包装和销售包装。此外，包装还可分为中性包装与定牌等。

（一）运输包装

运输包装是指为了尽可能在运输流通过程中保障商品的安全，降低商品损害的风险，方便装卸和交接流程，从而以运输仓储为主要目的的包装。此外，由于商品的特性以及运输方式的不同，运输包装具有多样性。一般而言，运输包装可以从以下不同的角度进行分类：

1. 按包装方式分类

按包装方式，运输包装可分为单件运输包装和集合运输包装两类。前者是指运输过程中作为一个计件单位的包装。后者是指一种为了适应现代化运输、装卸的要求，将若干个单件运输包装组合成一件大包装的包装方式。常见的集合运输包装有集装箱、集装袋和托盘。其中，集装袋是一种柔性运输包装容器，适用于装运大宗散状、粉粒状物料。我国的集装袋标准执行的是 GB/T 10454—2000，该标准适用于容积在 0.5~2.3m^3、载重在 500~3000kg 的集装袋。集装箱是能装载包装或无包装货进行运输，并便于用机械设备进行装卸搬运的一种成组工具。国际标准集装箱共有 3 个系列、13 种规格，但在实际运输中采用最多的是 IAA 型（即 40ft[㊀]）和 IC 型（即 20ft）两种。

2. 按包装造型分类

按包装造型，运输包装可以分为箱、包、桶和袋等不同的包装形式。

3. 按包装材料分类

按包装材料，运输包装可以分为纸包装、塑料包装、金属包装、玻璃包装、木制包装，以及由麻、布、竹、藤、草类制成的其他材料的包装。

4. 按包装质地分类

按包装质地，运输包装可以分为软性包装、半硬性包装和硬性包装 3 种形式。

5. 按包装程度分类

按包装程度，运输包装可以分为全部包装和局部包装 2 种。

㊀ 1ft = 0.3048m。

在国际货物贸易中，运输包装方式的选择需要买卖双方视情况而定，既要充分考虑交易商品本身所具有的不同特性、品质以及形状，又要兼顾运输的方式、时间以及路线可能带来的影响。在经双方磋商达成交易后，要在进出口合同上明确标明运输包装。

（二）销售包装

销售包装是指在流通和消费过程中与商品直接接触，并借助合适的材料与式样所进行的初次包装，又称为小包装或内包装。

销售包装除保护商品品质这一必要功能外，还要能够承担与促销有关的部分职能。尤其是当前，各国为了能够适应市场竞争以及满足消费者多样化的需求偏好，不断对产品的销售包装提出更高的改进与创新要求。因此，一个出色的销售包装，在设计和制作过程中应该能够体现出以下几个特点：①便于陈列展销，以吸引消费者的注意并方便其进行选择；②方便识别，以迎合消费者的当前需求并进行详细的了解；③便于携带和使用，基于求便心理的角度，为消费者提供方便、优化体验；④要有艺术吸引力，既要有利于提高商品的观赏程度，又能吸引顾客、扩大销量。

销售包装可采用不同的包装材料和不同的造型结构与样式，常见的销售包装有挂式包装、悬挂式包装、堆叠式包装、易开包装、喷雾式包装以及透明式包装等。

（三）中性包装与定牌

中性包装是指商品和内外包装上既不显示生产国别、地名和厂商的名称，也不标明商标或牌号的包装。采用中性包装既是出于某些交易的特殊需要（如转口销售），又是为了规避某些进出口国家所设置的关税和非关税壁垒。定牌是指卖方应买方的要求在出售的商品或包装上标明买方所指定的商标或品牌，一般仅适用于国外大量的长期稳定的订货行为。

中性包装的做法是国际贸易中常见的方式，主要分为两种。一是无牌中性包装，这种包装既无生产国别、地名、厂名，也无商标品牌，适用于一些尚待进一步加工的半制成品，其主要目的是降低成本。二是定牌中性包装，这种包装是指在包装上不注明商品生产国别、地名、厂名，但要注明买方指定商标或品牌。例如，世界上许多大型超级市场和专业商店为了扩大品牌知名度，借助于卖方的生产制作能力来采取定牌中性包装的方式。

值得注意的是，在采用中性包装时，由于包装上并不显示产品的完整信息，这可能会给海关在进出口检查时埋下隐患。此外，对于那些我国与其他国家存在进出口配额的商品，一定要防止进口商将商品转至有关配额国，从而损害国家利益和声誉。

三、包装标志

包装标志是指在进出口商品的外包装上标明的图形、数字以及文字等内容，以便于货物的识别、运输、仓储和海关检验等工作。其中，销售包装标志以服务货物的销售为主要目的，运输包装标志则与货物的储运过程相关。

（一）运输包装标志

运输包装标志是为了确保货物能够准确、及时地运交收货人，便于识别和防止出现运输损坏而在商品包装上印刷的标志。根据运输用途的不同，运输包装标志可以分为以下几种：

1. 运输标志

运输标志又称唛头，通常由一个简单的几何图形和一些字母、数字及文字组成。运输标志不仅有利于商检、海关等监管部门按批进行查验、放行，还方便发货人及承运人合理安排运输环节，防止出错。运输标志如图 3-1 所示。

图 3-1　运输标志

运输标志繁简不一，其内容主要取决于买卖双方根据商品特点所做出的要求。此外，由于各国和各种运输方式对运输标志的要求差异较大，不利于计算机在运输和单证流转方面的应用，为此，联合国欧洲经济委员会简化国际贸易程序工作组在国际标准化组织和国际货物装卸协调协会的支持下，制定了标准运输标志并推荐使用。

标准化的运输标志内容如下：

1）收货人或买方的英文名称缩写或简称，如 ABC。

2）参考号，如运单号、发票号或合同号，如 12345。

3）目的地，如 NEW YORK。

4）件号，如 1/50。

2. 指示性标志

指示性标志是指根据商品的特性，在商品的外包装上用一些简单醒目的图形和文字所表示的标志，旨在提示人们在装卸、运输和仓储过程中应注意的事项，故又被称为注意标志。在国际标准 ISO 780：1997 的基础上，原国家质量监督检验检疫总局（现为国家市场监督管理总局）批准发布了《包装储运图示标志》，现列举几种指示性标志，如图 3-2 所示。

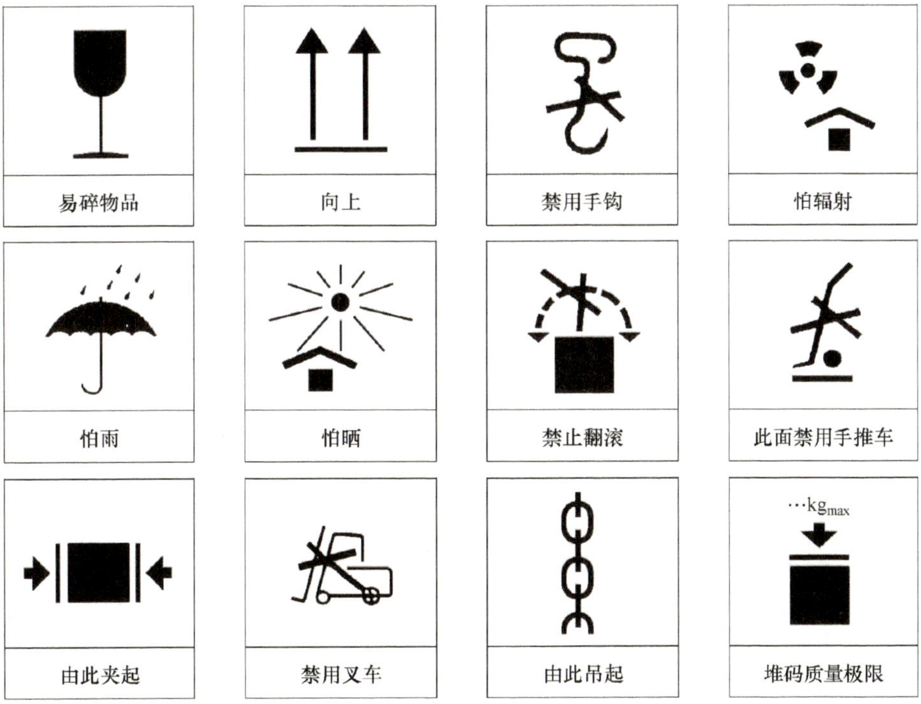

图 3-2　指示性标志

3. 警告性标志

警告性标志被称为危险货物包装标志，是出口方根据某些危险特征如易燃、易爆等，在货物包装上印制的图形和文字，使装卸、运输和仓储人员能够提高警惕并采取相应的防护措施。我国于2009年发布的《危险货物包装标志》规定了危险货物包装图示标志的分类图形、尺寸、颜色及使用方法等，要求储运的各种危险货物的警告性标志应按GB 6644、GB 12268及有关部门的规定选取。现列举几种警告性标志，如图3-3所示。

（符号：黑色；底色：橙红色）

（符号：黑色或白色；底色：绿色）

（符号：黑色或白色；底色：正红色）

（符号：黑色；底色：上红下白）

（符号：黑色；底色：柠檬黄色）

（符号：黑色；底色：白色）

（符号：黑色；底色：上黄下白，附一条红竖条）

（符号：上黑下白；底色：上黑下白）

（符号：黑色；底色：白色）

图3-3 警告性标志

此外，联合国政府间协商组织也规定了一套《国际海运危险品标志》，这套规定已被许多国家采用，有的国家进出口危险品时，要求在运输包装上刷写该组织规定的危险品标志，否则不准靠岸卸货。在我国出口危险货物的运输包装上，要标示我国和国际海运所规定的两套危险品标志。

（二）销售包装标志

销售包装标志是指附着于包装容器上的一切装潢画面、标签和文字说明，有的还会印有条码。

1. 包装的装潢画面

销售包装的装潢画面一般包括图案和色彩，因此，在设计时既要追求美观大方，又要突出商品本身的特点。同时，要注意不同国家和地区的风俗和习惯爱好，避免在装潢画面上出现进口国家或地区所忌讳的图形和颜色。例如，中东国家对六角形图案非常反感和忌讳。

2. 包装的标签和文字说明

销售包装上的标签和文字说明是指附在商品包装上用以简介商品名称、生产国别、构成成分和使用方法等的内容。其中，文字说明要与装潢画面互为补充、相辅相成，其所使用的文字宜简洁凝练，必要时可考虑多种语言同时使用。它是销售者传达商品信息的主要手段，也是消费者熟悉商品、正确使用和保存商品的指南。

3. 条码

条码是指由一组按一定编码规则排列的条、空符号，用以表示一定的字符、数字及符号组成的信息。在进行识别的时候，它通过光电扫描阅读设备将相对应的电子信号解码还原为相应的文字和数字。条码因其自身所具有的数据输入速度快、可靠准确、自由度大以及易于制作等特点，迅速成为经济、实用的一种自动识别技术。商品条码如图 3-4 所示。

图 3-4　商品条码

目前，世界上越来越多的国家为了使其商品能够自由、广泛地流通，纷纷使用商品条码并严格遵循有关规定。通过光电扫描器，计算机自动识别条码的信息，不仅能够准确确定商品的品名、种类、生产日期、产地等，还能有效提高结算和信息传递的准确性。商品条码包括零售商品、非零售商品、物流单元的代码和条码标识。零售商品是指在零售端通过 POS 扫描结算的商品，其条码标识由全球贸易项目代码（GTIN）及其对应的条码符号组成。零售商品的条码标识主要采用 EAN/UPC 条码。非零售商品是指不通过 POS 扫描结算的用于配送、仓储或批发等操作的商品。物流单元是为了便于运输或仓储而建立的临时性组合包装，在供应链中需要对其进行个体的跟踪与管理，通过扫描每个物流单元上的条码标签，实现了物流与相关信息流的链接，可分别追踪每个物流单元的实物移动。

为了适应国际贸易新潮流并与时代接轨，中国物品编码中心于 1988 年成立，在 1991 年 4 月加入国际物品编码组织（GSI），负责在国内推广国际通用的全球统一标识和供应链管理标准，并为企业提供商品条码服务。GSI 分配给我国的国别号为 690，即条形代码包括 690~699。我们生活中最常见的代码为 690~693，696~699 尚未使用。

四、包装条款的内容

包装条款主要包括包装材料、包装方式、包装规格、包装标志和包装费用的相关内容。买卖双方洽商交易时，应该明确约定采取哪一种包装方式以及采用何种材料来制成包装。此外，根据成交商品的形状、特性以及流通方式等方面的要求，在包装条款中订明与之适配的包装规格和标志同样是必不可少的。例如，用涤纶袋包装，25英镑装一袋，4袋装一箱，箱子需要是以金属作为衬里的木箱。包装费用由卖方承担。（To be backed in poly bags，25 pounds in a bag，4 bags in a sealed wooden which is lined with metal. The cost of packing is for seller's account.）《中华人民共和国民法典》第619条规定，卖方应当按照约定的包装方式交付标的物。对包装方式没有约定或者约定不明确，依据该法第510条的规定仍不能确定的，应当按照通用的方式包装；没有通用方式的，应当采取足以保护标的物且有利于节约资源、保护生态环境的包装方式。因此，在实际业务中应该谨慎订立包装条款。

五、包装条款中的注意事项

（一）包装条件应明确、具体

在约定包装条款内容时应做到明确、具体，切勿因笼统规定增加履约的难度。例如，一般不宜采用"按惯常方式包装""习惯包装"或"适合海运包装"等模棱两可的包装术语。因此，除非对方是长期合作的贸易伙伴，否则轻易不采用这些容易引起纠纷的术语。

（二）要充分考虑商品的特点和运输方式

商品所具有的特性和形式决定了相应的包装要求，故在商定包装条款时，交易双方需要明确采用何种包装方式、包装材料和包装规格等内容。此外，国际货物运输一般路途较远，不同的运输距离和运输方式对包装的要求也各不相同。因此，要考虑货物在运输过程中的实际需要，以此来确定合适的包装。

（三）明确包装费用归属

在国际贸易惯例中，包装费用一般包括在货价之中，无须额外计价。若买方指定需要采取特殊的包装材料和方式使得成本增加时，卖方有必要在包装条款中订明包装费用由何方负担，并规定费用的支付方式。

习　题

一、名词解释

1. 凭样品买卖
2. 溢短装条款
3. 中性包装

二、简答题

1. 简述商品品质条款在国际贸易中的重要性及其表示方法。
2. 在国际贸易中，商品包装条款通常包含哪些内容？简述包装在国际贸易中的作用。

第四章 国际货物运输条款

第一节 国际货物运输方式

根据运输工具的不同，国际货物运输分为海洋运输、铁路运输、航空运输、公路运输、内河运输、邮政运输、管道运输、集装箱运输、国际多式联运以及大陆桥运输等。在实际业务中，应结合进出口货物的特点选择合理的运输方式。

一、海洋运输的特点和方式

海洋运输（Ocean Transport）是指使用船舶，通过海上航道，在不同国家和地区港口之间运送货物的一种运输方式。海洋运输在国际货物运输中占有十分重要的地位，国际贸易总运量的80%以上是通过海上运输来完成的，在有些国家的对外贸易中海洋运输占总运量的90%以上。

（一）海洋运输的特点

海洋运输具有运输量大、通过能力强、运费低廉、对货物的适应性强等优点。

海上运输的天然航道四通八达，没有轨道和道路的限制，通过能力强；船舶运量大和各国政府对航海业的支持，使得货物单位运输成本相对低廉；海上货物运输基本上能适应各种货物的运输，甚至连石油井台、火车、机车车辆等超重大货物，船舶一般也可以装运。但是，海洋运输也存在不足，如运输速度相对较慢、受自然气候和季节性影响较大、海洋运输风险系数较高、船期不易确定等。

（二）海洋运输的经营方式

按照船舶的经营方式，海洋运输可以分为班轮运输（Liner Transport）和租船运输（Shipping by Chartering）两种。

1. 班轮运输

班轮运输又称定期船运输，是指在固定的航线上，以既定的港口顺序，按照事先公布的船期表航行的水上运输方式。班轮运输适合货流稳定、货种多、批量的杂货运输。班轮运输最早出现于19世纪初，美国首先采用。1818年美国黑球轮船公司开辟了班轮运输纽约—利物浦的定期航线，用帆船进行运输，用以运送海外移民、邮件和货物。1824年，英国开辟了伦敦、汉堡、鹿特丹之间以蒸汽机船经营的班轮航线，19世纪40年代又扩展到中东、远东地区和澳大利亚。此后，日本、德国、法国等轮船公司均经营班轮运输，设有横渡大西洋、太平洋的环球运输航线。1961年中国远洋运输总公司成立，开始建立中国远洋运输船队和国际班轮航线。

班轮运输具有如下特点：

1）“四固定”，即船期固定、航线固定、挂靠港固定和运费相对固定。

2）承运人和货主之间不签订租船合同，仅以船公司签发的提单的背面记载来确定船、货双方的权利和义务。

3）在班轮运输中，由承运人配载并承担相应的费用，相应的装卸费用包含在运费中，船、货双方不计算速遣费和滞期费。

4）承运的货物比较灵活，凡是班轮停靠的港口，只要有舱位，就能接受承运货物。

2. 租船运输

（1）租船运输的特点

1）按照船舶所有人与承租人双方签订的租船合同安排船舶航线，没有相对于班轮运输的船期表和航线。

2）适合大宗货物运输，货物的特点是批量大、附加值低。

3）船舶营运中的风险以及有关费用的负担由租船合同约定。

4）租船运输中的提单的性质不同于班轮运输，仅相当于货物收据，这种提单要受到租船合同约束。

5）船舶所有人与承租人之间的权利和义务由租船合同来确定。

（2）租船运输的分类

在国际海运业务中，租船方式分为定程租船、定期租船、光船租船和船次期租船。

1）定程租船。定程租船（Voyage Charter）又称程租船或航次租船，是指船舶所有人提供船舶，按照航程租赁，船方按照租船合同规定的条件，在指定的港口之间进行一次或数次航程的运输。

定程租船又分为单程航次租船（Single Voyage Charter）、来回航次租船（Round Voyage Charter）和连续航次租船（Consecutive Voyage Charter）等。

航次租船有如下特点：①船舶的营运调度由船舶所有人负责，船舶的燃料费、物料费、修理费、港口费、淡水费等营运费用也由船舶所有人负担；②船舶所有人负责配备船员，负担船员的工资、伙食费；③运费按货物的数量及双方商定的费率计收；④在租船合同中需要订明货物的装卸费、装卸时间、滞期费和速遣费等。

航次租船合同多采用标准格式，常见的有波罗的海国际航运公会（BIMCO）制定的

“统一杂货租船合同”（Uniform General Charter），又称“金康”（GENCON）合同。

2）定期租船。定期租船（Time Charter）又称期租船，即承租人在规定的期限内取得船舶的使用权，并负责安排调度和经营管理，船舶所有人负责船员的工资、给养和船舶航行与维修。租期从几个月到若干年不等。

定期租船有如下特点：①船舶所有人负责船长、船员的工资和给养；②船舶所有人负担船舶的折旧费、维修保养费、船用物料费、润滑油费、船舶保险费等船舶维持费；③承租人负责船舶的营运调度，并负担船舶的燃料费、港口费、货物装卸费、运河通行费等与营运有关的费用；④租金按船舶的载重吨、租期长短及商定的租金率计算；⑤在租船合同中一般订立关于交船和还船，以及关于停租的条款。

定期租船合同也有标准格式，常见的有中国租船有限公司制定的“中外定期租船合同”（Sino Time Charter）、纽约物产交易所制定的“定期租船合同”（Time Charter）和波罗的海国际航运公会制定的“统一定期租船合同”（Uniform Time Charter）等。

3）光船租船。光船租船（Bareboat Charter）又称船壳租船，是指在租期内船舶所有人只提供一艘空船给承租人使用，而配备船员、供应给养、船舶的营运管理以及一切固定或变动的营运费用都由承租人负担。

光船租船有如下特点：①船舶所有人只提供一艘空船；②全部船员由承租人配备；③承租人负责船舶的经营及营运调度工作；④除船舶的资本费用外，承租人承担船舶的全部固定的及变动的费用；⑤租金按船舶的装载能力、租期及商定的租金率计算。

4）航次期租船。航次期租船（Trip Charter on Time Basis）又称日租租船，以完成一个航次运输为目的，但租金以航次所需的时间（天）为计算标准。这种租船方式不计滞期、速遣费用，船舶所有人不负责货物运输的经营管理。

（三）海洋运输的运费计算

1. 班轮运输的运费计算

（1）班轮运费的构成

通常承运人把班轮运输应收的运费分为基本运费和附加运费两部分。基本运费是对任何一种商品都要计收的运费，附加运费则视不同情况而加收的运费。

1）基本运费（Basic Freight）。班轮运输中，常将航线上固定挂靠的港口称为基本港，为在基本港口之间运输而制定的运价称为基本运费率，它是计算班轮运费的基础。

2）附加运费（Additional Charge）。班轮运输中，主要的附加运费有以下几方面：

① 超重附加费（Heavy Lift Add），是指所运输的每件商品的毛重超过规定时增收的费用，超重货物如果需要转船，则转船一次加收一次。

② 超长附加费（Long Length Add），是指所运输的每件商品的长度超过规定时增收的费用，超长货物如需转船，则转船一次加收一次。

③ 转船附加费（Transshipment Surcharge），是指商品如果必须在中途挂靠港口换装另一艘船舶才能运到目的港时，承运人为此增收的费用。

④ 燃油附加费（Bunker Adjustment Factor，BAF），是指当燃油价格上涨，承运人在不调整原定基本运价的前提下，为补偿燃油费用的增加而增收的附加费。

⑤ 直航附加费（Direct Surcharge），是指托运人要求承运人将其所托运的货物从装运港装船后，不经过转船而直接运抵航线上某一些非基本港时增收的费用。

⑥ 港口附加费（Port Add），是指某些港口（包括非基本港）的情况比较复杂（如船舶进出要通过闸门），在装卸效率较低或者港口费用较高等情况下，承运人增收的附加费。

⑦ 港口拥挤费（Port Congestion Surcharge），是指由于港口过于拥挤，船舶抵港后要长时间等泊，为补偿因船期严重延误的损失而增收的附加费。

⑧ 选卸港附加费（Additional on Optional Discharging Port），是指在商品托运时，托运人因不能确定卸货港，而要求预先指定两个或两个以上卸货港，等船舶开航后再做决定，这样会使这些商品积载增加困难，从而增收的费用。

⑨ 绕航附加费（Deviation Surcharge），是指当正常的航道不能通行，需绕道才能到达目的港时，船方因此要加收的费用。

⑩ 货币贬值附加费（Devaluation Surcharge 或 Currency Adjustment Factor，CAF），是指为了防止因货币贬值给承运人带来的运费损失而增收的附加费。

除此之外，还有超额责任附加费、变更卸货港附加费等。

（2）班轮运费的计收标准

班轮运费的计收标准是指计算运费时使用的单位，常见的有如下8种：

1）按货物的毛重，即以重量吨（Weight Ton）为计算单位计收运费。1重量吨为1公吨。按此方式计收运费时，班轮运价表中的货物名称后面均注有“W”字样。

2）按货物的体积，即以尺码吨（Measurement Ton）为计算单位计收运费。1尺码吨为1立方米。按此方式计收运费时，运价表中均注有“M”字样。

以上两种计算运费的重量吨或尺码吨统称为运费吨。

3）按价格计收，又称从价运费，一般是按照货物的FOB总价值的一定百分比收取，在运价表中注有“Ad. Val.”字样。

4）按重量吨或尺码吨的高者计收。在运价表中用“W/M”表示。

5）按重量吨或尺码吨或从价运费计收三者选择一种最高的计收运费，即在运价表中用“W/M or Ad. Val.”表示。

6）按重量吨或尺码吨中收费较高的作为标准再另行加收一定百分比从价运费，即在运价表中用“W/M plus Ad. Val.”表示。

7）按货物的件数（Per Unit/Per Head）计收。

8）议价（Open Rate）计收。

（3）班轮运费的计算方法

1）计算公式。班轮运费由基本运费和附加运费组成，计算公式为

$$班轮运费=基本运费+附加运费$$

$$基本运费=基本费率\times计费吨（重量吨或容积吨）$$

$$附加运费=附加运费率\times计费吨$$

2）计算步骤。

① 从托运单中查明所装运商品的装货港和目的港所属的航线。注意：目的港或卸货

港是否属于航线上的基本港；货物是否需要转船或要求直达，如果是选卸货，那么选卸港有几个，是否为基本港。

② 根据商品的名称从商品分级表中查明其所属等级，并确定其应采用的计算标准。

③ 查找所属航线的等级费率表，找出该等级商品的基本运费率。

④ 查出各项应收附加费的计算办法及费率。

⑤ 列式计算。

2. 租船运输的运费计算

(1) 程租船运费

1) 程租船运费的构成。程租船运费主要包括程租船运费和装卸费，还有速遣费和滞期费。

2) 程租船运费的计算。程租船运费是指货物从装运港至目的港的海上运费。程租船运费的计算方式与支付时间必须由承租人与船方在双方所签订的程租船合同中明确规定，其计算方式主要有两种：一种是按运费率（单价）来计算总运费；另一种是整船包租计价。

3) 程租船的装卸费。在程租船运输情况下，有关货物的装卸费用由承租人和船方协商确定后再在程租船合同中做出具体规定。具体做法有以下 4 种：

① 船方负担装货费和卸货费（Gross or Liner or Berth Terms），又称为“班轮条件”，即装卸费用的承担采用班轮运输的做法，将货物的装卸费用包括在程租船运费内。

② 船方管装不管卸（Free Out，FO），即船方承担装货费，但不承担卸货费。

③ 船方管卸不管装（Free In，FI），即船方承担卸货费，而不承担装货费。

④ 船方装和卸均不管（Free In and Out，FIO），即船方既不承担装货费，也不承担卸货费。在采用这一条件时，双方还要明确平舱费和理舱费由谁负担。一般都规定由承租人负担，即船方不负担装卸、理舱和平舱费（Free In and Out，Stowed，Trimmed，FIOST）。

4) 装卸时间、滞期费和速遣费。在程租船运输情况下，装卸货时间的长短影响船舶的营运周期和在港口的费用，直接关系到船方的利益。因此，在程租船合同中，除了需要规定装卸货的期限外，还需要规定一种奖励处罚措施，以督促承租人快装快卸。

装卸时间又称装卸期限，是指承租人承诺在一定的期限内完成货物的装卸工作。装卸期限既可用工作日表示，也可用装卸率表示。此外，还要规定哪些时间应算为工作日，哪些时间是除外时间。装卸时间的计算，通常有以下几种：

① 日（Days）或连续日（Running Days；Consecutive Days），是指时间连续满 24 小时就算一日或连续日，也称日历日。

② 工作日（Working Days），是指按港口习惯属于正常工作的日子。此时应除去节假日、星期天等非工作日。

③ 晴天工作日（Weather Working Days），是指既是工作日又是适合装卸的天气才计算为装卸时间，即在工作日的基础上除去恶劣天气导致的无法工作的时间。

④ 连续 24 小时晴天工作日（Weather Working Days of 24 Consecutive Hours）。这种

条款和晴天工作日相同，但明确了在天气适宜装卸工作日内连续24小时算一个工作日。现在已经与晴天工作日的含义基本相同。

在规定的装卸时间内，如果承租人未能完成装卸作业，为了弥补船方的损失，对超过的时间承租人应该向船方支付一定的罚款，这种罚款称为“滞期费”。反之，如果承租人在规定的装卸时间内提前完成装卸作业，则所节省的时间船方要向承租人支付一定的奖金，这种奖金称为“速遣费”。后者一般为前者的1/2。

（2）期租船租金

在期租船运输情况下，承租人为了租用船舶而付给船舶所有人的代价称为租金。租金率取决于船舶的装载能力和租期的长短，通常规定按照每月每载重吨若干金额或整船每天若干金额计费。承租人必须按规定的金额支付租金。一般来说，如租金没有在到期日付到船舶所有人指定的收款银行，船舶所有人有权收回船舶。

二、集装箱运输

集装箱运输（Container Transport）是现代交通运输快速发展的代表，是兼具经济性、安全性、可靠性和准时性特征的先进的现代化运输方式。

集装箱运输和其他运输一样，既有优点，又有缺点。

（一）集装箱运输的优缺点

集装箱运输的优点如下：

1）可以简化包装，大量节约包装费用。

2）减少货损货差，提高货运质量；减少营运费用，降低运输成本。

3）提高装卸效率和劳动生产率。

4）提高船舶运输能力，在不增加船舶艘数的情况下，可以完成更多的运量。

5）适应多式联运。

集装箱运输的缺点如下：

1）集装箱船造价高（集装箱船每立方英尺的造价为普通货船的3.7~4倍）。

2）专用集装箱泊位的码头设施要求高，耗资大（码头设施包括码头岸线和前沿、货场、货运站、维修车间、控制塔、门房以及集装箱装卸机械等要求达到一定的标准能力）。

3）集装箱运输涉及面广、环节多、风险大，如果某一环节失误，必将影响全局。

（二）集装箱运输的装箱方式

集装箱运输的装箱方式有整箱货（Full Container Load，FCL）和拼箱货（Less than Container Load，LCL）两种。

1. 整箱货

凡货主的一批货物数量达到集装箱内容积的75%以上，即可将集装箱调回工厂或仓库自行装箱，或者将货物送到集装箱堆场装箱，即为整箱货。货物到目的港后，收货人可直接从目的港集装箱堆场提走。

2. 拼箱货

拼箱货是指货物不是一整箱的散货，和他人的货物拼装于20ft或40ft集装箱内。拼箱货需要由承运人在集装箱货运站（Container Freight Station，CFS）负责装箱、计数和加封，货到目的地（港）后，由承运人拆箱，分别发给收货人。在拼箱货运输情况下，货物到目的地（港）后，只有每件货物外表状况良好，承运人才可交货。

（三）集装箱运输的交接方式

整箱货和拼箱货的物流方式不同，多式联运承运人和收货人的交接形式也不同。

1. 整箱货的交接方式

1）门到门（Door to Door）：发货人工厂或仓库到收货人工厂或仓库。

2）门到场（Door to CY）：发货人工厂或仓库到卸货港码头堆场或内陆堆场。

3）场到门（CY to Door）：装货港码头堆场或内陆堆场到收货人工厂或仓库。

4）场到场（CY to CY）：装货港码头堆场或内陆堆场到卸货港码头堆场或内陆堆场。

5）场到钩（CY to Tackle）：装货港码头堆场或内陆堆场到卸货港码头船边。

2. 整箱接拆箱交的交接方式

1）门到站（Door to CFS）：发货人工厂或仓库到卸货港码头的集装箱货运站或内陆地区的货运站。

2）场到站（CY to CFS）：装货港码头堆场或内陆堆场到装货港码头集装箱货运站。

3. 拼箱接整箱交的交接方式

1）站到门（CFS to Door）：装货港码头集装箱货运站到收货人工厂或仓库。

2）站到场（CFS to CY）：装货港码头集装箱货运站到卸货港码头的集装箱堆场。

4. 拼箱接拆箱交的交接方式

站到站（CFS to CFS）：装货港码头集装箱货运站到卸货港码头的集装箱货运站。

（四）集装箱运输的费用

集装箱运费包括内陆运费、拼箱费、堆场服务费、海洋运费、集装箱及其设备使用费等。一般来讲，集装箱海上运价体系有两大类。

1. 集装箱基本运费加附加费

集装箱基本运费按班轮公司的运价本或船公司的运价本计收，通常以每运费吨（Freight Ton，包括重量吨或尺码吨）为计算单位。拼箱货常用这种方法计收运费。

附加费是指除传统件杂货所收的常规附加运费以外，加收的与集装箱货物运输有关的费用。

2. 包箱费率

包箱费率以每个集装箱为计费单位，常用于整箱交货的运费计算，即对具体航线实行分货种和箱型的包箱费率或不分货种只按箱型的包箱费率。

包箱费率（Box Rate）主要有以下 3 种：

1）FAK（Freight for All Kinds）包箱费率，即对每一集装箱不分货类统一收取的费率。

2）FCS（Freight for Class）包箱费率，即按不同货物等级制定的包箱费率。货物等级为 1~20 级，级差较小。一般低价货费率高于传统运输费率，高价货费率则低于传统运输费率；同一等级货物，实重货运价高于体积货运价。

3）FCB（Freight for Class & Basis）包箱费率，即既按不同货物等级或货类又按计算标准制定的费率。

三、国际多式联运

（一）国际多式联运的含义和规则

国际多式联运（International Multimodal Transport）简称多式联运，是在集装箱运输的基础上产生和发展起来的，是指按照多式联运合同，以至少两种不同的运输方式，由多式联运经营人将货物从一国境内的接管地点运至另一国境内指定交付地点的货物运输。

国际多式联运运营是随着国际贸易实践的需要而产生的，其运营的基础为1980年5月24日在日内瓦举行的联合国国际联运会议第二次会议上，经与会的84个贸发会议成员国一致通过的《联合国国际货物多式联运公约》。此公约共40条和1个附件，分总则、单据、联运人的赔偿责任、发货人的赔偿责任、索赔和诉讼、补充规定、海关事项和最后条款8个部分。

（二）国际多式联运的特征

1. 必须签订多式联运合同

货物运输中无论采用多少种运输方式，多式联运经营人与托运人之间只签发一份多式联运合同，该合同明确界定了多式联运经营人（MTO—Multimodal Transport Operator，ITO—International Transport Operator 或 CTO—Combined Transport Operator）与托运人之间的权利、义务、责任与豁免。

2. 必须使用全程多式联运单据

多式联运单据（Multimodal Transport Documents，MTD，我国现使用的是 CTB/L）由多式联运经营人签发，是证明多式联运经营人已经接管货物，并负责按照合同条款交付货物，所签发的一种权利凭证。该单据既是物权凭证，也是有价证券。它与传统的海运提单作用相同，托运人可以凭多式联运单证到银行结汇。作为可以流通的有价证券，托运人可以对其转让或将其抵押给银行获得贷款。

3. 必须是两种或两种以上不同运输方式的连贯运输

如为海海、铁铁、空空联运，虽为两程运输，但仍不属于多式联运，这是一般联运与多式联运的一个重要区别。同时，在单一运输方式下的短途汽车接送也不属于多式联运。

4. 多式联运经营人对全程运输负总责

多式联运经营人是货物全程运输的组织者，各区段的运输是通过多式联运经营人和实际承运人订立区段运输合同来完成的，各区段承运人就自己的区段运输向多式联运经营人负责，多式联运经营人就全程运输向托运人负责。

5. 必须是全程单一费率

运价一次收取，包括运输成本（各段运杂费的总和）、经营管理费和合理利润。

6. 必须是跨越国境的国际货物运输

这是区别国内运输的限制条件。

四、其他运输方式

（一）铁路运输

在我国的对外贸易中，铁路运输（Rail Transport）的地位仅次于海洋运输，它具有运量大、速度快、风险小和运营准点的优点，但也存在铁路线不能随意延伸、建设工程大、成本较高的局限性。

1. 国际铁路联运

国际铁路联运是指经由两个和两个以上国家的铁路，使用一份统一的国际铁路运单，并由一国的铁路承运人根据运单将货物运往终点站交给收货人，以连带责任办理全程运输的一种国际货物运输方式。

我国通往欧洲的国际铁路联运线主要有两条，即西伯利亚大陆桥和新亚欧大陆桥。此外，我国还有通往俄罗斯、哈萨克斯坦、蒙古国、朝鲜、越南等国的铁路线。

国际铁路货物联运通常是基于《国际铁路货物联运协定》和《国际铁路货物运输公约》进行的，我国于 1954 年正式加入《国际铁路货物联运协定》。

2. 对香港地区的铁路运输

对香港地区的铁路包括两段运输，即内地铁路运输和港段铁路运输。内地铁路运输由始发站到深圳北站，由中国外运深圳分公司接货，并办理出口手续；港段铁路运输是指货物从深圳过轨后，继续运送到九龙站。

（二）航空运输

航空运输（Air Transportation）是使用飞机运送出口货物的一种运输方式。它具有快速、机动、货运质量高的特点，适用于国际贸易中的季节性商品、急需物资、贵重物品、鲜活货物和精密仪器运输。它的缺点是运量小、运价高。目前，航空运输发展迅速，运量不断。

航空运输主要有班机运输、包机运输、集中托运和速递服务等。

1. 班机运输

班机运输（Schedule Airliner）是指具有固定的航线、固定的开航时间、固定的停靠航站的飞机承担运输。它的特点为运量小、运价较高、航期固定，主要适用于鲜活或急需商品。

2. 包机运输

包机运输（Chartered Carrier Transport）是指航空公司按照约定的条件和费率，将整架飞机租给一个或若干个包机人（包机人是指发货人或航空货运代理公司），从一个或几个航空站装运货物至指定目的地。它的特点为费率低、运量大，但运送时间比班机运输长。包机运输适用于大宗货物。包机运输可分为整架包机运输和部分包机运输。

3. 集中托运

集中托运（Consolidation）是指航空货代公司把若干批单独发运的货物，组成一整批货物向航空公司办理托运，用一份总运单将货物集中发运至预定目的地，由航空货代公司在目的地的代理人接货和报关，然后将货物分拨给各个实际收货人。它的优势在于较班机运输运费低、运输安全，是目前航空货运代理的主要业务之一。集中托运适用于一般商品。

4. 速递服务

速递服务（Air Carrier of Express Cargo Service）又称客货快件服务，快递公司和航空公司合作，由快递公司派专人从发货人处提取货物后，以最快航班将货物运出，飞机到达目的地后，由专人接机提货，办妥进关手续后直接送达收货人。它的特点是快捷、方便，适用于急需药品、医疗器械、贵重物品、图样资料、货样、单证、银行支票和信用证等，它是国际航空运输中最快捷的运输方式。

（三）大陆桥运输

大陆桥运输（Land Bridge Transportation）是指使用横贯大陆的铁路、公路运输系统作为中间桥梁，把大陆两端的海洋连接起来的运输方式。因为两边是海洋，横贯大陆的铁路、公路运输像桥梁一样把陆、海连贯起来，故叫作大陆桥运输。

采用大陆桥运输中途要经过多次装卸，因此大陆桥运输一般都是以集装箱为媒介，这样不仅可以大大简化理货、搬运、储存、保管和装卸等作业环节，经过海关铅封的集装箱中途还不用开箱检验，可以迅速直接转换运输工具。

国际上有三大著名的大陆桥。第一，西伯利亚大陆桥（Siberian Land Bridge）。西伯利亚大陆桥以俄罗斯西伯利亚铁路作为陆地桥梁，把太平洋远东地区与波罗的海和黑海沿岸以及西欧大西洋口岸连起来。此条大陆桥运输线东自符拉迪沃斯托克的纳霍特卡港口起，横贯欧亚大陆，至莫斯科，然后分三路：一路自莫斯科至波罗的海沿岸的圣彼得堡港，转船往西欧、北欧港口；一路从莫斯科至俄罗斯西部国境站，转欧洲其他国家铁路（公路）直运欧洲各国；另一路从莫斯科至黑海沿岸，转船往中东、地中海沿岸。所以，从远东地区至欧洲，通过西伯利亚大陆桥有海—铁—海、海—铁—公路、海—铁—铁三种运送方式。第二，北美大陆桥（North American Land Bridge）。北美大陆桥是指利用北美的大铁路从远东到欧洲的海—陆—海联运。该陆桥运输包括美国大陆桥运输和加拿大大陆桥运输。美国大陆桥有两条运输线路：一条是从西部太平洋沿岸至东部大西洋沿岸的铁路和公路运输线；另一条是从西部太平洋沿岸至东南部墨西哥湾沿岸的铁路和公路运输线。第三，亚欧第二大陆桥。亚欧第二大陆桥也称新亚欧大陆桥。该大陆桥东起中国的连云港，西至荷兰的鹿特丹港，全长10837km，其中在中国境内4143km，途径中国、哈萨克斯坦、俄罗斯、白俄罗斯、波兰、德国和荷兰7个国家，可辐射30多个国家和地区。

（四）公路、内河、邮政和管道运输

1. 公路运输

公路运输（Road Transportation）是现代化运输手段之一。在一些工业发达国家，公路运输的货运量、周转量在各种运输方式中都较多，公路运输已成为一个不可缺少的重要组成部分。

公路运输是一种机动灵活、简捷方便的运输方式，在短途货物集散运输上，它比铁

路、航空运输具有更大的优越性，能实现“门到门”服务；但公路运输载重量小，不适宜装载重件、大件货物，不适宜长途运输；车辆运行中震动较大，易造成货损货差事故，同时，运输成本费用较水运和铁路运输高。

公路运费均以“吨/里”为计算单位。公路运费费率分为整车（FCL）和零担（LCL）两种，后者一般比前者高30%~50%。

公路运输在欧洲运用范围最广，为了统一公路运输所使用的单证和承运人的责任，欧洲经济委员会于1956年5月19日一致通过《国际公路货物运输合同公约》，规定承运人的责任期限是从接收货物时起至交付货物时止。

2. 内河运输

内河运输（Inland Water Transportation）是指使用船舶通过国内江、湖、河、川等天然或人工水道运送货物的一种运输方式。它是水上运输的一个组成部分，是内陆腹地和沿海地区的纽带，也是边疆地区与邻国边境河流的连接线，在现代化的运输中起着重要的辅助作用。

内河运输与沿海运输和远洋运输相比，船舶吨位较小。与铁路运输、公路运输相比，速度慢，但由于其具有投资少、运力大、成本低、能耗低、价格低的优势，内河运输的地位在某些国家和地区越来越重要。

3. 邮政运输

邮政运输（Parcel Post Transportation）是指通过邮局寄交进出口货物的一种运输方式。邮政运输手续比较简便，费用也不高，具有“门到门”的运输性质。

国际邮政运输分为普通邮包和航空邮包两种。它主要适用于量轻、体积小的货物，如精密仪器、机器零部件、药品、金银首饰、样品等零星物品。

4. 管道运输

管道运输（Pipeline Transportation）是用管道作为运输工具的一种长距离输送液体和气体物资的运输方式，是一种专门由生产地向市场输送石油、煤和化学产品的运输方式，是统一运输网中干线运输的特殊组成部分。有时候，气动管（Pneumatic Tube）也可以做类似工作，以压缩气体输送固体舱，而内里装着货物。管道运输石油产品比水运的费用高，但仍然比铁路运输的便宜。大部分管道是被其所有者用来运输自有产品的。

管道运输具有以下几个优越性：

1）在建设上，管道运输与铁路运输、公路运输、航空运输相比，投资要小得多。

2）在油气运输上，管道运输有其独特的优势：一是平稳，能够不间断输送；二是实现了油气安全运输，另外，管道在密闭状态下运输，油品不挥发，质量不受影响；三是损耗少、运费低、占地少、污染低。

第二节 合同的装运条款

国际贸易中，买卖双方就交货时间、装运港和目的港、装卸时间及费用、是否分批装运等条件洽商，合理地规定装运条款，保证进出口合同顺利履行。

在装运条款中，以海上装运条款最为复杂。下面主要介绍海上装运条款的主要内容。

一、装运时间

装运时间（Time of Shipment）又称装运期，是买卖合同的主要条件，如果卖方违反该条件，买方则有权撤销合同，并要求卖方赔偿其损失。

应注意的是，装运期与交货期（Time of Delivery）是两个不同的概念，涉及买卖双方风险和责任的划分。但在进出口贸易中，常用的3种贸易术语FOB、CFR和CIF均属装运港交货，因此装运期与交货期相同。在目的港或其他地点交货的贸易术语下，二者则不同。

装运期可有以下几种规定方法。

1）具体规定装运期限，如“2013年5月装运”。这种方法含义明确，在国际贸易中被普遍采用。

2）规定在收到信用证后若干天装运。为保证卖方的收汇安全，对某些进口管制较严的国家或地区，或专为买方制造的特定商品，或对买方资信不够了解，可采用此种规定方法，如“Shipment within 45 days after receipt of L/C”。在采用此方法时，必须同时规定有关信用证的开到期限或开出日期，并且加订约束性条款，如“买方如不按合同规定开证，卖方有权按买方违约提出索赔”。

3）收到信汇、票汇或电汇后若干天装运。

4）采用笼统方法规定。这种方法不规定具体期限，采用如“立即装运”（immediate shipment）、“尽快装运”（shipment as soon as possible）、“即刻装运”（prompt shipment）等贸易术语来表示。但由于买卖双方解释不一，易造成分歧，一般不宜使用。

二、装运地点

1. 装卸港的含义

装卸港即装运港和卸货港或目的港。装运港（Port of Shipment）是指货物起始装运的港口。目的港（Port of Destination）是指最终卸货的港口。在国际贸易中，装运港一般由卖方提出，经买方确认同意；目的港一般由买方提出，经卖方确认同意。

合同中的装卸港除了与贸易术语有关，还与买卖双方所承担的运输责任有关，也是交货条款的重要内容。

1）根据双方需要，装卸港可分别规定一个，如“大连到新加坡”。

2）大宗交易下，也可列明规定两个或两个以上的装卸港，如“装运港：大连/天津/青岛”。

3）根据情况，也可规定选择港的办法，即从某几个港口中任选一个或规定某一航区中的任一港口作为装卸港。

2. 确定装卸港的注意事项

1）必须是政府许可往来的港口。

2）必须明确规定装卸港，不能笼统地定为“欧洲主要港口”。

3）采用选择港时，备选港口不宜超过 3 个，而且必须在同一航区、同一航线比较靠近的港口，如“Port of shipment：Qingdao/Dalian”。

4）不可将内陆城市作为装卸港。

5）必须考虑运输上的合理性。进口业务中，应选择接近用货地或消费地区的外贸港口。出口时，应规定接近货源地的港口为装运港。

6）必须注意国外港口的具体运输和装卸条件，如有无直达班轮、港口装卸设备、码头泊位深度、冰冻期及其惯例、制度、收费标准等。

7）对同名的装卸港，应在前面冠以国家或地区名称。

三、分批装运和转运

分批装运和转运都直接关系到买卖双方的利益，因此，买卖双方应根据需要在合同中做出具体的规定。一般而言，允许分批装运对卖方来说比较有利。根据惯例，除非信用证有相反规定，否则均可准许分批装运和转船。

1. 分批装运

分批装运（Partial Shipment）又称分期装运（Shipment by Installment），是指一个合同项下的货物分若干批装运。但同一船只、同一航次、不同时间在不同港口装运货物，即使分别签订了不同内容，也不属于分批装运。对具体规定各批装运时间和数量的分批装运，如果其中任何一批未按约定时间和数量装运，则该批与以后各批均为违约。因此，在出口合同中，不宜规定在较短的时间内分若干批装运，间隔应适当，并尽量避免做限期分批定量的规定，以免因安排装运困难而影响贸易。

2. 转船

如果货物没有直达船或暂时无合适的船舶运输，则需中途转船运输。国际上对转船无一致解释，因此应在合同中订明是否允许转船（Transhipment）。由于转船耽误时间、增加费用，也易产生货损货差，故买方往往在合同中要求加订限制转船条款。

按照《跟单信用证统一惯例》的规定，如果信用证未明确规定禁止转船，则视为可以转船。

四、装运通知

装运通知（Shipping Advice）主要是在采用租船运输大宗进出口货物的情况下，在合同中加以约定的条款。规定装运通知条款的目的在于明确买卖双方责任，促使买卖双方相互合作，共同做好船货衔接和货运保险。因此，装运通知是装运条款的一项重要内容。

如按照 FOB、CFR 和 CIF 术语签订的合同，买卖双方应在货物装船后，按约定时间，将合同、货物名称、数量、重量、发票金额、船名及装船日期等项内容电告买方；如按FCA、CPT和CIP术语签订的合同，卖方应在把货物交付承运人接管后，将交付货物的具体情况和交付日期电告买方，以便买方办理保险并做好接卸货物的准备，及时办理进口报关手续。一般要求出口商在货物离开启运地后两个工作日内向进口商发出装运通知。

五、装卸时间、装卸率、滞期费和速遣费

1. 装卸时间

装卸时间（Lay Time）是指允许完成装卸任务所约定的时间。对于装卸时间的规定，可以采用下面几种方法：

1）规定装卸货物的定额标准或装卸率，即每船每个舱口每个工作日装卸若干吨。

2）规定固定的装卸天数。

3）按港口习惯快速装卸（Customary Quick Dispatch，CQD）。这种方法由于不规定确切的装卸期限，容易引发争议。

2. 装卸率、滞期费和速遣费

1）装卸率是指每日装卸货物的数量，一般是指按港口装卸习惯的正常装卸速度。此项内容一般均照搬租船合同中的条款。

2）滞期费（Demurrage）是在规定的期限内，承租人未能完成作业，耽误了船期，为了补偿船方的损失，承租人向船方支付的一定金额的罚金。

3）速遣费（Dispatch Money）指承租人提前完成装卸，船方作为鼓励而付给承租人的奖金。通常，速遣费为滞期费的一半。

六、其他装运条款

OCP是Overland Common Points的缩写，意为“内陆地区”，通常称OCP运输条款为美国内陆运输条款。根据美国运费率的规定，以美国西部落基山脉为界，其以东地区均为内陆地区的范围。按OCP运输条款达成的交易，出口商不仅可享受美国内陆运输的优惠费率，还可以享受OCP海运的优惠费率。因此，对美交易中，采用OCP运输条款，对进出口双方均有利，但在采用时，必须注意下列问题：

1）货物最终目的地必须属于OCP地区范围。

2）货物必须经由美国西海岸港口中转。

3）提单上必须表明“OCP”字样，并且在提单“目的港”一栏中除填明美国西部海岸港口名称外，还要加注内陆地区的城市名称。

第三节 国际货物运输单据

一、海洋货物运输单据

（一）海运提单

海运提单（Ocean Bill of Lading，B/L）简称提单，是指用来证明海上货物运输合

同和船方或其代理在接受承运货物或货物装船后签发给托运人的货物收据，以及承运人据以保证交付货物的凭证。

1. 海运提单的性质和作用

一是货物收据，用来证明船方已经接受货物。

二是物权凭证，表明提单代表了货物的所有权，提单持有人有权凭此提货，还可以背书转让其货物所有权。

三是运输合同的证明，提单的条款规定了承运、托运双方的权利和义务、责任与豁免，是处理争议的法律依据。

2. 海运提单的格式和内容

1）提单的正面内容一般包括承运人、托运人、收货人名称、船名和船籍、装运港、目的港、货物名称、唛头、件数、重量或体积、运费和其他费用、提单签发日期、地点和份数、承运人或其代理签字。

2）提单的背面条款规定了承运人与托运人之间的权利、义务、责任和豁免，是双方当事人处理争议时的主要法律依据。

在全式（Long Term）正本提单的背面，印有许多条款，其中主要有以下几方面：

① 定义条款（Definition Clause），主要是对“承运人”“托运人”等关系人加以限定。前者包括和托运人签订运输合同的船舶所有人，后者包括提货人、收货人、善意提单持有人和货物所有人。

② 管辖权条款（Jurisdiction Clause），是指当提单条款发生争议时，按照法律规定，哪一方法院有审理和解决案件的权利。

③ 责任期限条款（Duration of Liability），规定了承运人对货物的灭失或损害承担赔偿责任的期间的条款。一般海运提单规定承运人的责任期限从货物装上船舶起至卸离船舶为止，即“船至船”。集装箱提单则规定承运人责任期限从承运人接受货物至交付指定收货人为止，即“港至港”。

④ 包装和标志（Packages and Marks）。此项条款要求托运人对货物提供合理的包装和正确清晰的标志。例如，因标志不清或包装不良所产生的一切损失，由托运方负责。

⑤ 运费和其他费用（Freight and Other Charges）。运费规定为预付的，运费应在货物运输前支付；规定为到付的，应在货物交付时一并支付。当船舶和货物遭受了任何灭失或损失时，运费仍应照付，否则承运人有权对货物及单证行使留置权。

⑥ 自由转船条款（Transhipment Clause）。此条款规定承运人虽然签发了直达提单，但由于客观需要仍可以自由转船，并不需要托运人的同意。转船费用由承运人负担，但转船的风险仍由托运人承担，而且承运人的责任也只限于其本身经营的船舶所完成的那段运输。

⑦ 错误申报（Inaccuracy in Particulars Furnished by Shipper）。此条款规定承运人有权在装运港和目的港查验托运人申报的货物数量、重量、尺码与内容，如发现与实际不符，承运人可收取运费罚款。

⑧ 承运人的责任限额（Limit of Liability）。此条款规定了承运人对货物灭失或损坏

所造成的损失所负的最高赔偿限额，即每一件或每计算单位货物赔偿金额最多不超过若干金额。

⑨ 共同海损（General Average，GA）。此条款规定若发生共同海损应按照什么规则理算。国际上一般采用《越克—安特卫普规则》理算。在我国，一些提单常规定按照《中国国际贸易促进委员会共同海损理算规则》理算。

⑩ 舱面货、活动物和植物（on Deck Cargo，Live Animals and Plants）。此条款规定对这三种货物的接收、搬运、运输、保管和卸货，由托运人承担风险，承运人对其灭失或损坏概不承担责任。

3. 海运提单的种类

（1）根据货物是否已经装船来划分

1）已装船提单（on Board B/L）是指承运人在货物已经装上指定船舶后所签发的提单。已装船提单必须以文字表明货物已装上船舶，提单签发日即为货物装船完备的日期。

2）收货备运提单（Received for Shipment B/L）是指承运人在已收到托运人提交的货物等待装运的期间所签发的提单。在签发备运提单的情况下，发货人可在货物装船后用来换发已装船提单。

按国际贸易惯例，除非信用证另有约定，否则卖方有义务提交已装船提单。

（2）根据货物外表有无不良批注来划分

1）清洁提单（Clean B/L）是指货物在装船时表面状况良好，承运人在提单上没有明确宣称货物受损及/或包装有缺陷状况的不良批注的提单。

2）不清洁提单（Unclean B/L 或 Foul B/L）是指承运人在签发的提单上带有明确宣称货物及/或包装有缺陷状况的不良批注的提单。例如，提单上有“货物外包装破损”“三箱短少”“五箱被水浸泡”等此类批注。

（3）根据运输方式来划分

1）直达提单（Direct B/L）是指货物自装货港装船后，中途不经换船直接驶到卸货港卸货而签发的提单。直达提单上不得载有“转船”或“在某港转船”的批注。凡信用证规定不准转船者，必须使用这种直达提单。

2）转船提单（Transhipment B/L）是指承运人在装货港签发的中途得以转船运输而至目的港的提单。在提单上注明“转运”或“在某某港转船”字样，转船提单往往由第一程船的承运人签发。

3）联运提单（Through B/L）是指货物由海上、内河、铁路、公路、航空等两种或多种运输方式进行联合运输而签发的适用于全程运输的提单。联运的范围超过了海上运输界限，货物由船舶运送经水域运到一个港口，再经其他运输工具将货物送至目的港，先海运后陆运或空运，或者先空运或陆运后海运。当船舶承运由陆路或飞机运来的货物继续运至目的港时，货方一般选择使用船方所签发的联运提单。

（4）根据收货人栏的填写内容来划分

1）记名提单（Straight B/L）是指在“收货人”栏内列明收货人名称的提单，此时货物就只能交给收货人，不能背书（Endorsement）转让。这种提单可以不凭正本提单提货，此时该提单就丧失了物权凭证的功能。

2）不记名提单（Bearer B/L）是指在“收货人”栏内不需要填写任何收货人，只写明“货交提单持有人”，或根本不填写任何内容的提单。

3）指示提单（Order B/L）是指在“收货人”栏内填写“凭指定”（to order）或“凭某人指定”（to the order of…）字样的提单，这种提单须经过背书才能转让。指示提单通过转让便可达成转让货物所有权的交易。

指示提单的背书有空白背书和记名背书两种。空白背书是指由背书人（提单转让人）在提单背面签章，但不注明被背书人（提单受让人）的名称；记名背书除了背书人签章外，还要注明被背书人的名称，如需再转让可再加背书。目前使用最多的是凭指定并经空白背书的提单，习惯上称其为“空白抬头、空白背书”提单。

（5）根据提单内容的繁简程度来划分

1）全式提单（Long Term B/L）是指提单除正面印就的提单格式所记载的事项，背面详细列明有关于承运人与托运人及收货人之间权利、义务等条款的提单。一般在信用证付款条件下，银行要求使用全式提单。

2）简式提单（Short Term B/L）又称短式提单、略式提单，是指提单背面没有关于承运人与托运人及收货人之间的权利、义务等详细条款的提单。该提单一般在正面印有“简式”（Short Form）字样。

（6）根据船舶营运方式来划分

1）班轮提单（Liner B/L）。采取班轮运输方式、由经营班轮运输的承运人或其代理人签发的提单叫作班轮提单。

2）租船提单（Charter Party B/L）。采用租船运输方式，在货物装船后，由船东或船长根据租船契约签发的提单叫作租船提单。这类提单上通常加注“根据×租船合同出立”字样。

（7）根据运费支付方式来划分

1）运费预付提单（Freight Prepaid B/L）。

2）运费到付提单（Freight to be Collected B/L）。

（8）根据提单使用效力来划分

1）正本提单（Original B/L）是指提单上经承运人、船长或其代理人签字盖章并注明签发日期的提单。此提单在法律上、商业上都是公正有效的单证。提单上要注明“正本”字样，以示与副本提单有别。

2）副本提单（Nonnegotiable or Copy B/L）是指提单上没有承运人、船长或其代理人签字盖章，而仅供工作上参考之用的提单。在副本提单上一般都标明“Copy”“Nonnegotiable”字样，以示与正本提单有别。

（9）其他种类提单

1）舱面提单（on Deck B/L）是指承运人签发的提单上注有“货装甲板”字样的提单。这种提单的托运人一般都向保险公司加保舱面险，以保货物安全。除非有特殊规定，银行一般不接受舱面提单。

2）过期提单（Stale B/L）是指信用证项下错过规定的交单日期或者比货物晚到目的港的提单。前者是指卖方在超过信用证规定的交单期限或者超过提单签发日期后21天才交单议付的提单，银行拒绝接受此类提单；后者是指近洋运输时，往往会有货物先到、单据后到的情况，所以在近洋国家之间的货物买卖合同中，一般都订有“过期提单可以接受”的条款。

3）倒签提单（Ante-dated B/L）是指货物装船后，承运人应托运人的请求签发的早于货物实际装船日期的提单。例如，实际装船日期是6月25日，提单日期却签发为6月21日。

4）预借提单（Advanced B/L）是指在货物尚未装船时，应托运人的请求，预先签发的、借给托运人的提单。

5）顺签提单（Post-dated B/L）是指在货物装船后，承运人或其代理应托运人的要求签署提单的签发日期晚于实际装船日期的提单。

（二）海上货运单

海上货运单简称海运单（Sea Waybill or Ocean Waybill），是指证明海上货物运输合同和货物已经由承运人接管或装船，以及承运人保证据以将货物交付给单证上所注明的收货人的一种不可转让的单证。

因为海运单不是物权凭证，不能向银行押款，也不可转让，所以也称“不可转让海运单”（Nonnegotiable Sea Waybill）。由于海运单使用起来能简化买方提货手续，减少假提单的诈骗现象，降低承运人的风险，因此近年来较为常见。

二、铁路运单

1. 国际铁路货物运输单据

通过国际铁路联运的货物，由始发站铁路承运人签发运单，它是铁路与货主之间运输契约的证明，是铁路与货主交接货物、核收运杂费和处理索赔的依据。该运单正本随货物到达终点站，并交给收货人。运单副本是卖方凭以向银行结算货款的主要凭证之一。

2. 承运货物收据

承运货物收据是将货物由内地通过铁路运往港澳使用的货运单据。它既是承运人出具的货物收据，也是承运人与托运人签订的契约。

三、航空运输单据

航空运输单据是承运人与托运人之间签订的运输合同，也是承运人或其代理人签发的货物收据，还可作为承运人核收运费的依据和海关查验放行的基本单据。收货人提货不是凭航空运单，而是凭航空公司的提货通知单。

四、邮包收据

邮包收据是邮局收到寄件人的邮包后签发的收货凭证，也是收件人凭以提取邮件的凭证，还是邮包灭失或损害时凭以向邮局索赔的依据。

五、国际多式联运单据

国际多式联运单据是证明国际多式联运经营者接管货物，并且负责按照多式联运合同条款交付货物的单据。

国际多式联运大多为“门到门”运输，故货物于装船或装车或装机后应同时由实际承运人签发提单或运单，多式联运经营人签发多式联运提单，这是多式联运与单一国际货运方式的根本不同之处。在此情况下，海运提单或运单上的发货人应为多式联运的经营人，收货人及通知方一般应为多式联运经营人的国外分支机构或其代理；多式联运提单上的收货人和发货人则是真正的、实际的收货人和发货人，通知方则是目的港或最终交货地点的收货人或该收货人的代理人。

多式联运提单上除列明装货港、卸货港外，还要列明收货地、交货地或最终目的地的名称，以及第一程运输工具的名称、航次或车次等。

多式联运提单把海运提单的可转让性与其他运输方式下运单的不可转让性合二为一，因此多式联运经营人根据托运人的要求既可签发可转让的也可签发不可转让的多式联运提单。如属前者，“收货人”一栏应采用指示抬头；如属后者，“收货人”一栏应具体列明收货人名称，并在提单上注明“不可转让”。

六、电子提单

1. 电子提单

电子提单是一种利用 EDI（电子数据交换）系统对海运途中的货物支配权进行转让的程序，它可以快速、准确地实现货物支配权的转移，也可以方便海运提单的使用，还可防冒领和避免误交。

2. 电子提单的应用

以 CIF 国际货物买卖合同来说，买方通过开证行开给卖方一张信用证，买方根据银行通知按合同规定付款。在目的港，买方向承运人请求交货，承运人履行交货义务。

第四节　国际物流与国际贸易

一、国际物流的含义

国际物流（International Logistics）是指物品从一个国家（地区）的供应地向另一个国家（地区）的接收地的实体流动过程。

广义的国际物流研究的范围包括国际贸易物流、非贸易物流、国际物流合作、国际物流投资、国际物流交流等领域。其中，国际贸易物流主要是指货物在国际的合理流动；非贸易物流是指国际展览与展品物流、国际邮政物流等；国际物流合作是指不同国别的企业完成重大的国际经济技术项目的国际物流；国际物流投资是指不同国家物流企业共同投资建设国际物流企业；国际物流交流则主要是指物流科学、技术、教育、培训和管理方面的国际交流。

狭义的国际物流主要是指当生产消费分别在两个或两个以上的国家（地区）独立进行时，为了克服生产和消费之间的空间间隔和时间距离，对货物（商品）进行物流性移动的一项国际商品或交流活动，从而完成国际商品交易的最终目的，即实现卖方交付单证、货物和收取货物，而买方接受单证、支付货款和收取货物的贸易对流条件。

国际物流的实质是根据国际分工的原则，依照国际惯例，利用国际化的物流网络、物流设施和物流技术，实现货物在国际的流动与交换，以促进区域经济的发展与世界资源的优化配置。国际物流的总目标是为国际贸易和跨国经营服务，即选择最佳的方式与路径，以最低的费用和最小的风险，保质、保量、适时地将货物从某国的供方运到另一国的需方。

二、国际物流的发展

（一）20世纪50年代至80年代初：传统水平上的国际物流能力和物流量大幅提高

这一阶段物流设施和物流技术得到了极大的发展，建立了配送中心，广泛运用电子计算机进行管理，出现了立体无人仓库，一些国家建立了该国的物流标准化体系等。物流系统的改善促进了国际贸易的发展，物流活动已经超出了一国范围，但物流国际化的趋势还没有得到人们的重视。

第二次世界大战以后，国际的经济交往才越来越扩展，越来越活跃。尤其在20世纪70年代的石油危机以后，原有为满足运送必要货物的运输观念已不能适应新的要求，系统物流就是在这个时期进入国际领域的。60年代开始形成了国际的大数量物流，在物流技术上出现了大型物流工具，如20万吨的油轮、10万吨的矿石船等。70年代，受石油危机的影响，国际物流不仅在数量上进一步发展，船舶大型化趋势进一步加强，还出现了提高国际物流服务水平的要求，其标志是国际集装箱及国际集装箱船的发展，国际各主要航线的定期班轮都投入了集装箱船，把散杂货的物流水平提了上去，使物流服务水平获得较大提高。70年代中后期，国际物流领域出现了航空物流大幅增加的新形势，同时出现了更高水平的国际联运。船舶大型化的趋势发展到一个高峰，出现了50万吨的油船、30万吨左右的散装船。

（二）20世纪80年代初至90年代初：国际物流的现代化水平提升

随着经济技术的发展和国际经济往来的日益扩大，物流国际化趋势开始成为世界性的共同问题。80年代前中期，国际物流的突出特点是在物流量基本不继续扩大的情况下出现了“精细物流”，物流的机械化、自动化水平提高，同时，伴随新时代人们需求观念的变化，国际物流着力于解决“小批量、高频度、多品种”的物流，现代物流不仅覆盖了大量货物、集装杂货，还覆盖了多品种的货物，基本覆盖了所有物流对象，解决了所有物流对象的现代物流问题。

（三）20世纪90年代初至今：进入物流信息时代，形成国际物流系统

这一阶段国际物流的概念和重要性已为各国政府和外贸部门所普遍接受。贸易伙伴

遍布全球，必然要求物流国际化，即物流设施国际化、物流技术国际化、物流服务国际化、货物运输国际化、包装国际化和流通加工国际化等。世界各国广泛开展国际物流方面的理论和实践方面的大胆探索。伴随国际联运式物流出现的物流信息和 EDI 系统，物流向更低成本、更高服务、更大量化、更精细化的方向发展。几乎每一物流活动都有信息支撑，物流质量取决于信息，物流服务依靠信息。可以说，国际物流已进入物流信息时代。

20 世纪 90 年代国际物流依托信息技术发展，实现了信息化，信息对国际物流的作用依托互联网平台向各个相关领域渗透，同时出现了全球卫星定位系统、电子报关系统等新的信息系统，在此基础上构筑国际供应链，形成了国际物流系统，使国际物流水平进一步提高。

三、国际物流的特点

1. 各国物流环境差异大

国际物流的一个非常重要的特点，即各国物流环境存在差异，尤其是物流软环境。不同国家的不同物流适用法律使国际物流的复杂性远高于一国的国内物流，甚至会阻断国际物流；不同国家的经济状况和科技发展水平使得国际物流处于不同的科技条件支撑下，甚至有些地区根本无法应用某些技术而迫使国际物流全系统水平的下降；不同国家的不同标准也造成国际铁路接轨的困难，因而使国际物流系统难以建立；不同国家的风俗人文也使国际物流受到较大局限。

各国物流环境的差异使得一个国际物流系统需要在几个不同法律、人文、习俗、语言、科技、设施的环境下运行，无疑会大大增加物流的难度和系统的复杂性。

2. 系统范围广

物流本身是一个涵盖诸多功能要素的系统，并且各个功能要素间又存在紧密的衔接性，任何一个功能要素出现问题，都会使整个物流体系出现堵塞。国际物流在这个复杂系统上增加了不同国家的要素，这不但是地域范围和空间范围的扩大，而且影响物流体系畅达的因素更多，物流的时间更长，所以国际物流比国内物流更具复杂性和风险性。物流系统的功能要素一般认为有运输、储存保管、包装、装卸搬运、流通加工、配送、物流信息等，各要素充分发挥各自功能，从而合理、有效地实现物流系统的作用。在货物的国际转移中，对物流各功能的要求更高。以运输为例，与国内运输相比，国际运输涉及的环节多，风险较大，线长面广，情况更为复杂。国际运输主要是供应及销售物流中的海运、陆运、空运、管道运输及多式联运等运输方式的选择，确定合理的运输路线，并对运输活动进行有效管理。国际物流过程中可能涉及多种运输工具、多样运输方式，中途可能会需要对货物进行多次装卸搬运，可能与经过的不同国家的货主、保险公司、银行、海关及各种中间代理人等打交道。各国政治、法律、金融货币制度不同，可变的因素非常多，其中某个环节发生状况，会影响整个物流的效率。所以，国际物流要满足国际贸易对的要求，就必须充分发挥其在整个国际物流系统中的作用，实现货物安全、迅速、准确、节省、方便送达。

3. 标准化要求较高

要使国际物流畅通，统一标准是非常重要的。美国、欧洲基本实现了物流工具、设施的统一，如托盘采用1000mm×1200mm等，这样一来，大大降低了物流费用，降低了转运的难度。未执行这一标准的国家，必然在转运、换车底等方面花费更多的时间和费用，从而降低其国际竞争力。在物流信息传递技术方面，欧洲各国不仅实现了企业内部的标准化，还实现了企业之间及欧洲统一市场的标准化，这就使欧洲各国之间的系统比其与亚洲、非洲等国家交流更简单、更有效。

4. 国际化信息系统支持

国际化信息系统是国际物流，尤其是国际联运非常重要的支持手段。国际信息系统管理困难，投资巨大，外加世界各地信息水平不均衡，使得信息系统的建立更为困难。当前建立国际物流信息系统的一个较好办法是各国海关公共信息系统联机，以便各国及时掌握有关各个港口、机场和联运线路、站场的实际状况，为供应或销售物流决策提供支持。国际物流是最早发展EDI的领域，以EDI为基础的国际物流将会对物流国际化产生重大影响。

四、国际物流的新趋势

由于现代物流业对该国经济发展、国民生活提高和竞争实力增强有着重要的影响，因此，世界各国都十分重视物流业的现代化和国际化，国际物流呈现出一系列新趋势。

1. 系统更加集成化

传统物流一般只是货物运输的起点到终点的流动过程，如产品出厂后从包装、运输、装卸到仓储这样一个流程。从纵向看，现代物流将传统物流向两头延伸并注入新的内涵，即从最早的货物采购物流开始，经过生产物流再进入销售领域，其间要经过包装、运输、装卸、仓储、加工配送等过程，到最终送达用户手中，甚至最后还有回收物流，包括了产品从始至终的全过程。从横向看，现代物流通过利益输送、股权控制等形式，将社会物流和企业物流、国际物流和国内物流等各种物流系统有机地组织在一起，即通过统筹协调、合理规划来掌控商品的整个流动过程，以满足各种用户不断变化的需求，争取做到效益最大和成本最小。国际物流的集成化是将整个物流系统打造成一个高效、通畅、可控制的流通体系，以此来减少流通环节、节约流通费用，实现科学的物流管理，提高流通的效率和效益，以适应在经济全球化背景下“物流无国界”的发展趋势。可以说，过去物流企业的单个企业之间的竞争，已经演变成一群物流企业与另一群物流企业的竞争、一个供应链与另一个供应链的竞争、一个物流体系与另一个物流体系的竞争。物流企业所参与的国际物流系统的规模越大，物流的效率就越高，物流的成本就越低，物流企业的竞争力就越强，这种竞争是既有竞争又有合作的“共赢”关系。国际物流的这种集成化趋势是一个国家为适应国际竞争正在形成的跨部门、跨行业、跨区域的社会系统，是一个国家流通业正在走向现代化的主要标志，也是一个国家综合国力的具体体现。当前，国际物流向集成化方向发展主要表现在两个方面：一是大力建设物流园区；二是加快物流企业整合。物流园区建设有利于实现物流企业的专业化和规模化，发挥它们的整体优势和互补优势；物流企业整合，特别是一些大型物流企业跨越国境展开“横联纵合”式的并购，或形成物流企业间的合作并建立战略联盟，有利于拓展国际物流市场，争取更大的市场份额，加速该国物流业向国际化方向深度发展。

2. 管理更加网络化

在系统工程思想的指导下，以现代信息技术为条件，强化资源整合和优化物流过程是当今国际物流发展的本质特征。信息化与标准化这两大关键技术对当前国际物流的整合与优化产生了巨大的影响。同时，标准化的推行使信息化的进一步普及获得了广泛支撑，使国际物流可以实现跨国界、跨区域的信息共享，物流信息的传递更加方便、快捷、准确，加强了整个物流系统的信息连接。现代国际物流就是在信息系统和标准化的共同支撑下，借助储运等系统以及各种物流设施，形成了一个纵横交错、四通八达的物流网络，覆盖面不断扩大，规模经济效益更加明显。以法国 KN 公司为例，该公司在没有自己的轮船、汽车等运输工具的情况下，通过自行设计开发的全程物流信息系统，对世界各地的物流资源进行整合，在近 100 个国家开展物流服务，形成了一个强大的物流网络。

3. 标准更加统一化

国际物流的标准化是以国际物流为一个大系统，制定系统内部设施、机械装备、专用工具等各个分系统的技术标准；制定各系统内分领域的包装、装卸、运输、配送等方面的工作标准；以系统为出发点，研究各分系统与分领域中技术标准与工作标准的配合性；按配合性要求，统一整个国际物流系统的标准；最后研究国际物流系统与其他相关系统的配合问题，谋求国际物流大系统标准的统一。随着经济全球化的不断深入，世界各国都很重视本国物流与国际物流的相互衔接问题，力求与国际物流的标准体系相一致。国际物流的标准化问题引起更多的重视。跨国公司的全球化经营，正在极大地影响物流全球性标准化的建立。一些国际物流行业协会，在国际集装箱和 EDI 技术发展的基础上，开始在物流的交易条件、技术装备规格，特别是单证、法律条件、管理手段等方面推行统一的国际标准，使物流的国际标准更加深入地影响国内标准，使国内物流日益向国际物流靠拢。

4. 配送更加精细化

随着现代经济的发展，各产业、部门、企业之间的交换关系和依赖程度也越来越错综复杂，物流是联系这些复杂关系的交换纽带，它使经济社会的各部分有机地连接起来。在市场需求瞬息万变和竞争环境日益激烈的情况下，物流在企业和整个系统必须具有更快的响应速度和协同配合的能力。更快的响应速度，要求物流企业必须及时了解客户的需求信息，全面跟踪和监控需求的过程，及时、准确、优质地将产品和服务递交到客户手中。协同配合的能力，要求物流企业必须与供应商和客户实现实时的沟通与协同，使供应商对自己的供应能力有预见性，能够提供更好的产品、价格和服务；使客户对自己的需求有清晰的计划性，以满足自己生产和消费的需要。国际物流为了达到零阻力、无时差的协同，需要做到与合作伙伴间业务流程的紧密集成，加强预测、规划和供应，共同分享业务数据、联合进行管理执行以及完成绩效评估等。只有这样，物流作业才能更好地满足客户的需要。现代经济专业化分工越来越细，一些企业除了自己生产一部分主要部件外，大部分部件需要外购。国际的加工贸易就是这样发展起来的，国际物流企业伴随着国际贸易的分工布局应运而生。为了适应各制造厂商的生产需求，以及多样、少量的生产方式，国际物流的高频度、小批量的配送随之产生。早在20世纪90年代，中国台湾计算机业就创建了一种“全球运筹式产销模式”，采取按客户订单、分散生产形式，将计算机的所有零部件、元器件、芯片外包给世界各地的制造商去生产，然后通过国际物流网络将这些零部件、元器件、芯片集中到物流配送中心，再由该配送中心发送给计算机生产厂家。自20世纪80年代以来，美国、欧洲等一些发达国家开始了一场“物流革命”，其内容是对物流各种功能、要素进行整合，使物流活动系统化、专业化，出现了专门从事物流服务活动的第三方物流企业。随后，各种专业化的物流服务企业在欧美等发达国家大量涌现并加速发展，使物流服务功能更强大、服务质量更精细。物流产业已经成为发达国家服务业中的一个重要组成部分。

5. 园区更加便利化

为了适应国际贸易的急剧扩大，许多发达国家都致力于港口、机场、铁路、高速公路、立体仓库的建设，一些国际物流园区也应运而生。这些园区一般选择靠近大型港口和机场兴建，依托重要港口和机场，形成处理国际贸易的物流中心，并根据国际贸易的发展和要求，提供更多的物流服务。例如，日本为了提高中心港口和机场的国际物流功能，重点在京滨港、名古屋港、大阪港、神户港进行超级中枢港口项目建设，对成田机场、关西机场、羽田机场进行扩建，并在这些国际中心港口和空港附近设立物流中心，提高国际货物的运输和处理能力。这些国际物流中心一般具有保税区的功能。此外，港口还实现24小时作业，国际空运货物实现24小时运营。在通关和其他办证方面也提供许多便利。国际物流和国内物流，实际上是货物在两个关税区的转接和跨国界的流动，要实现国内流通体系和国际流通体系的无障碍连接，必须减轻国际物流企业的负担、简化行政手续、提高通关的便利化程度。日本在这方面实行了同一窗口办理方式，简化了进出口以及机场港口办理手续，迅速而准确地进行检疫、安全性和通关检查。因此，国际物流园区的便利化发展，不仅有赖于物流企业本身的努力，还特别倚重政府的支持。如何围绕机场、港口建立保税区、保税仓库，提供“点到点”服务、“一站式”服务，则是国际物流中心规划必须深入考虑的问题。

6. 运输更加现代化

国际物流的支点离不开运输与仓储。要适应当今国际竞争快节奏的特点，仓储和运输都要求现代化，要求通过高度机械化、自动化、标准化的手段提高物流的速度和效率。国际物流运输的主要方式是海运，有一部分是空运，但会渗透进一部分国内运输，因此，国际物流要求建立起海路、空运、铁路、公路的“立体化”运输体系，来实现快速、便捷的“一条龙”服务。为了提高物流的便捷化，世界各国都在采用先进的物流技术，开发新的运输和装卸机械，大力改进运输方式，如应用现代化物流手段和方式、发展集装箱运输、托盘技术等。美国的物流效率之所以高，是因为美国的物流模式善于将各种新技术有机融入具体物流运作中，因而其能在世界上率先实现高度的物流集成化和便利化，这也使物流企业的利润和投资收益持续增加，进而诱发新的研究开发投资，形成良性循环。总之，融合了信息技术与交通运输现代化手段的国际物流，对世界经济运行将继续产生积极的影响。

五、高效的国际物流系统对国际贸易的促进效应

（一）高效的国际物流系统成为国际贸易持续发展的保证

国际贸易导致了国际物流的诞生，但是，从其诞生之日起，国际物流就开始了自己独立的发展历程，不断发展壮大，并且国际物流不息的进步与发展对国际贸易的发展还起到了深远的促进作用。

在大量国际贸易中，不可忽视的是货物跨国转移所带来的国际物流量的剧增。剧增的贸易量势必带来更多的物流量，这要求国际物流为货物转移的运输、装卸、仓储、信息传输等各个环节都提供便利。现代物流运用科技手段，使信息快速、准确反馈，采用货物流通的最优渠道，将产品按消费者的需求生产出来，快速送到消费者手中，提高了服务质量，刺激了消费需求，加快了企业对市场的反应速度。在供应链联结的各企业间实现了资源共享，大大缩短了产品的流通周期，加快了物流配送速度。企业的物流渠道、物流功能、物流环节与制造环节集成化，使物流服务扩大化和系列化，规范作业使贸易过程中的延迟交货、送货不及时或货物损坏灭失等不可控制风险大大降低，从而方便各国企业间达成贸易。低效率的物流体系同样会成为国际贸易发展的瓶颈，从事国际贸易带来的利益会被巨大的流通费用开支所抵销。

（二）高效的物流系统为国际贸易不断发展提供了有力支持

随着全球化市场竞争的加剧，很多商品完成了由卖方市场向买方市场的转变。贸易商竞争的重点是如何更好、更快地满足客户多样化、个性化的需求。国际贸易中的商品和服务趋向于多样化、定制化。生产商用标准化的零件实现规模经济，贸易商获知国际市场上客户的具体要求，通过物流的流通加工功能，对零部件按照多种方式进行组合，形成符合客户要求的个性化商品，再经过包装、运输、配送将商品送到消费者手中，实现“门到门”的服务。

（三）高效的物流系统提高了各国的贸易利益

为了实现成本最小化，很多企业从世界成本最低的国家采购原材料、零部件，同时又把商成品销往世界各地。跨国企业的采购和销售在国际贸易中占据的比重越来越大，据统计，跨国企业掌握着全球 2/3 的国际贸易。在目前多品种、小批量生产趋势逐渐加强、产品生命周期日益缩短以及贸易竞争日趋激烈的情况下，企业不可能孤军奋战，通过合作，让供应商、贸易商、零售商、代理商共同参与，对产品进行动态改进，不断挖掘客户新的需求，这就需要形成高效的全球供应链体系来不断整合全球资源。企业可以凭借高度灵活和快速响应的物流和供应链系统，进行世界全方位重组、要素进一步优化配置、优化生产定位和布局，进而实现贸易利益最大化。

（四）高效的物流系统使更多的非贸易品变为贸易品

在全球供应链的管理中，利用电子商务技术优化供应链管理，首先完成企业内部业

务流程一体化，然后向企业外的合作伙伴延伸，实现生产、采购、库存、销售以及财务和人力资源管理的全面整合，使物流、信息流、资金流发挥最大效能，把理想的供应链运作变为现实。供应链中的全部物流管理可通过供应链所有成员之间的信息沟通、责任分配和相互合作来协调，这样可以降低供应链上每个成员的不确定性，减少每个成员的运营成本。企业可以用较少的设备完成库存的周转，减少资金占用量和管理费用，从而降低成本，提高运输、包装、标识和文书处理等活动的效率。

由此可见，国际物流已成为影响和制约国际贸易发展的重要因素。国际物流的发展极大地改善了国际贸易的环境，为国际贸易提供了各种便利的条件，世界贸易的飞速增长与国际物流的发展是分不开的。

习　　题

一、名词解释

1. 班轮运输
2. 国际多式联运
3. 海运提单

二、简答题

简述国际货物运输的主要方式及其特点。

第五章 国际货物运输保险的基本规则

第一节 国际货物运输保险的含义与适用原则

一、国际货物运输保险的含义

国际货物运输保险（Cargo Transportation Insurance）是指保险人（Insurer）与被保险人（Insured）以运输过程中的各种货物作为保险标的订立合同，在被保险人交纳约定的保险费后，保险人根据保险合同的规定，对货物在运输过程中发生承保责任范围内的损失和费用，按保险金额与损失程度对被保险人给予经济补偿。国际货物运输保险属于财产保险的范畴。

二、国际货物运输保险合同的适用原则

在保险合同订立和履行中，保险人和被保险人都应遵循相应原则，以维护双方的合法权益。

1. 保险利益原则

保险利益（Insurance Interest）又称可保利益或可保权益，是指投保人或被保险人对保险标的具有法律上承认的利益，体现为被保险人的经济利益因保险标的的完好而存在，因保险标的的损毁而受损。

买卖双方在合同中约定的贸易术语决定了货物在运输途中何方具有保险利益、有权在风险发生时向保险人索赔。

需要注意的是，只有具有保险利益的卖方或买方才可以凭保险单据在发生了承保范围的损失时向保险人提出索赔。

2. 最大诚信原则

保险合同双方当事人在订立和履行合同时，必须以最大的诚意履行约定义务，恪守承诺，互不欺骗，互不隐瞒。

最大诚信原则包括告知、保证、弃权与禁止反言三大内容。告知要求投保人和保险人在订立保险合同时，都应向对方履行如实告知义务。保证是指投保人或被保险人对在保险期限内的特定事项作为或不作为向保险人所做的担保或承诺。弃权是指保险合同当事人放弃自己在合同中可以主张的某项权利；禁止反言是指保险人放弃某项权利后，不得再向投保人或被保险人主张这种权利。

3. 近因原则

近因原则（Principle of Proximate Cause）是指保险人只对承保风险与保险标的损失之间有直接因果关系的损失负赔偿责任，而对保险责任范围外的风险造成的保险标的损失不承担赔偿责任。

4. 损失赔偿原则

损失赔偿原则是指当保险标的发生保险责任范围内的损失时，保险人应按保险合同的规定履行赔偿责任，但赔偿金额不得超过保险单所载明的保险金额或被保险人遭受的实际损失。

5. 代位求偿权原则

代位求偿权原则是指保险标的发生保险责任范围内的损失，根据法律或合同规定，第三者需要对保险损失承担赔偿责任，保险人向被保险人履行赔偿责任后，享有以被保险人的地位向在该项损失中的第三者责任方索赔的权利。

第二节　海洋运输货物保险的承保范围

海洋运输货物保险的承保范围包括风险、损失和费用。

一、风险

由于国际贸易的货物多数是通过海洋运输的，在海洋运输途中，船只和货物都有可能由于自然灾害和意外事故而造成各种损失，因此，海洋运输货物保险就成为国际贸易中不可或缺的。

海洋运输货物保险中的可保障风险包括海上风险和外来风险。正确理解海洋运输货物保险的保障范围，对于了解保险条款、选择保险险别以及如何索赔具有重要意义。

（一）海上风险

海上风险（Peril of Sea）又称海难，是指船舶或货物在海上航行中发生的或随附海洋运输所发生的风险，包括自然灾害和意外事故。

1. 自然灾害

自然灾害（Natural Calamities）是指不以人的意志为转移的自然界破坏力量所引起

的灾害。根据我国《海洋运输货物保险条款》，自然灾害是指恶劣气候、雷电、海啸、地震、火山爆发、洪水、浪击落海等人力不可抗拒的灾害。

2. 意外事故

意外事故（Fortuitous Accidents）是指由于偶然的、难以预料的原因造成的事故。按照国际保险市场的一般解释，海上风险并非局限于海上发生的灾害和事故，包括与海上航行有关的发生在陆上或海陆、海河或驳船相连接之处的灾害和事故。根据我国《海洋运输货物保险条款》（CIC，1981），意外事故仅指船舶搁浅、触礁、沉没、船舶与流冰或其他物体碰撞以及失火、爆炸等；伦敦保险协会《协会货物条款》（ICC，1982）对"意外事故"的定义是：火灾、爆炸、船舶或驳船搁浅、触礁、沉没或倾覆、运输工具碰撞、路上运输工具的倾覆或出轨以及抛弃等。

（二）外来风险

外来风险（Extraneous Risk）是指由海上风险以外的其他外来原因造成的风险，包括一般外来风险和特殊外来风险。

1. 一般外来风险

一般外来风险（Ordinary ExternalCause）是指货物在运输途中由于偷窃、雨淋、短量、玷污、渗漏、破碎、串味、受潮、铁锈、钩损等一般外来原因而导致的风险。

2. 特殊外来风险

特殊外来风险（Particular External Cause）是指货物在运输途中由于军事、政治、国家政策法令以及行政措施等特殊外来原因所造成的风险，如战争、罢工、货物被有关当局拒绝进口或没收、船舶被扣导致交货不到。

二、损失和费用

（一）损失

海洋运输货物保险承保的损失来源于自然灾害、意外事故和各种外来风险。

海洋运输的损失简称海损，是指被保险的货物在运输过程中，由于发生海上风险导致保险标的直接或间接的损失。海损也包括与海洋运输相连的陆上或内河航运过程中的货物损失。按照损失的程度不同，海损分为全部损失和部分损失。

1. 全部损失

全部损失（Total Loss）是指保险标的由于承保风险造成的全部灭失或视为全部灭失的损害，简称全损。从损失的性质看，全损分为实际全损和推定全损两种。

（1）实际全损

实际全损（Actual Total Loss）也称绝对全损，是一种实质性或物质性的消失，是指保险标的在运输途中由于自然灾害或意外事故造成货物完全灭失或变质而失去原有用途，即货物完全损失已经发生或不可避免。构成保险标的实际全损有以下 4 种情况：

1）保险标的实体完全灭失，如载货船舶遭遇海难后沉入海底。

2）保险标的遭受严重损害，已丧失原有用途和价值，无法复原，如化工产品受海水浸泡而变质。

3）保险标的的物权已完全丧失，无可挽回，如船舶被海盗劫走或货物被敌方全部扣押。

4）载货船舶失踪并达到一定期限（英国判例为6个月）仍杳无音讯。

（2）推定全损

推定全损（Constructive Total Loss）又称商业全损，是指保险标的在运输途中遭遇承保风险，虽然尚未达到完全灭失的程度，但由于货物受损后修复所需的费用或加上运至目的地的费用将会超过货物在目的地的价格，被保险人可将其委付保险人，接受相当于全部损失的赔偿。推定全损包括以下4种情况：

1）保险标的受损后，其修理费用超过货物修复后的价值。

2）保险标的受损后，其整理和继续运往目的地的费用超过货物到达目的地的价值。

3）保险标的的实际全损已经无法避免，为避免全损所需的施救费用将超过获救后标的的价值。

4）保险标的遭受保险责任范围内的事故，使被保险人失去标的的所有权，而收回标的所有权的费用已超过收回标的的价值。

2. 部分损失

部分损失（Partial Loss）是指不属于实际全损和推定全损的损失，即没有达到全部程度的损失。部分损失可分为共同海损和单独海损。

（1）共同海损

共同海损（General Average）是指在海洋运输途中，船舶、货物或其他财产遭遇共同危险，为了解除共同危险，有意采取合理的救难措施而直接造成的特殊牺牲和支付的特殊费用。

构成共同海损必须具备下列4种条件：

1）共同海损的危险必须是真实存在的而不是臆测的，或者不可避免地发生的。即使危险不会立即威胁船、货各方的安全，但如果不采取措施，就将不可避免地发生并威胁船、货的共同安全。

2）共同海损的危险必须是船舶、货物以及其他财产所共同面临的，采取的措施必须是合理的。

3）共同海损的牺牲必须是自动的和有意采取的行为，其费用必须是额外的。

4）共同海损的牺牲和费用的支出最终必须是有效的，也就是说，经过采取某种措施后，船舶和货物的全部或一部分最后安全抵达航程的终点港或目的港，从而摆脱危险。

在船舶发生共同海损后，凡属共同海损范围内的牺牲和费用，均可通过共同海损理算，由有关获救受益方（即船方、货方和运费收入方）根据获救价值按比例分摊。这种分摊称为共同海损分摊。一般情况下，共同海损分摊由专门的海损推算机构进行理算。

（2）单独海损

单独海损（Particular Average）是指共同海损以外的部分损失，仅涉及船舶或货物所有人单方面的利益损失。

（二）费用

海上费用主要有以下 4 种：

1. 施救费用

施救费用（Sue and Labor Charge）又称单独海损费用，是指当保险标的遭受保险责任范围内的自然灾害和意外事故时，被保险人或其代理人或保险单受让人为抢救被保险货物，减少损失，采取各种措施而支付的费用。各国保险法规或保险条款一般都规定，保险人对施救费用应承担赔偿责任，赔偿金额以不超过该批货物的保险金额为限。

2. 救助费用

救助费用（Salvage Charge）是指被保险标的遭遇保险责任范围以内的灾害事故时，由保险人和被保险人以外的第三者采取救助行为而支付的费用。它属于保险赔付范围。救助费用往往与共同海损联系在一起，构成共同海损的费用支出。

3. 续运费用

续运费用（Forwarding Charge）是指当运输工具在海上遭遇海难后，在中途港或避难港修整后继续运送货物产生的费用。

4. 额外费用

额外费用（Extra Charge）是指为了证明损失、索赔成立而支付的费用，如检验费用、查勘费用、海损理算师费用等。

第三节 《海洋运输货物保险条款》

中国人民财产保险股份有限公司制定的《海洋运输货物保险条款》将海洋运输货物保险分为基本险和附加险。

一、基本险

基本险分为平安险（Free from Particular Average，F. P. A.）、水渍险（With Particular Average，W. P. A.）和一切险（All Risks，A. R.）3 种。责任范围如下：

（一）平安险

1）负责被保险货物在运输途中由于自然灾害造成的全部损失。

2）负责由于运输工具遭受条款中列举的意外事故而造成货物的全部或部分损失。

3）负责运输工具已发生搁浅、触礁、沉没、焚毁等意外事故，货物在此前后又在海上遭受自然灾害所造成的部分损失。

4）负责在装卸或转运时由于一件或数件整件货物落海造成的全部或部分损失。

5）负责被保险人对遭受承保责任内危险的货物采取抢救、防止或减少货损的措施而支付的合理费用。

6）负责运输工具遭遇海难后在避难港由于卸货所引起的损失，以及在中途港、避难港由于卸货、存仓以及运送货物所产生的特别费用。

7）负责共同海损的牺牲、分摊和救助费用。

8）负责运输契约订有“船舶互撞责任”条款，条款中规定应由货方偿还船方的损失等。

（二）水渍险

除包括上述所列平安险的各项责任外，水渍险还负责被保险货物由于恶劣气候、雷电、海啸、地震、洪水等自然灾害所造成的部分损失。

（三）一切险

除包括上列平安险和水渍险的各项责任外，一切险还负责被保险货物在运输途中由于一般外来风险所致的全部或部分损失。

投保人可根据货物的特点、运输路线等情况选择投保平安险、水渍险和一切险中的任意一种。

以上三种险别，保险人的保险责任起讫期限均采用“仓至仓”条款（Warehouse to Warehouse，W/W）。保险责任自被保险货物运离保险单所载明的启运地仓库或储存处所开始运输时即生效，直到该项货物到达保险单所载明目的地收货人的最后仓库或储存处所或被保险人用作分配、分派或非正常运输的其他储存处所为止，但最长不得超过被保险货物在最后卸载港全部卸离海轮后满60天。在上述60天内如再需要转运，则开始转运时保险责任即已终止。

对海运货物保险的3种基本险别，保险公司规定有下列除外责任（Exclusion）：

1）被保险人的故意行为或过失所造成的损失。

2）属于发货人责任所引起的损失。

3）在保险责任开始前，被保险货物已存在的品质不良或数量短差所造成的损失。

4）被保险货物的自然损耗、本质缺陷、特性以及市价跌落、运输延迟所引起的损失或费用。

5）属于海洋运输货物战争险和货物运输罢工险条款规定的责任范围和除外责任。

二、附加险

附加险是对基本险的补充和扩大。附加险又可以分为一般附加险和特殊附加险。

（一）一般附加险

在投保平安险或水渍险后，根据被保险货物的情况和需要，尚可加保下列11种一般附加险：

1）偷窃、提货不着险（Theft，Pilferage and Non-Delivery，T. P. N. D.）：保险有效期内，被保险货物被偷走或窃走，以及货物运抵目的地以后，整件未交的损失由保险公司负责赔偿。

2）淡水雨淋险（Fresh Water Rain Damage，F. W. R. D.）：被保险货物在运输过程中，由于淡水、雨水以及雪溶所造成的损失，保险公司都应负责赔偿。淡水包括船上淡水舱、水管漏水以及舱汗等。

3）短量险（Risk of Shortage）：保险人负责赔偿承保的货物因外包装破裂或散装货物发生数量损失和实际重量短缺的损失，但不包括正常运输途中的自然损耗。被保险人对于包装货物的短少，应当提供外包装发生破裂现象的证明；如属散装货物，则以装船重量和卸船重量之间的差额作为计算短量的依据。

4）混杂、玷污险（Risk of Intermixture & Contamination）：被保险货物在运输过程中因混进杂质所造成的损失，由保险公司负责赔偿。例如，矿石等因混进了泥土、草屑等使其质量受到影响。此外，被保险货物因为和其他物质接触而被玷污，例如布匹、纸张、食物、服装等被油类或带色的物质污染而引起的经济损失，也由保险公司负责赔偿。

5）渗漏险（Risk of Leakage）：保险人负责赔偿承保的流质、半流质、油类货物在运输途中因容器损坏而引起的渗漏损失，或用液体储藏的货物因液体渗漏而引起的腐烂变质造成的损失。例如，以流体装存的湿肠衣因为流体渗漏而使肠衣发生腐烂、变质等损失，均由保险公司负责赔偿。

6）碰损、破碎险（Risk of Clash & Breakage）：保险人负责赔偿承保的金属、木质等货物因震动、颠簸、碰撞、挤压而造成货物本身的损失，或易碎性货物在运输途中由于装卸野蛮、运输工具的颠震所造成货物本身的破裂、断碎的损失。

7）串味险（Risk of Odour）：保险人负责赔偿承保的食用物品（如食品、粮食、茶叶、中药材、香料）、化妆品原料等因受其他物品的影响而引起的串味损失。该险主要承保被保险货物因在运输过程中配载不当而受其他物品影响，引起的串味损失。例如，茶叶、香料与皮张、樟脑等堆放在一起产生异味，不能使用。

8）受热、受潮险（Damage Caused by Heating & Sweating）：船舶在航行途中，由于气温骤变，或者因为船上通风设备失灵等使舱内水汽凝结、发潮、发热引起货物的损失，由保险公司赔偿。

9）钩损险（Hook Damage）：被保险货物在装卸过程中因为使用手钩、吊钩等工具所造成的损失，例如粮食包装袋因吊钩钩坏而造成粮食外漏所造成的损失，由保险公司赔偿。

10）包装破裂险（Loss for Damage by Breakage of Packing）：因为包装破裂造成物资的短少、玷污等损失。此外，对于被保险货物在运输过程中因续运安全需要而产生的候补包装、调换包装所支付的费用，保险公司也应负责。

11）锈损险（Risk of Rusting）：保险公司负责被保险货物在运输过程中因为生锈造成的损失。不过这种生锈必须在保险期内发生，如原装时就已生锈，保险公司不负责。此外，在海上保险实务中，保险人一般不就裸装的金属材料承保锈损险。

（二）特殊附加险

特殊附加险（Special Additional Risk）以导致货损的某些政府行为风险作为承保对象，不包括在一切险范围内，不论被保险人投何种基本险，要想获取保险人对政府行为等政治风险的保险保障，必须与保险人特别约定，经保险人同意。否则，保险人对此不承担保险责任。

特殊附加险是承保由于特殊外来风险所造成的损失。

1）交货不到险（Failure to Delivery Risk）：该险承保自被保险货物装上船舶时开始，在6个月内不能运到原定目的地交货。不论何种原因造成交货不到，保险人都按全部损失予以赔偿，但是被保险人应将货物的全部权益转移给保险人。保险公司在条款中规定，提货不着险和战争险项下所承担的责任，不在交货不到险的保险责任范围之内。

2）进口关税险（Import Duty Risk）：该险承保的是被保险货物受损后，仍得在目的港按完好货物缴纳进口关税而造成相应货损部分的关税损失。

3）舱面险（on Deck Risk）：该险承保装载于舱面（船舶甲板上）的货物被抛弃或海浪冲击落水所致的损失。这种险别是对有些因体积大或有毒性或有污染性或根据航运习惯必须装载于舱面货物的损失提供的保险保障。

4）拒收险（Rejection Risk）：当被保险货物出于各种原因，在进口港被进口国政府或有关当局拒绝进口或没收而产生损失时，保险人依拒收险对此承担赔偿责任。

5）黄曲霉素险（Aflatoxin Risk）：该险承保被保险货物（主要是花生、谷物等易产生黄曲霉素的货物）在进口港或进口地经卫生当局检验证明，其所含黄曲霉素超过进口国限制标准，而被拒绝进口、没收或强制改变用途所造成的损失。

6）战争险（War Risk）：海上货物运输战争险是特殊附加险的主要险别之一，是保险人承保战争或类似战争行为导致的货物损失的特殊附加险。被保险人必须投保货运基本险之后，才能经特别约定投保战争险。战争险的承保责任范围包括以下几方面：

① 直接由于战争、类似战争行为、敌对行为、武装冲突或海盗行为等所造成运输货物的损失。

② 由于上述原因所引起的捕获、拘留、扣留、禁制、扣押等所造成的运输货物的损失。

③ 各种常规武器（水雷、炸弹等）所造成的运输货物的损失。

④ 由本险责任范围所引起的共同海损牺牲、分摊和救助费用。

战争险的责任起讫采用“水面”条款，以“水上危险”为限，是指保险人的承保责任自货物装上保险单所载明的启运港的海轮或驳船开始，到卸离保险单所载明的目的港的海轮或驳船为止。如果货物不卸离海轮或驳船，则从海轮到达目的港当日午夜起算满15日之后责任自行终止；如果中途转船，不论货物在当地卸货与否，保险责任以海轮到达该港可卸货地点的当日午夜起算满15天为止，等再装上续运海轮时，保险责任才继续有效。

7）罢工险（Strikes Risk）：海洋货物运输罢工险是保险人承保被保险货物因罢工等人为活动造成直接损失的特殊附加险。罢工险的承保责任范围包括以下几方面：

① 罢工者、被迫停工的工人或参加工潮暴动、民众斗争的人员的行动所造成的直接损失，恐怖主义者或出于政治目的而采取行动的人所造成的损失。

② 任何人的敌意行动所造成的直接损失。

③ 因上述行动或行为引起的共同海损的牺牲、分摊和救助费用。

罢工险责任起讫采取“仓至仓”条款。罢工险与战争险的关系密切，按国际海洋保险市场的习惯，投保了战争险，再加保罢工险时一般不再加收保险费；如仅要求加保罢工险，则按战争险费率收费。所以，一般被保险人在投保战争险的同时加保罢工险。

8）出口货物到中国香港（包括九龙）或中国澳门存仓火险责任扩展条款（Fire Risk Extension Clause for Storage of Cargo at Destination HongKong, Including Kowloon or Macao）：这是一种扩展存仓火险责任的特别附加险。它对于被保险货物自内地出口运抵中国香港（包括九龙）或中国澳门，卸离运输工具，直接存放于保险单载明的过户银行所指定的仓库期间发生火灾所受的损失，承担赔偿责任。

第四节 《协会货物条款》

在国际货物保险市场上，各国保险组织都分别有自己的保险条款。但在各种保险条款中具有较大影响的是英国伦敦保险协会制定的《协会货物条款》（Institute Cargo Clause, ICC）。据统计，目前世界上2/3的国家海洋保险业务直接采用该条款。我国在采用CIF贸易术语时，应对方的要求也会根据ICC条款进行投保。

一、伦敦保险协会海运货物保险条款的发展历程

伦敦保险业协会自1912年起开始对伦敦海洋保险市场所采用的条款进行整理，经过多次修订和调整，于1963年6月1日制定出一套完整的海洋运输货物保险条款，即1963年《协会货物条款》，也就是所谓的旧《协会货物条款》。1963年《协会货物条款》包括协会货物平安险条款、协会货物水渍险条款和协会货物一切险条款。在保险责任期间方面，1963年《协会货物条款》所规定的海洋保险责任期间扩展至“仓至仓”范围，使被保险人在海上航程之外的两端也能得到相应的保险保障。

1982年新《协会货物条款》开始在伦敦保险市场投入使用，彻底取代了1963年《协会货物条款》。与1963年《协会货物条款》不同，1982年1月1日《协会货物条款》以英文字母A、B、C命名。A、B、C各险别与旧条款的险别存在某些共同之处，是一切险、水渍险和平安险的翻版，但它们在许多方面也有差异。

2008年，《协会货物条款》又得到修订。联合货物保险委员会（Joint Cargo Committee）从2006年起就开始在全球范围内进行调查和咨询工作，在集中多方意见之后，于2008年11月24日公布了新的《协会货物条款》。新条款于2009年1月1日起生效，也被称为2009年版伦敦保险协会《海运货物保险条款》。

二、伦敦保险协会《海运货物保险条款》的承保范围和除外责任

（一）海运货物保险条款的种类

1）协会货物条款（A）：ICC(A)。

2）协会货物条款（B）：ICC(B)。

3）协会货物条款（C）：ICC(C)。

4）协会战争险条款（货物）（Institute War Clause-Cargo）。

5）协会罢工险条款（货物）（Institute Strikes Clause-Cargo）。

6）恶意损害险条款（Malicious Damage Clause）。

在这六种险别中，前三种为主险，可以单独投保；战争险和罢工险也可以单独投保，只有恶意损害险不能单独投保。

（二）ICC(A)

1. ICC(A) 的承保范围

ICC（A）的承保范围较广，相当于中国人民财产保险股份公司所规定的一切险，采用“一切风险减除外责任”的方式，即除了不负责除外责任项下所列的风险导致的损失外，其他风险导致的损失均予负责。除此之外，保险责任范围内的共同海损分摊和救助费用，以及运输契约规定有“船舶互撞责任”条款，都应由保险人负责赔偿。

2. ICC(A) 的除外责任

1）一般除外责任。一般除外责任包括：①被保险人故意违法行为造成的损失或费用；②直接因延迟引起的损失或费用；③保险标的自然渗漏、重量或容量的自然损耗或自然磨损；④因船舶所有人、经理人、租船人经营破产或不履行债务造成的损失或费用；⑤因包装或准备不足或不当造成的损失或费用；⑥因使用任何原子武器或热核武器造成的损失或费用；⑦因保险标的内在缺陷或特征造成的损失或费用。

2）不适航、不适货除外责任。所谓不适航、不适货除外责任，是指被保险人或其受雇人在保险标的装船时已知船舶不适航，以及船舶、集装箱、运输工具等不适货，保险人不负赔偿责任。

3）战争除外责任。战争除外责任包括：①因内战、战争、敌对行为等造成的损失或费用；②因拘留、捕获、扣留等（海盗除外）造成的损失或费用；③因鱼雷、漂流水雷等造成的损失或费用。

4）罢工和恐怖主义除外责任。罢工和恐怖主义除外责任包括：①因罢工或被迫停工造成的损失或费用；②因罢工者、被迫停工工人等造成的损失或费用；③任何恐怖主义者或出于政治动机而行动的人导致的损失或费用。

（三）ICC(B)

1. ICC(B) 的承保范围

ICC(B) 的承保范围相当于中国人民财产保险股份公司所规定的水渍险。采用“风险列明”的方式，即将应承担的风险逐一列举，凡属承保范围内的损失，无论全损还是部分损失，保险人均按损失程度给予赔偿。

ICC(B) 的承保风险包括以下几方面：

1）爆炸、火灾；在避难港卸货；火山爆发、地震、雷电。

2）共同海损牺牲。

3）船舶或驳船搁浅、触礁、沉没或倾覆。

4）陆上运输工具倾覆或出轨。

5）船舶、驳船或运输工具同水外的任何外界物体碰撞。

6）海水、湖水或河水进入船舶、驳船、运输工具、集装箱、大型海运箱或储存处所。

7）抛货。

8）浪击落海。

9）货物在装卸时落海或跌落，造成整件全损。

2. ICC(B) 的除外责任

ICC(B) 与 ICC(A) 的除外责任大体相同，仅有两点区别：一是在 ICC(A) 中恶意损害险被列为承保风险，而在 ICC(B) 中保险人对此风险不负赔偿责任；二是在 ICC(A) 中“海盗行为”属于承保范围内的责任，而在 ICC(B) 中该风险属于除外责任。

（四）ICC(C)

1. ICC(C) 的承保范围

ICC(C) 的承保风险要小于 ICC(A) 和 ICC(B)，它采用“列明风险”的方式，不承保自然灾害及非重大意外事故的风险，仅承保重大意外事故的风险。

ICC(C) 承保的风险是灭失或损害要合理归因于以下几方面：

1）爆炸、火灾。

2）在避难港卸货。

3）共同海损牺牲。

4）船舶或驳船搁浅、触礁、沉没或倾覆。

5）陆上运输工具倾覆或出轨。

6）船舶、驳船或运输工具同除水以外的任何外界物体碰撞。

7）抛货。

2. ICC(C) 的除外责任

ICC(C) 的除外责任与 ICC(B) 完全相同。但需要说明的是，由于 ICC(B) 和 ICC(C) 中将被保险人以外的其他人（如船长、船员）的故意破坏行为所造成的被保险货物的灭失或损坏均列为除外责任，因此在投保 ICC(B) 和 ICC(C) 时，如需要取得防范这种风险的保障，应另行加保恶意损害险。

（五）协会战争险条款（货物）

协会战争险条款（货物）具有完整的结构体系，故可以单独投保。它承保由于下列原因造成的保险标的的损失或损害：

1）战争、内战、革命、造反、叛乱或由此引起的内乱或任何交战方之间的敌对行为。

2）由上述承保风险引起的捕获、拘留、扣留、禁制或扣押，以及这些行动的后果或任何进行这种行为的企图。

3）被遗弃的水雷、鱼雷、炸弹或其他被遗弃的战争武器。

此外，协会战争险条款（货物）还承保为避免承保风险所造成的共同海损和救助费用。

保险期限以“水上危险”为限，即保险责任自货物装上海轮时开始，直到卸离海轮时为止，若货物不及时卸离海轮，以海轮到最后港口或卸货港当日午夜起满 15 天为限，保险责任终止，如果在中途港转运，也以到港 15 天为限。

（六）协会罢工险条款（货物）

协会罢工险条款（货物）结构完整，可以单独投保。它对下列原因造成的保险标的的损失或损害负责：

1）罢工者、被迫停工工人或参与工潮、暴动或民变的人员所致。

2）任何恐怖分子或任何出于政治目的采取行动的人所致。

此外，协会罢工险条款（货物）还承保为避免承保风险所致的共同海损和救助费用。

（七）恶意损害险条款

恶意损害险条款主要承保被保险人以外的其他人的故意损害、故意破坏、恶意行为所致保险标的的损失或损害。如果恶意行为是出于政治动机，则不属于本条款的承保范围，但可以在罢工险条款中得到保障。

实际上，在ICC(A)中，除了对被保险人的恶意行为不承保以外，将其他恶意损害险的内容包括在ICC(A)的承保范围之内；但是在ICC(B)和ICC(C)中，被保险人以外的任何他人的恶意行为所致的损失均被列入除外责任。因此，在投保ICC(B)或ICC(C)时，若想转嫁恶意损害风险，须加保恶意损害险。

三、保险期限的变化

2009年版《协会货物条款》扩展了保险人的保险责任期限。1982年版是“仓至仓”原则，即保险责任是自货物“运离”仓库或储存处所时生效，“运到”收货人仓库或储存处所时终止。对发货人仓库和收货人仓库内装卸货物发生的风险，并未包括在保险责任起讫期限内，新修订的2009年版将这一风险囊括在内。从保险责任起点来看，2009年版规定保险责任起自保险标的在仓库或储存处所“开始搬运”（First Move），目的是与航程前“紧接的装货”（Immediate Loading）紧密联系起来；从保险责任终点来看，1982年版强调“运到”，2009年版强调的是“完成卸货”。

2009年版规定保险责任终止的情形包括以下4种情况之一：

1）保险合同载明的目的地最后仓库或储存处所，从运输车辆或其他运输工具完成卸货。

2）保险合同载明的目的地任何其他仓库或储存处所，或在中途任何其他仓库或储存处所，从运输车辆或其他运输工具完成卸货（上述任何其他仓库或储存处所是由被保险人或其雇员选择用作在正常运输过程之外的储存货物，或分配货物，或分派货物）。

3）被保险人或其雇员在正常运输过程之外选择任何运输车辆或其他运输工具或集装箱储存货物。

4）自保险货物在最后卸载港全部卸离海轮后满60天为止。

第五节 其他运输方式下的货物保险

在国际贸易中，除了海洋运输方式外，还有陆上运输、航空运输和邮包运输等，对于不同的运输方式，保险公司都有专门的保险条款。

一、陆上运输货物保险

陆上运输货物保险（Overland Transportation Cargo Insurance）是指承保货物标的在陆上运输（火车、汽车运输或联运）过程中由于保险责任范围内的事故造成的损失。

根据中国人民财产保险股份有限公司制定的《陆上运输保险条款》的规定，陆上运输货物保险的基本险别有陆运险和陆运一切险两种。此外，它还有附加险、陆上货物运输战争险，这与海洋运输货物保险的各种附加险相同。

陆上运输货物保险的索赔时效为从被保险货物在最后目的地车站全部卸离车辆后计算，最多不超过2年。

（一）基本险别

1. 陆运险

陆运险（Overland Transportation Risk）的责任范围如下：

1）被保险货物在运输途中遭受暴风、雷电、洪水、地震自然灾害或由于运输工具遭受碰撞、倾覆、出轨或在驳运过程中因驳运工具遭受搁浅、触礁、沉没、碰撞，或由于遭受隧道坍塌、崖崩或失火、爆炸意外事故所造成的全部或部分损失。

2）被保险人对遭受承保责任内危险的货物采取抢救，防止或减少货损的措施而支付的合理费用，但以不超过该批被救货物的保险金额为限。

2. 陆运一切险

陆运一切险（Overland Transportation All Risks）与海运一切险相似，除了陆运险的责任范围外，保险人还负责被保险货物在运输途中由于外来原因所致的短量、偷窃、渗漏、碰损、破碎、钩损、雨淋、生锈、受潮、受热、发霉、串味、玷污等全部损失或部分损失。

3. 陆运附加险

1）陆上货物运输战争险（火车）。陆上货物运输战争险（火车）(Overland Transportation Cargo War Risks by Train）承保在火车运输途中由于战争、类似战争行为和敌对行为、武装冲突等所造成的损失，以及各种常规武器包括地雷、炸弹所致的损失。

2）陆上运输罢工险。该险承保的责任范围与海洋运输货物罢工险相同，其保险手续的办理也与海运运输货物罢工险相同，即在投保战争险的前提下加保罢工险，不另外收费。

（二）除外责任

本保险对下列损失不负赔偿责任：

1）被保险人的故意行为或过失所造成的损失。

2）属于发货人责任所引起的损失。

3）在保险责任开始前，被保险货物已存在的品质不良或数量短差所造成的损失。

4）被保险货物的自然损耗、本质缺陷、特性以及市场跌落、运输延迟所引起的损失或费用。

5）本公司陆上运输货物战争险条款和陆上运输货物罢工险条款规定的责任范围和除外责任。

（三）保险的责任起讫

陆上货物运输保险负“仓至仓”责任，自被保险货物运离保险单所载明的启运地仓库或储存处所开始运输时生效，包括正常运输过程中的陆上和与其有关的水上驳运在内，直至该项货物运达保险单所载目的地收款人的最后仓库或储存处所或被保险人用作分配、分派的其他储存处所为止，如未运抵上述仓库或储存处所，则以被保险货物运抵最后卸载的车站满60天为止。

二、航空运输货物保险

航空运输货物保险（Air Transportation Cargo Insurance）是以航空运输过程中的各类货物为保险标的，当投保了航空货物保险的货物在运输途中因保险责任造成货物损失时，由保险公司提供经济补偿的一种保险业务。

航空运输货物保险除基本险外，还可加保航空运输货物战争险。航空运输货物战争险也与海洋运输货物战争险的有关规定基本相同，航空运输货物保险的除外责任也与海洋运输货物保险的除外责任基本相同。

（一）基本险别

航空运输货物保险分为航空运输险和航空运输一切险两种基本险。

1. 航空运输险

航空运输险（Air Transportation Risk）的承保范围与海洋运输货物保险条款中的“水渍险”相似。它包括被保险货物在运输途中遭受雷电、火灾、爆炸或由于飞机遭遇恶劣气候或其他危难事故而被抛弃，或由于飞机遭遇碰撞、倾覆、坠落或失踪等自然灾害或意外事故所造成的全部损失或部分损失。

2. 航空运输一切险

航空运输一切险（Air Transportation All Risks）的承保范围与海洋运输货物保险条款中的“一切险”相似。除了上述航空运输险的全部责任外，保险公司还负责赔偿被保险货物由于被偷窃、短少等外来原因所造成的全部或部分损失。

（二）保险的责任起讫

航空运输货物保险的责任起讫也采用“仓至仓”条款，但与海洋运输货物保险的“仓至仓”条款不同的是，如果货物运达保险单所载明目的地而未运抵保险单所载明的收货人仓库或储存所处，则以被保险货物在最后卸载地卸离飞机后满30天为止。如果在30天内被保险货物需要转运到非保险单所载明的目的地时，则以该项货物开始转运时终止。

三、邮包运输保险

邮包运输保险（Parcel Post Insurance）承保通过邮局以邮包方式寄递的货物在邮递过程中发生保险事故所致的损失。以邮包方式将货物发送到目的地可能通过海运，也可能通过陆上运输或航空运输，或者经过两种或两种以上的运输工具运送。不论通过何种运送工具，凡是以邮包方式将贸易货物运达目的地的保险均属于邮包运输保险。

（一）基本险别

根据我国《邮包险条款》的规定，邮包运输保险分为邮包险和邮包一切险两种基本险，邮包险与海洋运输货物保险“水渍险”的责任相似，邮包一切险与海洋运输货物保险“一切险”的责任基本相同。邮包战争险、邮包保险的除外责任均与海洋运输货物保险的除外责任规定类似。

1. 邮包险

邮包险（Parcel Post Insurance Risk）的承保责任范围包括在运输途中由于恶劣气候、雷电、海啸、地震、洪水等自然灾害或由于运输工具遭受搁浅、触礁、沉没、碰撞、倾覆、出轨、坠落、失踪，或由于失火、爆炸等意外事故所造成的全部或部分损失。此外，该保险还负责被保险人对遭受承保责任范围内危险的货物采用抢救、防止或减少损失的措施而支付的合理费用，但以不超过获救货物的保险金额为限。

2. 邮包一切险

邮包一切险（Parcel Post Insurance All Risks）的承保责任范围除了邮包险的承保责任外，还包括被保险邮包在运输途中由于外来原因所致的全部或部分损失。

（二）保险的责任起讫

邮包运输保险的保险责任自被保险邮包离开保险单所载启运地点寄件人的处所运往邮局时开始生效，直至该项邮包运达本保险单所载目的地邮局，自邮局签发到货通知书当日午夜起算满 15 天终止。但在此期限内邮包一经递交至收件人的处所，保险责任即行终止。

第六节　合同中的保险条款

国际货物买卖中的保险是指进出口商按照一定险别向保险公司投保并缴纳保险费，以便货物在运输过程中受到损失时从保险公司得到经济上的补偿。

保险条款的主要内容包括确定投保人及支付保险费、投保险别和保险条款。在国际货物买卖中，保险责任与费用的分担由当事人选择的贸易术语决定，因此投保何种险别以及双方对于保险有何特殊要求都应在合同中注明。

此外，双方应在合同中注明所采用的保险条款名称，如采用中国人民财产保险股份公司《海洋运输货物保险条款》还是伦敦保险协会的《协会货物条款》，以及保险条款的制定或修改日期、投保险别、保险费率等。

一、投保人

投保人取决于买卖双方约定的交货条件和所使用的贸易术语。如果按 CIF 或 CIP 出口货物，由卖方投保。如果按照 FOB、CFR 或 CPT 进口，由买方办理保险。为了简化投保手续和防止来不及投保或漏保，进口一般采用预约保险的做法。

二、保险公司和保险条款

在按 CIF 和 CIP 条件成交时，买方一般在合同中限定保险公司和保险条款，以利于日后保险索赔。

三、保险险别

1. 明确约定保险险别

确定险别时通常要进行综合考虑，如：货物的种类、性质和特点；货物的包装情况；货物的运输情况（包括运输方式、运输工具、运输路线）；发生在港口和装卸过程中的损耗情况等；运输途中和目的地的安全状况等。

一切险承保责任范围较大，因此在实际保险中最常用、最方便，但是保险费率相对较高，水渍险的费率约相当于一切险的 1/2，平安险的费率约相当于一切险的 1/3。在投保中，投保人可以针对货物的特点，选择合适的险别，进行投保。

2. 未明确约定险别

在按 CIF 和 CIP 条件成交时，在双方未约定险别的情况下，按惯例，卖方可按最低的险别予以投保。

四、保险金额的约定

1. 双方可明确约定保险金额

在进出口业务中，保险金额一般由买卖双方商定。如果买方要求以较高的加成率计算投保额投保，在保险公司同意承保的前提下卖方可以接受，但超出部分的保费应由买方负担。保险金额是保险公司所承担的最高赔偿金额，也是保险费的计算基础。

一般而言，无论以何种术语成交，均可按以下公式计算：

$$保险金额=CIF\ 货价\times(1+保险加成率)$$

2. 未明确约定保险金额

在按 CIF 和 CIP 条件成交时，在双方未约定的情况下，习惯上是按 CIF 价或 CIP 价的 110%投保。

投保人按约定方式缴纳保险费是保险合同生效的条件。保险人只有在投保人或被保险人承诺或实际缴付保险费的条件下，才承担相应的保险赔偿责任。

$$保险费=保险金额\times保险费率$$

在已知 CFR（或 CPT）价格的条件下，保险费还可以按下列方法计算：

$$\begin{aligned}保险费&=CIF(或\ CIP)价格-CFR(或\ CPT)价格\\&=\frac{CFR(或\ CPT)\times(1+保险加成率)}{1-(1+加成率)\times保险费率}\times保险费率\end{aligned}$$

在已知 FOB（或 FCA）价格的条件下，保险费为

$$保险费=\frac{(FOB+F(运费))\times(1+保险加成率)}{1-(1+加成率)\times保险费率}\times保险费率$$

此外，在商定保险金额时，还会涉及使用什么货币投保的问题。一般的做法是，保险金额和合同金额应使用同一种货币表示。如果使用两种货币，那么在保险时使用什么货币则必须在合同中明确。

五、保险单据

（一）保险单据的性质和作用

保险公司在接受投保后必须签发承保凭证，此项凭证是保险人（即保险公司）与被保险人（即投保人）之间订立的保险合同，反映了保险人与投保人之间的权利和义务关系，是保险公司对投保人出具的承保证明。在被保险货物受到保险凭证责任范围内的损失时，它是被保险人索赔和保险人理赔的主要依据；在 CIF 和 CIP 交货条件中，它又是卖方必须向买方提供的出口单据之一。

（二）保险单据的种类

我国常用的保险单据主要有以下几种：

1. 保险单

保险单（Insurance Policy）俗称大保单，是保险人和被保险人之间成立保险合同关系的正式书面凭证，使用最广，具有法律上的效力。其内容除载明被保险人、保险标的、运输工具、险别、起讫地点、保险期限、保险价值和保险金额等项目外，还附有保险人责任范围以及保险人和被保险人的权利和义务等方面的详细条款。

保险单可以经背书后转让。保险单的转让，事前和事后均无须通知保险人。保险单的出单日期不得迟于运输单据所列货物装船发运或承运人接管的日期。

2. 保险凭证

保险凭证（Insurance Certificate）俗称小保单，是简化的保险单。它是保险人签发给被保险人，证明货物已经投保和保险合同已经生效的文件。保险凭证背面不载明保险人与投保人的权利和义务条款，其余内容与保险单相同。保险凭证与保险单具有同等效力，但信用证付款条件下，一般规定提交保险单。

3. 预约保单

预约保单（Open Cover）又称总保险合同（Open Policy），是保险公司对投保人将要装运的属于约定范围内的一切货物自动承保的总合同，是一种长期性的货物运输保险合同。预约保单载明保险货物的范围、承保险别、保险费率、每批运输货物的最高保险金额以及保险费的计算办法。

凡属于预约保单的保险范围内的进出口货物，一经启运，即自动按预约保单所列条件承保，但被保险人在获悉每批货物启运时，应立即以启运通知书或其他书面形式将该批货物的名称、数量、保险金额、运输工具的种类和名称、航程起讫地点、开航日期等情况通知保险公司。

预约保单属于长期性合同，注有注销条款，订约的任何一方在规定期限内发出注销通知，都可注销合同。

第七节 投保业务手续与保险索赔办理

在国际货物买卖过程中，由哪一方负责办理投保国际运输保险应根据买卖双方商订的价格条件来确定。例如，按FOB条件和CFR条件成交，保险即应由买方办理国际运输保险；按CIF条件成交，保险就应由卖方办理国际运输保险。

一、办理国际运输保险的一般程序

（一）确定投保国际运输保险的金额

投保金额是保险费的依据，又是货物发生损失后计算赔偿的依据。按照国际惯例，投保金额应按发票上CIF的预期利润计算。但是，各国市场情况不尽相同，对进出口贸易的管理办法也各有差异。向中国人民财产保险股份公司办理进出口货物运输保险，有两种办法：一种是逐笔投保；另一种是按签订预约保险总合同办理。

（二）填写国际运输保险投保单

保险单是投保人向保险人提出投保的书面申请，其主要内容包括被保险人的姓名、被保险货物的品名、标记、数量及包装、保险金额、运输工具名称、开航日期及起讫地点、投保险别、投保日期及签章等。

（三）支付保险费，取得保险单

保险费按投保险别的保险费率计算。保险费率是根据不同的险别、不同的商品、不同的运输方式、不同的目的地，并参照国际费率水平制定的。它分为一般货物费率和指明货物加费费率两种。前者是一般商品的费率，后者系指特别列明的货物（如某些易碎、易损商品）在一般费率的基础上另行加收的费率。

支付保险费后，投保人即可取得保险单。保险单实际上已构成投保人与保险人之间的保险契约，是投保人的承保证明。在发生保险责任范围内的损失或灭失时，投保人可凭保险单向保险人提出索赔。

（四）提出索赔手续

当被保险的货物发生属于保险责任范围内的损失时，投保人可以向保险人提出赔偿要求。按《Incoterms 2020》E组、F组、C组包含的8种价格条件成交的合同，一般应由买方办理索赔。按《Incoterms 2020》D组包含的3种价格条件成交的合同，则视情况由买方或卖方办理索赔。

二、保险单填制和注意事项

当贸易商需要对一笔货物进行投保时，首先要与保险公司或保险代理商联系，通常是填制一张投保单，经相关公司接受后就开始生效。保险公司出立保险单以投保人的填报内容为准。

（一）保险单的填制

1）被保险人（Insured）。如信用证无特别规定，保险单的被保险人应是信用证的受益人。如信用证规定保险单为 TO ORDER OF ××× BANK 或 IN FAVOUR OF ××× BANK，即应在被保险人处填写“×××出口公司+HELD TO ORDER OF ××× BANK（或 IN FAVOUR OF ××× BANK）”。在 CIF 或 CIP 价格条件下，被保险人即为卖方（出口商），信用证方式下指的是受益人，托收方式下为委托人。但是实际发生货损时，索赔的权益是买方（进口商），所以保险单以卖方为保险人时，卖方要在保险单的背面进行背书，以示索赔权益转让给保险单的持有人，同时受让人则负担被保险人的义务。如果信用证有特殊要求，所有单据以×××为抬头人，那么应在“被保险人”栏以×××为被保险人，这种保险单就不要背书了。如果信用证规定保险单为第三者名称，即中性名义，可填写“被保险利益人”，即填写“TO WHOM IT MAY CONCERN”。如果信用证规定保险单为空白抬头（TO ORDER），被保险人的名称应填写“TO APPLICANT+出口商 FOR THE ACCOUNT OF WHOM IT MAY CONCERN”。如果信用证规定以某公司或某银行为被保险人，可以直接在本栏填写规定的名称，无须背书。

2）唛头（Marks and Nos）。保险单唛头应与发票、提单等一致，特别要同刷在货物外包装上的实际标记符号一样，也可只填“AS PER INVOICE NO. ×××”。

3）保险货物项目（Description of Goods）。此栏填写货物名称，允许填写货物总称。

4）包装及数量（Packing and Quantity）。此栏要将包装的性质（如箱、包、件、捆）以及数量写清楚。以包装件数计价的，则将最大包装的总件数填入；以毛重或净重计价的，可填件数及毛重或净重。如果是裸装货物，则表示其件数即可；如果是散装货物，则表示其重量，并在其后注明“IN BULK”字样。

5）保险金额（Amount Insured）。保险金额一般按照发票 CIF 价格加成 10%~20% 计算，如发票价格为 FOB 或 CFR，应将运费、保费相应加上去，再另行加成。信用证项下的保险单必须按信用证规定办理。此栏使用的货币应与信用证使用的货币相一致，大小写保持一致。总保险金额（Total Amount Insured），即保险金额的大写数字，以英文表示，末尾应加“ONLY”，以防涂改。

6）保费（Premium）。此栏一般已由保险公司印就“AS ARRANGED”（如约定）字样。除非信用证另有规定，每笔保费及费率可以不具体表示。

7）装载工具（Per Conveyance）。此栏填写装载船的船名。当运输由两程运输完成时，应分别填写一程船名和二程船名。如再转运到内陆，加“OTHER CONVEYANCE”。如空运，则填“BY AIR”或“BY AEROPLANCE”；如陆运，则填“BY TRAIN”“BY WAGON NO. ×××”；如以邮包寄送，则填“BY PARCEL POST”；若采用海陆联运方式，则填“BY S. S ××× AND THENCE BY OVERLAND TRANSPORTATION TO ×××”。

8）开航日期（Date of Commencement）。此栏一般填写提单的签发日期，也可填写提单签发日前后各五天之内任何一天的日期，或填“AS PER B/L DATE”。

9）启运地和目的地（From…To…）。此栏填写启运地和目的地名称。当货物经转船到达目的港时，可填写“FROM 装运港 To 目的港 W/T AT 转运港（WITH TRANSHIPMENT AT ×××）”，也可填写“VIA 转运港 AND THENCE TO 投保最终目的地”。例如，“货物由上海运达纽约港后，转运到芝加哥”，提单可填写“FROM

SHANGHAI TO NEW YORK AND THENCE TO CHICAGO”或“FROM SHANGHAI TO NEW YORK IN TRANSIT TO CHICAGO”。

10）承保险别（Conditions）。此栏系保险单的核心内容，填写时应注意保险险别及文句与信用证严格一致，即使信用证中有重复语句，为了避免混乱和误解，最好按信用证规定的顺序填写。如信用证没有规定具体险别，或只规定“MARINE RISK”“USUAL RISK”或“TRANSPORT RISK”等，则可投保一切险（All Risks）、水渍险（W. A. 或 W. P. A.）、平安险（F. P. A.）三种基本险中的任何一种。如信用证中规定使用伦敦协会条款，包括修订前后或修订后的，可以按信用证规定承保，保险单应按要求填制。投保的险别除注明险别名称外，还应注明险别适用的文本及日期。

11）货损检验及理赔代理人（Surveying and Claim Settling Agent）。一般选择目的港或目的港附近有关机构为货损检验及理赔代理人，并详细注明代理人的地址。如果保险单上注明保险责任终止是在内地而非港口，则应填列内地代理人名址。如当地无中国人民财产保险股份公司的代理机构，可以注明由当地法定检验机构代为检验。如果信用证自行指定买方选择的代理人，则不应接受。

12）赔付地点（Claim Payable at）。此栏按合同或信用证要求填制。如果信用证中并未列明确，一般将目的港作为赔付地点。如买方指定理赔代理人，理赔代理人必须在货物到达目的港的所在国内，便于到货后检验，赔款货币一般为与投保额相同的货币。

13）日期（Date）。日期是指保险单的签发日期。由于保险公司提供“仓至仓”（Warehouse to Warehouse）服务，因此要求保险手续在货物离开出口方仓库前办理。保险单的日期也应是货物离开出口方仓库前的日期。

14）投保地点（Place）。投保地点一般为装运港（地）的名称。

15）签章（Authorized Signature）。由保险公司签字或盖章以示保险单正式生效。

16）背书（Endorsed）。

① 空白背书（Blank Endorsed）。空白背书只注明被保险人（包括出口商名称和经办人的名字）名称。当来证没有规定使用哪一种背书时，也使用空白背书方式。

② 记名背书。当来证要求“DELIVERY TO（THE ORDER OF）×××COMPANY（BANK）”或“ENDORSED IN THE NAME OF ×××”时，即规定使用记名背书，具体做法是：在保险单背面注明被保险人的名称和经办人的名字后，填写“DELIVERY TO ××× COMPANY（BANK）”或“IN THE NAME OF ×××”的字样。记名背书在出口业务中较少使用。

③ 记名指示背书。当来证保单条款规定为“INSURANCE POLICY OR CERTIFICATE IN NEGOTIABLE FORM ISSUED TO THE ORDER OF ×××”时，只需要在保险单背面填写“TO ORDER OF ×××”，然后签署被保险人的名称即可。

17）正本份数（Number of Original Policy）。当信用证没有特别说明保险单份数时，出口公司一般提交一套完整的保险单［一份正本（ORIGINAL），一份复联本（DUPLICATE）］。当来证要求提供的保险单“IN DUPLICATE/IN TWO FOLDS/IN 2

COPIES”时，出口商提交给议付行的是正本保险单和复联保险单构成的全套保险单。其中，正本保险单可经背书转让。根据《UCP600》的规定，正本必须有“正本”（ORIGINAL）字样。在实务中，可根据信用证或合同规定使用一份、两份或三份正本保单，每份正本上分别印有第一正本（THE FIRST ORIGINAL）、第二正本（THE SECOND ORIGINAL）及第三正本（THE THIRD ORIGINAL），以示区别。

（二）注意事项

1）投保申报情况必须属实。

2）投保险别。币制与其他条件必须和信用证上所列保险条件的要求相一致。

3）投保险别和条件要和买卖合同上所列保险条件相符合。

4）投保后发现投保项目有错漏，要及时向保险公司申请批改，如保险目的地变动、船名错误以及保险金额增减等。

三、货物保险索赔的程序和注意事项

当被保险人保险的货物遭受损失后，向保险公司的索赔问题就产生了。被保险人应按照保险单的规定向保险公司办理索赔手续，同时还应以收货人的身份向承运人办妥必要的手续，以维护自己的索赔权利。

1. 损失通知

当被保险人获悉或发现保险货物遭损，应马上通知保险人，以便保险人检验损失，提出施救意见，确定保险责任，核查发货人或承运人责任。延迟通知会耽误保险人进行有关工作，引起异议，影响索赔。

2. 向承运人等有关方提出索赔

被保险人或其代理人在提货时发现货物明显受损或整件短少，除向保险公司报损外，还应立即向承运人、受托人以及海关、港务局等索取货损货差证明。当这些损失涉及承运人、受托人或其他有关方面（如码头、装卸公司）的责任，应立即以书面形式向他们提出索赔，并保留追偿权利，必要时申请延长索赔。

3. 采取合理的施救

整理措施：被保险货物受损后，作为货方的被保险人应该对受损货物采取措施，防止损失扩大。特别是对受损货物，被保险人仍须协助保险人进行转售、修理和改变用途等工作。因为相对于保险人而言，被保险人对于货物的性能、用途更加熟悉，因此，原则上残货应由货方处理。

4. 备全必要的索赔单证

1）保单或保险凭证正本。

2）运输契约，如提单、运单和邮单等。

3）发票。

4）装箱单、磅码单。

5）向承运人或有责任方请求赔偿的书面文件。

6）检验报告。

7）海事报告摘录或海事声明书。

8）货损货差证明。

9）索赔清单。

习　　题

一、名词解释

1. 保险利益原则

2. 实际全损

3. 恶意损害险

二、简答题

1. 在国际贸易中，保险条款的主要内容包括哪些？简述保险在国际贸易中的作用。

2. 简述共同海损和单独海损的区别，并说明在保险理赔中的处理方式。

第六章 国际贸易术语及价格条款

第一节 国际贸易术语及与贸易术语相关的国际贸易惯例

一、国际贸易术语的含义

国际贸易术语（International Trade Term）又称贸易条件、价格条件，是在长期的国际贸易实践中产生的，是一个简短的概念或外文缩写，用来说明价格的构成及买卖双方有关费用、风险和责任的划分，以确定买卖双方在交货和接货的过程中应尽的义务和责任的特殊语言。

国际贸易术语所表示的贸易条件，主要分为两个方面。一方面，国际贸易术语说明商品的价格构成是否包括成本以外的主要从属费用，即运费和保险；另一方面，国际贸易术语确定交货条件，即说明买卖双方在交接货物方面彼此所承担的责任、费用和风险的划分。国际贸易术语试图说明如下几个在各种贸易过程中都面临的问题：①卖方在什么地方、以什么方式办理交货；②货物发生损坏或灭失的风险何时由卖方转移给买方；③由谁负责办理和承担货物的运输、保险及通关过境的手续和相关费用等。

二、国际贸易术语的作用

1）有利于买卖双方洽商交易和订立合同。由于每一种国际贸易术语对买卖双方的义务都有统一的解释，有利于买卖双方明确各自的权利和义务，早日成交。

2）有利于买卖双方核算价格和成本。各种国际贸易术语对于成本、运费和保险费等各项费用由谁负担都有明确的界定，买卖双方比较容易核算价格和成本。

3）有利于解决履约当中的争议。由于国际贸易术语由相关的国际贸易惯例解释，买卖双方在交易中的争议可通过国际贸易惯例解释。

三、与贸易术语有关的国际贸易惯例

与贸易术语有关的国际贸易惯例主要有三个：国际法协会制定的《1932 年华沙–牛津规则》、美国一些商业团体制定的《1990 年美国对外贸易定义修订本》、国际商会制定的《国际贸易术语解释通则》。

（一）《1932 年华沙–牛津规则》

该规则是由国际法协会（International Law Association）制定的。该协会于 1928 年在华沙举行会议，制定了关于 CIF 买卖合同的统一规则，共 22 条，称为《1928 年华沙规则》。后经过 1930 年、1931 年和 1932 年三次修订为 21 条，因 1932 年会议是在牛津召开的，故定名为《1932 年华沙–牛津规则》（*Warsaw-Oxford Rules 1932*，W. O. Rules 1932）。

该规则主要解释了 CIF 术语下的相关问题，并规定双方如在合同中明确规定采用本规则，就表明双方希望订立一个 CIF 合同。如果双方没有在合同中表示对该规则中的条款进行变更或表示不同的意思，则合同双方的权利和义务均应适用本规则的规定。虽然合同规定适用 CIF 术语，但如合同中同时有与 CIF 术语规定相反的某些措施，则以合同为准。

该规则在对 CIF 术语下买卖双方的责任和义务做了详细规定。关于交货问题，卖方需要自担费用在合同规定的时间将合同货物装上运往指定目的地的船只，办理货物的保险手续及支付保险费，并提供合同规定的运输、保险、品质证书和产地证书等单据。货物的风险从货物装上船时转移到买方，之后的风险由买方承担。只要卖方将货物安全地装上船，并提交单据，买方就应付款赎单。

（二）《1990 年美国对外贸易定义修订本》

美国 9 个商业团体于 1919 年制定了《美国出口报价及其缩写》，后来于 1940 年在美国对外贸易会议上做了修改，并于 1941 年由美国商会、美国进口商协会、美国全国对外贸易协会所组成的联合会议通过，称为《1941 年美国对外贸易定义修订本》。《1941 年美国对外贸易定义修订本》对 EX、FOB、FAS、C&F、CIF 和 EX Dock 6 种贸易术语进行了解释。1990 年美国商业团体又对该定义进行修订，改称《1990 年美国对外贸易定义修订本》（*Revised American Foreign Trade Definitions 1990*）。《1990 年美国对外贸易定义修订本》定义了 6 种贸易术语，见表 6-1。

表 6-1　《1990 年美国对外贸易定义修订本》中的贸易术语

序号	贸易术语英文名称	缩写	贸易术语中文名称
1	EX Works	EXW	工厂交货
2	Free on Board	FOB	在运输工具上交货
3	Free alongside Ship	FAS	在运输工具边交货
4	Cost and Freight	CFR	成本加运费
5	Cost，Insurance and Freight	CIF	成本、保险费加运费
6	Delivered Ex Quay	DEQ	码头交货

虽然该定义中的贸易术语的缩写与国际商会的《国际贸易术语解释通则》相同，但是含义有所区别，特别是对 FOB 的解释。FOB 术语被分为 6 种情况，其中前 3 种是在出口国内陆指定地点的内陆运输工具上交货，第 4 种是在出口地点的内陆运输工具上交货，第 5 种是在装运港船上交货，第 6 种是在进口国指定内陆地点交货。上述第 4 种和第 5 种在使用时应加以注意。因为这两种术语在交货地点上有可能相同，如都是在某沿海港口城市交货，如果买方要求在装运港口的船上交货，则应在 FOB 和港名之间加上“Vessel”字样，变成“FOB Vessel San Francisco”，否则，卖方有可能按第 4 种情况在该城市的内陆运输工具上交货。按照《国际贸易术语解释通则》的定义，FOB 必须是水上运输形式。因此，我国企业在与美国和加拿大等国家的企业进行贸易时需要谨慎。若使用 FOB 术语，在合同中必须规定清楚贸易术语以及适用的国际贸易惯例及版本，以免引起不必要的麻烦。

目前，美国基本上放弃了《1990 年美国对外贸易定义修订本》，接受并应用国际商会定义的《国际贸易术语解释通则》。

（三）《国际贸易术语解释通则》

国际商会（International Chamber of Commerce，ICC）是国际民间经济组织。它是由 100 多个国家参加的经济联合会，包括商会、工业、商业、银行、交通、运输等行业协会。它也是联合国经社理事会的一级咨询机构。

国际商会由 1919 年 10 月在美国新泽西州大西洋城举行的国际贸易会议发起，1920 年 6 月在巴黎成立，总部设在巴黎，其宗旨是推动国际经济发展，促进自由企业和市场组织的繁荣，促进会员之间经济往来，协助解决国际贸易中出现的争议和纠纷，并制定有关贸易、银行、货运方面的规章和条款。国际商会制定的《国际贸易术语解释通则》《托收统一规则》《联合运输单证统一规则》和《跟单信用证统一惯例》等，虽然是非强制性的，但实际上已被世界各国普遍接受和采用。

《国际贸易术语解释通则》（*International Rules for the Interpretation of Trade Terms*，简称《Incoterms》）是国际商会为了统一各种贸易术语的解释、促进国际贸易的发展而制定的国际贸易惯例。1936 年公布第一版通则，后来又分别于 1953 年、1967 年、1976 年、1980 年、1990 年、2000 年、2010 年进行了多次修订，2019 年 9 月 10 日，国际商会于法国巴黎正式在全球发布《Incoterms 2020》（《国际贸易术语解释通则 2020》），该通则于 2020 年 1 月 1 日生效。《国际贸易术语解释通则 2020》由一个起草小组起草，其中大多数成员来自欧洲，但中国和澳大利亚的代表首次加入该起草小组。该委员会考虑了来自国际商会的 150 个成员（主要是商会）的问题和建议。《Incoterms 2020》在 2010 年版本的基础上进一步明确了买卖双方的责任，其生效后对贸易实务、国际结算和贸易融资实务等方面都产生了重要影响。

《Incoterms 2020》考虑了日益普遍的货物运输安全需求，不同货物及运输性质对保险承保范围的灵活性需求，以及 FCA（货交承运人）规则下部分融资性销售情形中银行对装船提单的需求。

此外，在实践中，贸易术语被用于国际货物贸易，即跨国的商品买卖。随着国际经济一体化的发展，一些区域性贸易集团的产生和发展，如欧盟，使得原本的通关手续变得不再那么烦琐。为此，《Incoterms 2020》规定，该通则不仅适用于国际贸易，还适用于国内贸易。《Incoterms 2020》应用范围较广，我国的进出口业务大多是依据此通则进行的，所以本章从第二节开始主要介绍该贸易惯例。

第二节 《国际贸易术语解释通则2020》中贸易术语解释

国际商会（ICC）公布的《国际贸易术语解释通则2020》（以下简称《2020通则》）于2020年1月1日生效，共11种，按照运输方式可以分为两大类：第一类适用于任何运输方式；第二类适用于水上运输（即海运、内河运输）。国际贸易中水上运输是最主要的运输方式，在贸易实践中，有三个水上运输的贸易术语应用最为广泛，分别是FOB、CFR和CIF。

一、适用于任何运输方式的贸易术语

（一）EXW

EXW的全称是Ex Works（...named place），译为工厂交货（指定地点），是指卖方将货物从工厂（或仓库）交付给买方，除非另有规定，卖方不负责将货物装上买方安排的车或船上，也不办理出口报关手续。买方负担自卖方工厂交付后至最终目的地的一切费用和风险。

按EXW术语成交时，卖方承担的风险、责任以及费用都是最小的。在交单方面，卖方只需要提供商业发票或电子数据，如合同有要求，才需要提供证明所交货物与合同规定相符的证件。

1. 卖方的主要义务

1）在合同规定的时间、地点将符合合同要求的货物交给买方处置，此时风险和费用由卖方转移给买方。

2）提供商业发票或EDI、交货与合同相符的证明（一般为检验检疫证书）。

3）通知买方交货的时间和地点。

2. 买方的主要义务

1）承担在卖方所在地受领货物的全部费用和风险。

2）自负风险和费用办理货物的出口、进口许可证或其他官方证件。

3）将货物从交货地点运至最终目的地。

4）通知卖方在有效时期内提货的时间，否则承担期满后货物的一切风险和费用。

3. 实际业务中要注意的问题

1）在EXW术语后面要尽可能清楚地写明指定交货地点内的交付点。如果在指定交货地点没有约定特定的交付点，且有不止一个交付点可供使用时，卖方可以选择对其来说最便利的交付点。

2）卖方不需要将货物装上任何前来接收货物的运输工具，如果卖方更方便装货，应使用 FCA。

3）需要清关时，卖方无须办理出口清关手续。卖方只有在买方提出要求并承担风险和费用时才有义务协助买方办理出口手续。因此，在买方不能直接或间接地办理出口手续时，不应使用这一术语，而应使用 FCA。

4）当买方提出要求并承担风险和费用时，卖方有义务及时向买方提供或协助买方取得货物进出口相关单证和信息，包括安全信息。买方仅有限度地承担向卖方提供货物出口相关信息的责任。

5）在 EXW 术语项下，风险和费用通常一起转移，有时也可以提前转移。风险提前转移的前提是，货物已经完成“特定化”。所谓货物的特定化，是指在货物的包装上刷唛头，加注适当的标记，向买方发出通知。这表明该批货物已被划归于本合同下，与其他货物清楚地分开。如果货物没有完成特定化，是不能发生风险的提前转移的。

（二）FCA

FCA 的全称是 Free Carrier（...named place），即货交承运人（……指定地点），是指卖方在指定地点将已经出口清关的货物交付给买方指定的承运人，完成交货。根据商业惯例，当卖方被要求与承运人通过签订合同进行协作时，在买方承担风险和费用的情况下，卖方可以照此办理。

FCA 贸易术语下添加已装船批注。

在老版本中，货物的交付是在船上装载之前完成的，承运人有义务签发带有船上注解的“已装运”提单或“已收到”提单，仅当货物实际装在船上时才会签发。

为了解决这个问题，《2020 通则》提供了一个新的选择：交易双方可以同意，买方将指示其承运人在将货物装上船前，向卖方签发并交付提单（Bill of Lading）。

船公司和卖方有义务通过银行渠道将提单转交给买方。ICC 意识到了市场需求，同时注意到 FCA 条款设想的交货点与船上提货单要求之间存在理论上的不一致。

1. 卖方的主要义务

1）自负风险和费用，取得出口许可证或其他官方批准证件，在需要办理海关手续时，办理货物出口所需的一切海关手续。

2）在合同规定的时间、地点，将货物交给指定承运人，并及时通知买方。

3）承担将货物交给承运人之前的一切费用和风险。

4）自负费用向买方提供交货的通常单据。

2. 买方的主要义务

1）签订从指定地点承运货物的合同，支付有关的运费，并将承运人名称及有关情况及时通知卖方。

2）自负风险和费用，取得进口许可证或其他官方批准的证件，并且办理货物进口所需的一切海关手续。

3）根据买卖合同的规定受领货物并支付货款。

4）承担受领货物之后所发生的一切费用和风险。

3. 实际业务中要注意的问题

（1）卖方交货义务问题

《2020通则》对FCA贸易术语下卖方的交货义务做了如下规定：

卖方承担在指定地点的交货义务。若指定地点在卖方工厂，则要求卖方将货物装到买方指定的承运人或代理人的运输工具上；若指定地点不在卖方工厂，而是在卖方工厂之外的卖方所在地的其他任何地方，则卖方只需要将处于运输工具上的货物运到指定地点交由买方指定的承运人或代理人处理即完成交货义务。

（2）风险转移问题

FCA贸易术语与装运港交货的3种贸易术语不同，风险转移不是以装运港船上为界，而是以货交承运人为界，这不仅是在海运以外的其他运输方式下如此，即使在海洋运输方式下，卖方也是在将货物交给海运承运人时即算完成交货，风险就此转移。但是，由于在FCA贸易术语条件下，由买方负责订立运输契约，并将承运人名称及有关事项及时通知卖方，卖方才能如期完成交货义务，并实现风险的转移。如果买方未能及时通知卖方，或由于买方的责任，使卖方无法按时完成交货，其后的风险是否仍由卖方承担？根据《2020通则》的规定，如发生上述情况，则自规定的交付货物的约定日期或期限届满之日起，买方要承担货物灭失或损坏的一切风险。可见，对于FCA贸易术语下，风险转移的界限问题不能简单化理解。一般情况下，是在承运人控制货物后，风险由卖方转移给买方，但是如果由于买方的责任，卖方无法按时完成交货义务，只要“该项货物已正式划归合同项下”，那么风险转移的时间就可以前移。

（3）责任和费用问题

FCA贸易术语适用于包括多式联运在内的各种运输方式。卖方的交货地点因采用的运输方式的不同而不同。有时须在出口国的内陆办理交货，如车站、机场或内河港口。不论在何处交货，根据《2020通则》的规定，卖方都要自负风险和费用，取得出口许可证或其他官方批准证件，并办理货物出口所需要的一切海关手续。随着我国对外贸易的发展，内地省份的出口货物有些不一定在装运港交货，而采取就地交货和交单结汇的做法越来越多，为适应这一需要，FCA贸易术语的使用将逐渐增多。

按照FCA贸易术语成交，一般是由买方自行订立从指定的地点承运货物的合同，但是如果买方有要求，并由买方承担风险和费用的情况下，卖方也可代替买方指定承运人并订立运输合同。当然，卖方也可以拒绝订立运输合同，如果拒绝应立即通知买方，以便买方另行安排。

按照FCA贸易术语成交，买卖双方承担费用的划分也是以货交承运人为界，即卖方负担货物交给承运人控制之前的有关费用，买方负担货交承运人之后所发生的各项费用。但是买方委托卖方代办一些属于自己义务范围内的事项所产生的费用，以及由于买方的过失所引起的额外费用，均应由买方负担。

（三）CPT

CPT的全称是Carriage Paid to（...named place of destination），译为成本加运费付至（……指定目的地），是指卖方将货物交给其指定的承运人，并且须支付将货物运至指定目的地的运费，买方则承担交货后的一切风险和其他费用。该术语适用于各种运输方式，包括多式联运。

1. 卖方的主要义务

1）在合同规定的时间、地点，将合同规定的货物置于买方指定的承运人控制下，并及时通知买方。

2）必须提供符合合同规定的货物和商业发票，或具有同等效力的电子数据。

3）必须自负费用按通常条件订立运输合同，经惯常路线、按习惯方式将货物运至指定目的地的约定地点或其他合适的具体地点。

4）必须承担将货物交给承运人控制之前的风险。

5）自负风险和费用，取得出口许可证或其他官方批准的证件，并办理出口清关手续，支付关税及其他有关费用。

2. 买方的主要义务

1）接受卖方提供的有关单据，受领货物，并按合同规定支付货款。

2）承担自货物在约定交货地点交给承运人控制之后的风险。

3）自负风险和费用，取得进口许可证或其他官方批准的证件，办理货物进口所需要的海关手续，支付关税及其他有关费用。

3. 实际业务中要注意的问题

（1）风险转移

国外有使用 Free Border 或 Franco Border 的方法，采用这两种贸易术语时，卖方只是负责安排运输并付至边境某地的运费，卖方的交货地点并未延伸至边境指定地点，所以只相当于 CPT 贸易术语成交时，交易双方应该明确，卖方承担的风险只有在边境指定地点完成交货时才转移给买方，而不是在此之前。

（2）保单

在进口贸易中使用 CPT 贸易术语时，卖方没有义务提供保单，但是可以协助办理，该费用应该由买方支付。银行审单时，该保单不应在审核范围之内。

（3）交货通知

买方应及时办理货物运输保险、进口手续、报关和接货。交货通知的内容通常包括合同号或订单号、信用证号、货物名称、数量、总值、运输标志、启运地、启运日期、运输工具名称及预计到达目的地日期等。如果买方需要卖方提供特殊信息，应在买卖合同中约定或在信用证中做出规定。若卖方未按惯例规定发出或未及时发出交货通知，使买方投保无依据或造成买方漏保，货物在运输过程中一旦发生灭失或损坏，应由卖方承担赔偿责任。

（四）CIP

CIP 的全称是 Carriage and Insurance Paid to（...named place of destination），译为运费、保险费付至（……指定目的地），是指卖方将货物交给其指定的承运人，支付将货物运至指定目的地的运费，为买方办理货物在运输途中的货运保险，买方则承担交货后的一切风险和其他费用。书写形式是“CIP 指定目的地”。CIP 术语适用于各种运输方式，包括多式联运。

1. 卖方的主要义务

1）必须提供符合合同规定的货物和商业发票，或具有同等效力的电子数据，以及合同可能要求的证明货物符合合同的其他证件。

2）在合同规定的时间、地点，将合同规定的货物置于买方指定的承运人控制下，并及时通知买方。

3）订立货物运往指定目的地的运输合同，并支付有关运费。

4）按照买卖合同的约定，自负费用投保货物运输险。

5）承担货物交给承运人控制之前的风险。

6）自负风险和费用，取得出口许可证或其他官方批准的证件，并办理出口清关手续，支付关税及其他有关费用。

2. 买方的主要义务

1）接受卖方提供的有关单据，受领货物，并按合同规定支付货款。

2）承担自货物在约定交货地点交给承运人控制之后的风险。

3）自负风险和费用，取得进口许可证或其他官方批准的证件，并且办理货物进口所需海关手续，支付关税及其他有关费用。

3. 实际业务中要注意的问题

（1）风险和保险问题

一般情况下，卖方要按双方协商确定的险别投保，如果双方未在合同中规定应投保的险别，则由卖方按惯例投保最低的险别，保险金额一般是在合同价格的基础上加成10%，即合同价款的110%，并以合同货币投保。

（2）应合理确定价格

卖方对外报价时，要认真核算成本和价格。在核算时，应考虑运输距离、保险险别、各种运输方式和各类保险的收费情况，并要预计运价和保险费的变动趋势等方面问题。

（五）DAP

DAP的全称是Delivered at Place（...named place of destination），译为目的地交货（……指定目的地）。当使用DAP贸易术语成交时，卖方要负责将合同规定的货物按照通常航线和惯常方式，在规定期限内将装载与运输工具上准备卸载的货物交由买方处置，即完成交货，卖方负担将货物运至指定地为止的一切风险。

1. 卖方的主要义务

1）必须签订运输合同，支付将货物运至指定目的地或指定目的地内的约定地点所发生的运费。

2）在指定目的地将符合合同约定的货物放在已抵达的运输工具上交给买方处置时即完成交货。

3）承担在指定目的地运输工具上交货之前的一切风险和费用。

4）自负风险和费用取得出口所需的许可或其他官方授权，办理货物出口和交货前从他国过境运输所需的一切海关手续。

5）提供商业发票或同等作用的电子信息。

2. 买方的主要义务

1）承担在指定目的地运输工具上交货之后的一切风险和费用。

2）自负风险和费用取得进口所需的许可或其他官方授权，办理货物进口所需的一切海关手续。

3）按合同约定收取货物，接受交货凭证，支付价款。

3. 实际业务中要注意的问题

1）DAP 是《2010 通则》新增术语，旨在替代《2000 通则》中 DAF、DES 和 DDU 术语。也就是说，DAP 的交货地点既可以是在两国边境的指定地点，也可以是在目的港的船上，还可以是在进口国内陆的某一地点。

2）卖方在指定目的地交货，但卖方不负责将货物从到达的运输工具上卸下，这一点与《2000 通则》中的 DAF、DES 和 DDU 类似。买方负责在指定目的地将货物从到达的运输工具上卸下，但卖方要保证货物可供卸载。卖方在签订运输合同时应注意运输合同与买卖合同相关交货地点的协调，如果卖方按照运输合同在指定目的地发生了卸货费用，除非双方另有约定，卖方无权向买方要求偿付。

3）由于卖方承担在特定交货地点交货前的风险，买卖双方应尽可能清楚地规定目的地的交货地址，最好能具体到指定目的地内特定的点。如果没有约定特定的交货点或该交货点不能确定，卖方可以在指定目的地选择最适合其目的的交货点。

4）卖方对买方没有订立保险合同的义务，但由于整个运输过程的风险要由卖方承担，卖方通常会通过投保规避货物运输风险。

5）如果买卖双方希望由卖方办理进口所需的许可或其他官方授权，以及货物进口所需的一切海关手续，包括支付所有进口关税，则应该使用 DDP 贸易术语。

（六）DPU

DPU 的全称是 Delivered at Place Unloaded，译为运输终端交货，是指卖方在指定目的地或目的港集散站卸货后将货物交给买方处置即完成交货，卖方承担将货物运至卖方在指定目的地或目的港集散站的一切风险和费用（除进口费用外）。

《2020 通则》中将 DAT 改为 DPU，DPU 贸易术语的交货地点仍旧是目的地，但这个目的地不再限于运输的终点，可以是任何地方。

1. 卖方的主要义务

1）卖方承担用运输工具把货物运送到目的地，并将货物卸载到目的地指定的终点站交付给买方之前的所有风险和费用，包括出口货物时报关手续和货物装船所需要的各种费用和风险。

2）提供符合合同规定的货物。

3）办理出口手续。

4）办理货物运输。

5）移交有关货运单据或数字信息。

2. 买方的主要义务

1）在卖方按照合同规定交货时受领货物，按合同规定支付价款；承担自收货之时起一切关于货物损坏和灭失的风险，支付自交货之时起与货物有关的一切费用。

2）如需办理清关事宜，则买方必须自负风险和费用办理清关手续，缴纳进口关税、捐税及其他进口费用。否则，买方必须承担由不履行该项义务而产生的一切货物损坏和灭失的风险，并支付由此带来的一切额外费用。

3）买方承担从到达的运输工具上为收取货物所需要的一切卸货费用。

4）应卖方请求并在卖方承担风险和费用的前提下，及时向卖方提供货物运输和出口或通过任何国家所需要的文件及信息，并给予协助。否则，买方必须支付由未及时提供信息和协助而产生的一切损失及费用。

5）支付装船前检查的费用，但由出口国主管部门进行的强制检查产生的费用除外。

3. 实际业务中要注意的问题

1）卖方需要将符合合同规定的货物在合同规定的期限内运到指定终点站并卸货后交给买方或其代理人处置。

2）在货物交给买方或其代理人处置之前，所有出口清关、运输与保险、目的港或目的地卸货手续均由卖方办理，由此产生的费用及风险也由卖方承担。

3）买方或其代理人在终点站受领卖方交付的货物后，需要自行办理进口清关、转运等手续，并承担由此产生的相关费用及风险。

（七）DDP

DDP 的全称是 Delivered Duty Paid（...named place of destination），译为完税后交货（……指定目的地），是指卖方在指定的目的地办完清关手续，将运输工具上尚未卸下的货物交给买方处置，即完成交货。卖方承担将货物运至目的地的一切风险和费用，包括在需要办理海关手续时在目的地应缴纳的任何进口税费。

DDP 术语是 11 种贸易术语中卖方承担的责任最大、负担的费用最多的一个。若卖方不能直接或间接地取得进口许可证，则不应使用此贸易术语。但是，如果当事方希望将进口所要支付的一切费用（如增值税）从卖方的义务中排除，则应在销售合同中明确写明。该贸易术语适用于各种运输方式。

1. 卖方的主要义务

1）必须提供符合销售合同规定的货物和商业发票或有同等作用的电子信息，以及合同可能要求的、证明货物符合合同规定的其他凭证。

2）必须自担风险和费用，取得任何出口许可证和进口许可证或其他官方许可或其他文件，并办理从他国过境所需的一切海关手续，支付关税及其他有关费用。

3）必须在约定的日期或交货期限内，在指定的目的地将在运输工具上尚未卸下的货物交给买方或买方指定的其他人处置。

4）必须承担货物灭失或损坏的一切风险，直至已经按照规定交货为止。

5）必须自付费用向买方提供交货凭证、运输单据或有同等作用的电子信息。

2. 买方的主要义务

1）必须按照销售合同规定支付价款。

2）应卖方要求，并由其负担风险和费用，买方必须给予卖方一切协助，帮助卖方在需要办理海关手续时取得货物进口所需的进口许可证或其他官方许可。

3）必须承担按照规定交货时起货物灭失或损坏的一切风险。

4）一旦买方有权决定在约定期限内的时间和/或在指定的目的港受领货物的点，买方必须就此给予卖方充分通知。

5）必须接受按照规定提供的提货单或运输单据。

6）必须支付任何装运前检验的费用，但出口国有关当局强制进行的检验除外。

3. 实际业务中要注意的问题

1）在 DDP 的交货条件下，卖方是在办理了出口结关手续后在指定目的地交货的，这实际上是卖方已将货物运进了进口方的国内市场。如果卖方直接办理进口手续有困难，也可要求买方协助办理。如果卖方不能直接或间接地取得进口许可或办理进口手续，则不应使用 DDP 贸易术语。

2）如果双方当事人愿从卖方的义务中排除货物进口时需要支付的某些费用，如增值税，则应就此意思加注字句，如“完税后交货，增值税未付（……指定目的地）”，以使之明确。

3）卸货费用：买方负责在指定目的地将货物从到达的运输工具上卸下，但卖方要保证货物可供卸载。卖方在签订运输合同时应注意运输合同与买卖合同相关交货地点的协调，如果卖方按照运输合同在指定目的地发生了卸货费用，除非双方另有约定，卖方无权向买方要求偿付。

4）规避风险：卖方对买方没有订立保险合同的义务，但由于整个运输过程的风险要由卖方承担，卖方通常会通过投保规避货物运输风险。

《2020 通则》中适用于任何运输方式的贸易术语的责任和义务划分见表 6-2。

表 6-2　《2020 通则》中适用于任何运输方式的贸易术语的责任和义务划分

项目	EXW	FCA	CPT	CIP	DPU	DAP	DDP
交货/风险转移	卖方所在地	启运地买方承运人控制后	启运地货站	启运地货站	目的地运输终端	目的地买方指定地点	目的地买方指定地点
仓储与备货	卖方	卖方	卖方	卖方	卖方	卖方	卖方
出口包装	卖方	卖方	卖方	卖方	卖方	卖方	卖方
启运地装货	买方	卖方	卖方	卖方	卖方	卖方	卖方
启运地内陆运输	买方	卖方	卖方	卖方	卖方	卖方	卖方
启运港码头费用	买方	卖方	卖方	卖方	卖方	卖方	卖方
出口报关	买方	卖方	卖方	卖方	卖方	卖方	卖方
国际物流运费	买方	买方	卖方	卖方	卖方	卖方	卖方
货运保险	买方	买方	买方	卖方	卖方	卖方	卖方
目的港码头费用	买方	买方	买方	买方	卖方	卖方	卖方
进口报关	买方	买方	买方	买方	买方	买方	卖方
目的地关税增值税	买方	买方	买方	买方	买方	买方	卖方
送货至最终目的地	买方	买方	买方	买方	买方	卖方	卖方
提单运费条款	到付	到付	预付	预付	预付	预付	预付

二、适用于水上运输方式的贸易术语

（一）FAS

FAS 的全称是 Free alongside Ship（...named port of shipment），译为船边交货（……指定装运港），通常称作装运港船边交货，是指卖方将货物运至指定装运港的船边或驳船内交货，并在需要办理海关手续时，办理货物出口所需的一切海关手续，买方承担自装运港船边（或驳船）起的一切费用和风险。

在大宗货物的贸易中，特别是小麦、棉花、大豆、矿石等初级产品贸易中，出口商通常采用该贸易术语。

1. 卖方的主要义务

1）负责将货物按规定的期限交到指定的装运港买方所指派的船边。

2）负责办理货物的出口手续，承担出口清关的费用。

3）承担自货物在指定地点交由买方船边为止的风险和费用。

2. 买方的主要义务

1）接受卖方提供的有关单据，受领货物，并按合同规定支付货款。

2）承担货物在指定地点交由船边为止的风险和费用。

3）自负风险和费用，取得进口许可证或其他官方批准的证件，并且办理货物进口所需的海关手续，支付关税及其他有关费用。

3. 实际业务中要注意的问题

1）FAS 贸易术语项下，船边通常是指船舶装卸设备的吊货机或岸上装卸索具可触及的范围。

2）当装货港口拥挤或大船无法靠近时，卖方征得买方同意可将交货条件改为“驳船上交货”（Free on Lighter）。此时，卖方的责任仅在货物越过驳船船舷时为止，驳船费用及其风险可由买方承担。

3）在 FAS 术语项下，当买方没有及时向卖方发出关于装运船舶、装运地以及交货时间等通知，或所指定的船舶没有按时抵达装运港，或船舶按时抵达却无法完成装货工作或提前停止装货时，在货物完成特定化后风险和费用可提前转移。

4）《2020 通则》中的 FAS 贸易术语与《1990 年美国对外贸易定义修订本》中的 FAS 贸易术语的规定有较大的差别。按照《1990 年美国对外贸易定义修订本》的解释，FAS 的全称是 Free along Side，是指货交各种运输工具的旁边，包括陆运在内均适用。因此，对美国出口时则需要在 FAS 之后加上“Vessel”字样才表示《2020 通则》中 FAS 的含义。

5）船货衔接问题：如果买方指派的船只未按时到港接收货物，或者比规定的时间提前停止装货，或者买方未能及时发出派船通知，只要货物已被清楚地划出，或以其他方式确定为本合同项下的货物，由此产生的风险和费用均由买方承担。

（二）FOB

FOB 的全称是 Free on Board（...named port of shipment），译为装运港船上交货

（……指定装运港），是指卖方必须在合同规定的日期或期限内，将货物运到合同规定的装运港口，并交到买方指派的船只上，即完成其交货义务。FOB 贸易术语只适用于海运和内河运输，如果货物装在集装箱里并在集装箱码头交货，则应采用 FCA 贸易术语。

1. 卖方的主要义务

1）负责在合同规定的日期或期限内，将符合合同规定的货物交至买方指派的船上，并及时通知买方。

2）负责取得出口许可证或其他官方批准的证件（如商检证、原产地证等），并办理货物出口所需的一切海关手续。

3）负担货物在装运港交到买方所派船只上之前的一切费用和风险。在《2000 通则》中，FOB 贸易术语的风险划分点以货物在指定的装运港、指定的船只“越过船舷”为界。以“船舷”为界表明货物在装上船之前的风险，包括在装船时货物跌落码头或海中所造成的损失，均由卖方承担。但《2010 通则》和《2020 通则》对 FOB 条件下风险划分的界限做了实质性的变更，即不再规定以“船舷”为界，而是规定以货物装到船上为界限，这时风险才由卖方转移至买方。

4）负责提供商业发票和证明货物已交至船上的通常单据（已装船海运提单）。如果买卖双方约定采用电子通信，则所有单据均可被具有同等效力的电子数据交换信息代替。

2. 买方的主要义务

1）根据买卖合同的规定受领货物并支付货款。

2）负责租船或定舱、支付运费，并将船名、装船地点和交货时间及时通知卖方。

3）自负风险和费用，取得进口许可证或其他官方批准的证件，并负责办理货物进口所需的一切海关手续。

4）负担货物在装运港交到自己所派船只上之后的一切费用和风险。

3. 实际业务中要注意的问题

（1）风险将提前转移给买方的情况

1）在约定的时间，买方拟派的船只未到，导致码头仓储费用或货物停留造成损失，此时风险应提前转移给买方。

2）船只虽按约定的时间到港，但是停靠码头时要排队，此时卖方的风险应提前转移给买方。

3）只约定装运期，未约定买方何时派船到装运港，过了装运期船只才到，那么在装运期届满时，货物受损的风险就提前转移给买方，而不管买方所派船只到否。

4）买方按时派船，但是由于各种原因（可能是船不适航或不适货）不能装货上船，或者提前结束装船，此时风险应提前转移给买方。

5）船按时到港，但是卖方没能及时装船，如果原因在于买方未给卖方留出足够的时间装运货物，则由买方承担责任。

（2）卖方须慎重履行交货与交单义务

《2020 通则》明确规定，FOB 贸易术语项下卖方必须提供符合买卖合同规定的货物。同时，由于采用 FOB 条件成交，卖方是在装运港船上交货，而一般情况下，买方不可能亲临交货地点去接收货物，卖方通常都是凭提交合同要求的单据来完成其交货义务。所以，卖方及时提交合格的单据，包括商业发票、检验证书、运输单据，特别是海运提单或同等效力的电子单证等，成为其一项基本义务。

（3）FOB 贸易术语项下提单托运人的规定

根据《中华人民共和国海商法》的规定，托运人是指：①本人或委托他人以本人的名义为本人与承运人订立海上货物运输合同的人；②本人或委托他人以本人的名义为本人将货物交给与海上货物运输合同有关的承运人的人。因此，FOB 合同的买方和卖方都符合条件，但最好以卖方为托运人，否则，如果买方和承运人串通，则在没有付清货款的情况下，买方就可能以托运人的身份先行将货物提走。

（4）出口通关的办理与美国贸易惯例的差异

《2020 通则》规定，卖方必须自行承担取得任何出口许可证或其他官方核准证件的风险和费用，并办理货物出口所需的一切海关手续（如果该地需要办理这些海关手续）。根据《1990 年美国对外贸易定义修订本》的规定，申领许可证和办理出口通关手续由买方负责，其费用和风险也由买方承担。只有当买方自行办理有困难时，在买方要求并由买方承担费用和风险的情况下，卖方可以协助办理。因此，为了避免由于贸易惯例的不同产生误解，双方最好在合同中明确规定贸易术语适用的国际贸易惯例及版本。

（5）FOB 合同的风险防范措施

1）按照《2020 通则》的规定，FOB 合同的出口商应将货物交给船公司。从实际情况来看，买方指定船公司的情况比较少见，绝大部分情况是指定境外货运代理。众所周知，货运代理公司的信誉度是远远不能和大多数船公司相比的。因此，卖方为了防止买方与货运代理公司联手欺诈，需要采取预防措施。例如，通过国际咨询机构对货运代理公司进行资信调查，或要求货运代理公司出具担保，或要求买方预付全部货款。

2）采用 FOB 条件成交时，卖方为保障自身利益，一般都会在合同中明确规定买方派船到港装货的时间或期限，以及如果延迟或不能指定船只而引起的额外费用和风险责任均由买方承担。买方须在船只到达指定装运港前若干天通知卖方有关船名和预计到达时间。同样，买方也往往会要求在合同中规定，如船只按时到达后，卖方未能按合同规定将货物装船以致造成空舱和滞期等的后果。

3）按照 FOB 贸易术语的规定，卖方没有办理货运保险的义务，买方应根据情况自行办理。如果履约时行情对买方不利，买方拒绝接收货物，就有可能不办保险，一旦货物在途中出险，卖方就可能钱货两空。如果买卖双方已按 FOB 贸易术语成交，而且采用非信用证支付方式，卖方应在当地投保卖方利益险。

（6）FOB 的变形

买卖双方最好在合同中就该项事宜及有关的风险和费用的承担做出明确规定，以免产生贸易纠纷。

FOB Liner Terms（FOB 班轮条件）：装船费用按照班轮的做法处理，即由船方或买方承担，卖方不负担装船的有关费用。

FOB under Tackle（FOB 吊钩下交货）：卖方负担将货物交到买方指定船只的吊钩所及之处的费用，而吊装入舱以及其他各项费用均由买方负担。

FOB Stowed（FOB 包括理舱费）：卖方负责将货物装入船舱并承担包括理舱费在内的装船费用。理舱费是指货物入舱后进行安置和整理的费用。

FOB Trimmed（FOB 包括平舱费）：卖方负责将货物装入船舱并承担包括平舱费在内的装船费用。平舱费是指对装入船舱的散装货物进行平整所需的费用。

FOB Stowed and Trimmed（FOB 包括理舱、平舱费）：卖方承担包括理舱费和平舱费在内的装船费用。

（三）CFR

CFR 的全称是 Cost and Freight（... named port of destination），译为成本加运费（……指定目的港）。按照《2020 通则》的解释，买方应在合同规定的装运港和规定的期限内将货物装上船，并及时通知买方。货物装上船以后发生的灭失或损害的风险，以及因货物交付后发生的事件所引起的任何额外费用，自交付之日起即由卖方转移给买方。

1. 卖方的主要义务

1）负责在合同规定的时间和装运港，将约定的货物装上船，运往指定目的港，并及时通知买方。

2）负责办理货物出口手续，取得出口许可证或其他官方批准的证件。

3）负责租船或订舱，并支付至目的港的正常运费。

4）负担货物在装运港交到自己安排的船只上之前的一切费用和风险。

5）负责提供符合合同规定的货物和商业发票，或具有同等效力的电子数据交换信息，以及合同规定的运输单据和其他相关凭证。

2. 买方的主要义务

1）负责按合同规定支付价款。

2）自负风险和费用，办理货物进口手续，取得进口许可证或其他官方批准的证件。

3）负担货物在装运港交到卖方安排的船只上之后的一切费用和风险。

4）按合同规定接收货物和运输单据。

3. 实际业务中要注意的问题

（1）风险点的转移

风险点为卖方在装运港将货物装到船舱内，风险点即转移到买方，因此买方必须在此之前向保险公司办妥保险，实际业务中卖方应于装运前和国外买方就如何发装船通知以及何时发装运通知商定办法，贸易合同中也应注明装船通知的发送内容、方式、发送时间等。

（2）CFR 或 CIF 贸易术语的变形

由于世界各港的惯例不同，对于卸货费用也有不同的规定，有的港规定由船方负担，有的港规定由收货人负担。如属前者，若是大宗货物，船方不愿承担卸货费用，势必将卸货费用转移给租船人，这样就会增加卖方的负担。因此，买卖双方必须在合同中明确由谁负担卸货费用。实践中，通常是在 CFR 贸易术语或 CIF 贸易术语后加附加条件来说明，由此便产生了 CFR 或 CIF 的变形。CFR 或 CIF 的变形各有以下 4 种：

1）CFR Liner Terms（CFR 班轮条件）或 CIF Liner Terms（CIF 班轮条件）：卸货费用按班轮办法处理，由船方或卖方承担，即买方不负担卸货费用。

2）CFR Landed（CFR 卸到岸上）或 CIF Landed（CIF 卸到岸上）：由卖方负担卸货费，包括因船不能靠岸，需要将货物用驳船卸到岸上支出的驳运费在内的费用。

3）CFR under Ship's Tackle（CFR 吊钩下交货）或 CIF under Ship's Tackle（CIF 吊钩下交货）：卖方负担将货物从船舶起卸到吊钩所及之处（码头或驳船上）的费用。

4）CFR Ex Ship's Hold（CFR 舱底交货）或 CIF Ex Ship's Hold（CIF 舱底交货）：货物运到目的港后，由买方负担将货物从舱底吊卸到码头的费用。

以上 CFR 和 CIF 的变形，只是为了表明在使用航次租船运输时卸货费用由谁负责，并不改变这两种贸易术语的交货地点及风险、责任的划分。总之，在订立航次租船合同时，应注意合同中的贸易术语要与航次租船合同中的装卸费用条款相衔接。这样才能明确装卸费用及相关费用由谁负担，避免在国际货物运输中产生争议或纠纷。

4. CFR 与 CPT 的比较

二者的相同之处在于：①都由卖方安排货物运输，支付有关运费，并办理出口手续，提交有关单据；②都是货交承运人后风险即转移，货物在运输途中的风险由买方承担；③都属于装运合同。

二者的不同之处在于：首先，适用的运输方式不同，CFR 仅适用于海运，属于“港口到港口”的运输；CPT 适用于各种运输方式（包括集装箱运输、多式联运、海陆空），属于“门到门”的运输。其次，交货和风险转移的地点不同，CFR 风险划分以装运港货物上船为界限，CPT 以货交承运人为界限。最后，提交的单据不同。CFR 提供的是海运提单，属于物权凭证，可以转让，可以出售；CPT 通常提供的是联运单据，只是交接货物的凭证，不能转让，不能出售。从发展趋势来看，CPT 有取代 CFR 的趋势。

（四）CIF

CIF 的全称是 Cost，Insurance and Freight（...port of destination），译为成本加保险费加运费（……指定目的港）。CIF 是国际贸易中最常用的贸易术语之一。采用 CIF 贸易术语成交时，卖方也是在装运港将货物装上船以完成其交货义务。卖方负责按通常条件租船订舱，支付货物运至指定目的港所需的费用和运费，但是货物交付后的灭失或损坏的风险，以及因货物交付后发生的事件所引起的任何额外费用，自交付时起由卖方转移给买方承担。卖方在规定的装运港和规定的期限内将货物装上船后，要及时通知买方。

1. 卖方的主要义务

1）在合同规定的期限内，在装运港将符合合同的货物运往指定目的港的船上，并给予买方装船通知。

2）负责办理货物出口手续，取得出口许可证或其他核准证书（原产地、商检证书等）。

3）负责租船或订舱并支付到目的港的海运费。

4）负责办理货物运输保险，支付保险费。《2020 通则》中将 CIF 的保险费范围仍然维持在 ICC（C）所规定的最低保险范围，但给予了买卖双方约定更高保额的机会。

5）负责货物在装运港装船为止的一切费用和风险。

6）负责提供货物运往指定目的港的通常运输单据、商业发票和保险单，或具有同等效力的电子信息。

2. 买方的主要义务

1）负责办理进口手续取得进口许可证或其他核准书。

2）负担货物在装运港船上之后的一切费用和风险。

3）收取卖方按合同规定交付的货物，接受与合同相符的单据。

3. 实际业务中要注意的问题

（1）概念上的误区

CIF 和 FOB 贸易术语中交货点及风险点都是在装运港的船上，卖方在装运港将货物安全地装到船上即完成卖方义务，对于装运后货物可能发生的风险，卖方不再承担责任。卖方将保险单、提单等交由买方，风险索赔等就由买方进行办理。

（2）订舱配载

CIF 条件下卖方自主订船，选择货运代理公司或船公司，自付运费、码头费等，一般不接受买方指定的货运代理公司或船公司等。实际业务中，卖方会选择国外服务较好的马士基、APL 等知名船公司，和买方确认运费、船期后也可以接受向国外货运代理公司或船公司订舱，但一般不由买方指定的货运代理公司办理出运活动。

（3）保险办理

卖方在装运港办理保险，一般在订立合同时规定具体的保险金额、保险险别和适用保险条款，以及保险责任的起讫期限，选择保险条款，保险单在卖方向银行交单议付时要背书转让给买方。

（4）卸货费用

码头作业费等，CIF 中一般采用“港至港”条款，启运港的费用由卖方承担，目的港的费用则由买方承担。

（5）租船订舱

由于从装运港到目的港的运输合同由卖方负责签订，因此，一般情况下，卖方根据货物的具体情况选择适当的船舶，或者租用整船，或者班轮订舱。这就是所谓的按通常条件（on Usual Terms）（包括船龄、船籍、船级、船型以及装运××航公司的船只等）提出某些限制条件。对于这些要求，卖方应慎重考虑，不论对方是在合同订立之前提出的，还是在合同订立之后提出的，如果卖方认为自己可以办到，又不会增添麻烦和额外开支，就可以接受；否则，可以拒绝。但一旦接受，就必须严格照办。

采用 CIF 条件成交时，作为合同的卖方在办理租船订舱时，还应注意所租用的船只是否具有适航性和适货性。适航性（Seaworthiness）是指载货的船只在装运港启运时，从船舶的性能和船上人员的配备情况来看，已具备了将货物从装运港运抵目的港的能力。适货性（Cargo Worthiness）是指船舶从其性能和设备情况来看，适合运输合同所约定的货物。

(6) 装运港、目的港及航线问题

装运港和目的港在海洋运输中即运输的起点和终点。在合同中规定装运港和目的港时，可以各规定一个，也可以规定两个或两个以上，甚至是选择港（Optional Port），这要由交易双方根据需要协商确定。从实际做法来看，较多的情况是规定一个装运港和一个目的港。

根据英美法律的有关规定，在CIF合同中，目的港属于要件（Condition），而装运港不是要件，只属于担保（Warranty）。因此，如果合同中明确规定了目的港的名称，双方就必须遵照执行。任何一方要想变更目的港，必须征得对方同意，否则属于违反要件，即构成重大违约。

《2020通则》中适用于水上运输方式的贸易术语的责任和义务划分见表6-3。

表6-3 《2020通则》中适用于水上运输方式的贸易术语的责任和义务划分

项目	FAS	FOB	CFR	CIF
交货/风险转移	海运码头船边	启运港船板	启运港船板	启运港船板
仓储与备货	卖方	卖方	卖方	卖方
出口包装	卖方	卖方	卖方	卖方
启运地装货	卖方	卖方	卖方	卖方
启运地内陆运输	卖方	卖方	卖方	卖方
启运港码头费用	卖方	卖方	卖方	卖方
出口报关	卖方	卖方	卖方	卖方
国际物流运费	买方	买方	卖方	卖方
货运保险	买方	买方	买方	卖方
目的港码头费用	买方	买方	买方	买方
进口报关	买方	买方	买方	买方
目的地关税增值税	买方	买方	买方	买方
送货至最终目的地	买方	买方	买方	买方
提单运费条款	到付	到付	预付	预付

第三节 单价构成与计价货币选择

一、FOB、CFR、CIF贸易术语的价格构成

FOB、CFR、CIF 3种贸易术语的价格构成仅适用于海上或内河运输。国际贸易中的价格主要是由成本、费用、利润3部分构成。成本（Cost）是价格的核心，它是出口企业为出口其产品进行生产、加工或采购所产生的含税成本；费用（Expense）是指整个

交易过程中发生的费用，出口报价中的费用主要有国内费用和国外费用两部分；利润（Profit）是指企业预期净收入。

费用的核算最为复杂，包括国内费用和国外费用。

（一）国内费用

1）加工整理费用。

2）包装费用。

3）保管费用（包括仓租、火险等）。

4）国内运输费用（仓至码头）。

5）证件费用（包括商检费、公证费、领事签证费、产地证费、许可证费、报关单费等）。

6）装船费（装船、起吊费和驳船费等）。

7）银行费用（贴现利息、手续费等）。

8）预计损耗（耗损、短损、漏损、破损、变质等）。

9）邮电费（电报、电传、邮件等费用）。

（二）国外费用

1）国外运费（自装运港至目的港的海上运输费用）。

2）国外保险费（海上货物运输保险）。

3）如果有中间商，还包括支付给中间商的佣金。

（三）计算公式

FOB 价＝进货成本价+国内费用+净利润

CFR 价＝进货成本价+国内费用+国外运费+净利润

CIF 价＝进货成本价+国内费用+国外运费+国外保险费+净利润

二、FCA、CPT 和 CIP 贸易术语的价格构成

FCA、CPT 和 CIP 3 种贸易术语适用范围广。在价格构成中，它们通常包括进货成本、费用和净利润 3 方面内容。

（一）国内费用

1）加工整理费用。

2）包装费用。

3）保管费用（包括仓租、火险等）。

4）国内运输费用（仓至码头）。

5）拼箱费（如果货物构不成一整集装箱）。

6）证件费用（包括商检费、公证费、领事签证费、产地证费、许可证费、报关单费等）。

7）银行费用（贴现利息、手续费等）。

8）预计损耗（耗损、短损、漏损、破损、变质等）。

9）邮电费（电报、电传、邮件等费用）。

（二）国外费用

1）国外运费（自出口国内陆启运地至国外目的地的运输费用）。

2）国外保险费。

3）如果有中间商，还包括支付给中间商的佣金。

（三）计算公式

FCA 价=进货成本价+国内费用+净利润

CPT 价=进货成本价+国内费用+国外运费+净利润

CIP 价=进货成本价+国内费用+国外运费+国外保险费+净利润

三、计价货币的选择

计价货币（Money of Account）是指买卖双方约定用来计算价格的货币。例如，合同中的价格是用一种双方当事人约定的货币（如美元）来表示的，且没有约定用其他货币支付，则合同中规定的货币（美元）既是计价货币，又是支付货币（Money of Payment）。在国际货物买卖合同中，必须对计价货币做出明确规定，通常在价格条款中加以明确。计价货币与支付货币一般是同一种货币，但有时也不一致。

在国际货物贸易实际业务中，用来计价的货币可以是出口国家的货币，也可以是进口国家的货币或交易双方同意的第三国的货币，还可以是某一种记账单位，这由双方当事人协商确定。国际货物买卖从订约到履约往往经历很长时间，在浮动汇率条件下，计价货币的币值在此期间可能会发生波动变化，甚至是剧烈变化，这种变化必然会对贸易双方的经济利益产生直接影响。为此，慎重选择合同的计价货币就具有非常重要的意义。

在国际货物贸易中，如交易双方所在国之间订有贸易协定和支付协定，而其交易本身又属于上述协定项下的交易，则必须按协定规定的货币进行清算，除此之外，一般进出口合同都是采用可兑换的、国际上通用的或双方同意的货币进行计价和支付。在国际贸易实践中，应坚持“收硬付软”的原则，即在出口时争取使用币值坚挺、有上升趋势的货币（硬币），在进口时争取使用疲软、有贬值倾向的货币（软币）。为有效控制汇率风险，结合“收硬付软”原则，可以适当调整价格。若只能违背该原则才能达成交易，则可选择调整价格和订立保值条款等措施进行补救。浮动汇率的条件下，交易双方签订买卖合同时，可以约定计价货币与另一种货币的汇率，到付款时，若汇率发生变动，则按比例调整合同价格。

在实际业务中，以什么货币作为计价货币，还应视双方的交易习惯、经营意图和具体价格而定。

第四节 合同的价格条款

价格条款是指国际贸易合同中表明价格条件的款项。该条款是进出口合同中的重要条款之一。

一、价格条款的内容构成

进出口合同中的价格条款一般包括单价（Unit Price）和总值（Total Amount）两项内容。单价的表示通常由计价货币、单位价格金额、计量单位和贸易术语四项内容构成。价格条款具体写法举例如下：

Unit Price：USD 9.5 per piece FOB Huangpu.

Total Amount：USD 95000；Ninety Five Thousand Only.

二、国际贸易成本核算

（一）出口商品盈亏核算

外贸企业的盈亏是考核外贸企业经营状况的重要指标。为了控制亏损、增加盈利，出口企业在交易前必须对要出口的产品进行成本核算。出口商品的成本核算主要有以下两个经济效益指标：

1. 出口盈亏率

出口盈亏率（Export Profit Margin）是指出口盈亏额与出口总成本的比例，用百分比表示。出口总成本（Export Cost）是指外贸企业为出口商品支付的国内总成本，包括产品成本和国内费用。如需缴纳出口税的商品，则出口总成本中还应包括出口税。出口盈亏额是指出口销售的人民币净收入（Export Revenue in RMB）与出口总成本的差额，如差额是正数，为盈余额；如差额是负数，则为亏损额。其计算公式如下：

其中，出口盈亏率=[(出口销售人民币净收入-出口总成本)/出口总成本]×100%

出口销售人民币净收入=外汇净收入×现汇买入价出口总成本

=进货或出厂价格(含增值税)+交货前支付的所有费用+出口税-出口退税

2. 出口换汇成本

出口换汇成本（Export Cost for Foreign Exchange，ECFFE）是指以本币（如人民币）计算的出口总成本与以外币（如美元）计算的出口销售净收入之比，这样可以得出出口某商品获得一单位的外币所需要付出多少本币的成本。如果换汇成本高于结汇时外汇市场的外汇牌价，则出口为亏损；反之，则为盈利。与换汇成本紧密相关的另一重要指标是出口换汇率（ECFFE Ratio），它是换汇成本的倒数。其计算公式如下：

出口换汇成本=出口总成本(人民币)/出口销售净收入(美元或其他币种)

出口换汇率=1/换汇成本×100%

（二）出口商品报价核算

1. 出口货物退税额的计算

我国现行出口退税制度对生产企业自营出口和委托外贸公司代理出口的自产货物，除另有规定外，增值税一律实行“免、抵、退”税管理办法。对有进出口经营权的外贸企业收购直接出口或委托其他外贸企业代理出口的货物，以及从事对外承包项目、对外修理修配业务、对外投资和销售给外轮或远洋国轮而收取外汇的货物，一律实行“先征后退”的管理办法。

(1) 免、抵、退法

“免”税是指对生产企业出口的自产货物，免征本企业生产销售环节增值税；“抵”税是指生产企业出口自产货物所耗用的原材料、零部件、燃料、动力等所含应予退还的进项税额，抵扣内销货物的应纳税额；“退”税是指生产企业出口的自产货物在当月内应抵扣的进项税额大于应纳税额时，对未抵扣完的部分予以退税。免、抵、退有关计算方法如下：

1) 当期应纳税额的计算。

当期应纳税额=当期内销货物的销项税额-(当期进项税额-当期免抵退税不得免征和抵扣税额)

如果按上述公式计算的结果是正数，为当期应纳增值税；如果按上述公式计算的结果是负数，为当期留抵税额，即没有得到抵扣的进项税额。

2) 免抵退税额的计算。

免抵退税额=出口货物离岸价×外汇人民币牌价×出口货物退税率-免抵退税额抵减额

出口货物离岸价（FOB）以出口发票计算的离岸价为准。出口发票不能如实反映实际离岸价的，企业必须按照实际离岸价向主管税务机关进行申报，同时主管税务机关有权依照有关规定予以核定。

免抵退税额抵减额=免税购进原材料价格×出口货物退税率

免税购进原材料包括从国内购进免税原材料和进料加工免税进口料件，其中进料加工免税进口料件的价格为组成计税价格。

进料加工免税进口料件的组成计税价格=货物到岸价+海关实征关税和消费税

3) 当期应退税额和免抵税额的计算。

如当期期末留抵税额≤当期免抵退税额，则当期应退税额=当期期末留抵税额，当期免抵税额=当期免抵退税额-当期应退税额。

如当期期末留抵税额大于当期免抵退税额，则当期应退税额=当期免抵退税额，当期免抵税额=0。

当期期末留抵税额根据当期“增值税纳税申报表”中“期末留抵税额”确定。

4) 免抵退税不得免征和抵扣税额的计算。

免抵退税不得免征和抵扣税额=出口货物离岸价×外汇人民币牌价×(出口货物征税率-出口货物退税率)-免抵退税不得免征和抵扣税额抵减额

其中，

免抵退税不得免征和抵扣税额抵减额=免税购进原材料价格×(出口货物征税率-出口货物退税率)

(2) 先征后退法

先征后退法的具体计算规定为，对出口销售环节免征增值税，以外贸收购不含增值税的购进金额及退税率计算应退税额，计算公式为

应退税额=外贸收购不含增值税购进金额×退税率

2. 实际出口成本

实际成本＝购货成本－出口退税额

其中

购货成本＝购货净价（不含税）+增值

＝购货净价×（1+增值税）

那么

购货净价＝购货成本/（1+增值税率）

出口退税额＝购货净价×出口退税率

因此

出口退税额＝购货成本/（1+增值税率）×出口退税率

而

实际购货成本＝购货成本－出口退税额

即

实际购货成本＝购货成本－购货成本/（1+增值税率）×出口退税率

＝购货成本×（1+增值税率－出口退税率）/（1+增值税率）

三、不同价格术语之间的价格换算

在国际贸易业务实践中，在磋商环节，经常会遇到改变价格术语的情况。出口商以某种贸易术语报价后，卖方不同意而要求改用其他的贸易术语报价。这就涉及不同贸易术语下的价格换算问题。FOB、CFR 和 CIF 3 种常用贸易术语都只适合海运或内河运输，出口方需要经常在这 3 种贸易术语之间换算价格。这 3 种贸易术语价格之间的关系如下：

1. 以 FOB 价格为基础

CFR 价格＝FOB 价格+海运费

CIF 价格＝（FOB 价格+海运费）/（1－投保加成×保险费率）

2. 以 CFR 价格为基础

FOB 价格＝CFR－海运费

CIF 价格＝CFR 价格/（1－投保加成×保险费率）

3. 以 CIF 价格为基础

FOB 价格＝CIF 价格×（1－投保加成×保险费率）－海运费

CFR 价格＝CIF 价格×（1－投保加成×保险费率）

其中，保险费是在保险金额的基础上乘以保险费率而获得的。不同的险别保险费率不同。保险金额一般是在货物价格（CIF 或 CIP）的基础上进行加成（通常加成 10%，有时若保险公司同意，买方要求也可以高于 10%）。保险金额是货物发生保险责任范围内的损失后，保险公司所赔偿的最高金额。

投保金额＝CIF（CIP）×（1+10%）

保险费＝投保金额×保险费率

第五节　佣金和折扣的运用

一、佣金

国际贸易中，佣金（Commission）是出口方或进口方支付给中间商的报酬，用以酬谢其对商品的销售和购买提供的中介服务。收取佣金的中间商通常为代理人或经纪人，他们通过介绍交易或代买代卖获得佣金收入。正确地使用佣金手段，可以调动中间商或代理商推销产品的积极性，有利于扩大出口。

佣金又有明佣和暗佣之分。暗佣的金额对真正买主保密，由卖方（出口商）暗中支付给中间商，它的数额一般不在发票等相关单据上显示。等到卖方货款收妥之后，另行支付给中间商。所谓明佣，是指在买卖合同、信用证或发票等相关单证上公开表明的金额。

（一）佣金的表示方法

在出口合同中，可以规定含佣价，即包括佣金的价格（Price Including Commission）。在合同及单证中，通常表示在贸易术语后面，如"US $ 150 Per Metric Ton CIFC5% Tokyo"，每公吨150美元CIF东京（含5%的佣金），这个"C5%"中的"C"就是Commission，即佣金。它也可以用绝对数额表示，如"USD 80 Commission Per Metric Ton"，每公吨佣金80美元。它还可以直接用语言表述，如"US $ 150 Per Metric Ton CIF Tokyo Including 5% Commission"。

（二）佣金的计算

根据国际贸易习惯，佣金一般是以成交价为基础计算的，也有以FOB价或FCA价为基础计算的。常用佣金的计算方法有以下2种：

1. 按成交金额的百分比计算

佣金＝含佣价×佣金率

例如：每吨2000港元，佣金率为2%，佣金的计算方法就是：2000×2%＝40（港元/吨）。

2. 以FOB净价为基数进行计算

实务中，不少出口方计算佣金时，是在扣除运费、保险费之后，以商品的净值作为计算佣金的基数。这种计算方法为

佣金＝FOB价×佣金率

这种计算方法意味着运费（F）和保险费（I）不付佣金。为了计算出FOB价格，如果是以CIF术语成交，则应减去运费和保险费；如果是以CFR成交，则应减去运费。

3. 含佣价与净价之间的换算

在已知商品净价和佣金率的基础上，也可以计算含佣价。

含佣价＝净价＋佣金

$$
\begin{aligned}
&= 净价 + 含佣价 \times 佣金率 \\
&= 净价 / (1 - 佣金率)
\end{aligned}
$$

如果要在含佣价的基础上计算净价，只需要减掉佣金即可。

$$
\begin{aligned}
净价 &= 含佣价 - 佣金 \\
&= 含佣价 \times (1 - 佣金率)
\end{aligned}
$$

（三）佣金的支付

在出口实践中，出口企业通常在收到全部货款之后，才把佣金支付给中间商或代理商，以保证合同能圆满完成，这种做法需要在合同签订之前予以明确。此外，佣金可以在买方付款时，由中间商直接从货款中扣除。

二、折扣

折扣（Discount）是国际贸易实践中经常用到的一种促销手段。折扣不同于佣金，不是支付给中间商的，而是卖方在一定条件下给予买方的价格减让。常见的折扣有数量折扣（Quantity Discount）、特别折扣（Special Discount）、季节性折扣（Seasonal Discount）等。折扣直接关系到商品的价格，折扣率越高，则价格越低。正确运用折扣，有利于调动采购商的积极性，增加出口。

（一）折扣的表示方法

在国际贸易中，折扣通常在合同价格条款中用文字明确表示出来。例如："CIF 伦敦每公吨 200 美元，折扣 3%"（US＄200 Per Metric Ton CIF London Including 3% Discount）。此例也可这样表示："CIF 伦敦每公吨 200 美元，减 3%折扣"（US＄200 Per Metric Ton CIF London Less 3% Discount）。

（二）折扣的计算

$$
\begin{aligned}
折扣 &= 发票金额 \times 折扣率 \\
净值 &= 发票金额 - 折扣 \\
&= 发票金额 \times (1 - 折扣率)
\end{aligned}
$$

通常买方在付款时直接扣除折扣，将剩余款项（即净值）支付给卖方。

第六节　出口商品定价的原则与方法

价格的掌握是一项非常重要的工作，不仅决定了出口企业能否盈利、利润率的高低，还影响商品出口价格竞争能力。高价格虽然可能会创造高利润，但是销量少，甚至根本卖不出去；过低的价格虽然能促进销售，但企业可能会亏损。所以，一定要掌握好出口商品的价格。

一、出口商品定价的原则

1. 以国际市场价格水平为基础定价

国际市场价格是出口企业定价的参照依据，在出口之前必须对国际市场进行调研，了解出口商品的国际市场行情，知晓商品价格及其变化趋势。只有在掌握国际市场价格的基础上，才能制定出合理的出口价格，保证该价格既能为国外客户所接受，又能创造一定的利润。

2. 要结合目标市场价格定价

由于同一商品在不同国家的市场存在差价，因此仅考虑国际市场价格水平是不够的，还需要进一步了解目标国家市场的价格，这样才能保证商品的价格竞争力，更好地实现利润最大化目标。

3. 充分考虑经营意图

出口商应根据自身经营意图，在国际市场价格水平的基础上，确定出口略低于或略高于国际市场价格的价格。例如，一个企业要新进入某个市场，可以考虑以较低的价格进行市场渗透，争取尽快打开市场，扩大市场份额，此时甚至可以略有亏损。在该市场建立起一定的市场地位，有了知名度之后，就可以适当提高价格，实现盈利。若企业为了清理库存，则可降价，并使用折扣手段。

二、出口商品定价的影响因素

1. 商品的质量和档次

坚持优质高价、低质低价的原则。

2. 选择的贸易术语

不同的贸易术语下，卖方承当的费用和风险不同，所以在出口商品价格上会有所体现。例如，对于同一批货物，在 FOB 贸易术语下，卖方不需要承当海上运费、保险费，所以价格低于 CIF 贸易术语，因为 CIF 贸易术语下，卖方要承担海上运费和保险费。

3. 供求关系变化

卖方应充分考虑市场需求的变化来确定价格。

4. 成交数量

对于成交数量较多的商品，卖方可以考虑给予买方一定的折扣。

5. 支付方式和汇率波动

不同的支付方式对进出口商而言是不一样的。例如，采用信用证结算，对出口商而言，只要按时交货并提交合格的单证，收款就有了保证，但对进口商而言，信用证手续相对烦琐，还要向开证行预先支付一定的开证押金。采用托收方式，对进口商极为有利，不仅风险小，还仅需垫付较短时间的资金，甚至不需要预垫资金；当然，托收对出口商很不利，风险大，资金回收慢。另外，进出口商需要承担汇率风险，在人民币持续升值的情况下，出口商承担的风险较大。因此，如果选择对出口商有利的支付方式，可以在价格上适当优惠；反之，如果选择对出口商不利的支付方式，则不必在价格上让步。

三、出口商品定价的方法

国际贸易中的商品种类繁多，各自的市场行情不同，绝大多数商品价格在不断地发生变化。按照《联合国国际货物销售合同公约》的有关规定，合同中的价格可以由当事人用明示的方法规定，也可以用默示的方法规定。国际贸易中，出口商品的定价方法很多，由交易双方当事人磋商确定，一般来说，通常采用的定价办法可归纳为下列几种：

1. 固定价格

国际货物贸易的常用办法，即在交易磋商时确定价格，并在合同中规定具体的价格，以后不管市场行情怎样变化，双方都须按照合同价格履约。任何一方都不得要求变更原定价格。例如，“每公吨 500 欧元，CIF 鹿特丹”，如果合同中无其他规定，则被认为是固定价格。

为了减少风险，在采用固定价格时，必须注意下列事项：

1）对影响商品供需的各种因素进行仔细研究，在此基础上对价格前景做出正确判断，以此作为确定合同价格的依据。

2）对客户资信情况进行深入了解和认真研究，审慎选择合适的成交对象，以免在市场价格剧涨或暴跌时出现外商违约或毁约的情况。

3）对于价格相对稳定的商品，以及成交数量不大或近期交货的商品，一般可以按固定价格成交。如属远期交货、大量成交或市场价格起伏不定的商品，则不宜轻易采用固定价格的做法，以减少价格变动的风险。

2. 非固定价格

在国际货物贸易中，为了减少价格变动的风险、促成交易和提高履约率，在合同价格的规定方面，往往采用一些灵活变通的做法，即按非固定价格成交。这类定价方法又可分为下列几种：

（1）暂不固定价格

某些货物因其国际市场价格变动频繁，且波动幅度大，或交货期较长，双方难以把握长期趋势，但又希望订约，则可以约定除价格以外的其他交易条件，约定将来如何确定价格。以海运进出口合同为例，可在价格条款中明确约定定价时间与定价方法，如“在装船月份前 45 天，参照当地及国际市场价格水平，协商议定正式价格”或“按提单日期的国际市场价格计算”。

此外，双方也可以在进出口合同价格条款中，只规定定价时间，如“由双方在××××年××月××日协商确定价格”。这种方式由于未就定价方式做出规定，容易给合同带来较大的不稳定性，双方可能因缺乏明确的定价标准而在商定价格时各执己见，相持不下，导致合同无法执行。因此，这种方式一般只适用于双方有长期交往并已形成比较固定的交易习惯的合同。

（2）暂定价格

在合同中先约定一个初步价格，作为开立信用证和初步付款的依据，待双方确定最终价格后，再进行清算，多退少补。例如：“单价暂定 CIP 神户，每公吨 1000 美元，定价方法：以××交易所 3 个月期货，按装船月份平均价加 5 美元计算。买方按本合同规定的暂定价开立信用证。”

(3) 部分固定价格、部分非固定价格

为了照顾双方的利益，解决双方在采用固定价格或非固定价格方面的分歧，也可采用部分固定价格、部分非固定价格的做法，或分批定价的办法。交货期近的价格，在订约时固定下来，余者在交货前一定期限内定价。

非固定价格是一种变通做法，在行情变动剧烈或双方未能就全部货物的价格取得一致意见时，采用这种定价方法有下列好处：①有助于暂时解决双方在价格方面的分歧，先就其他条款达成协议，早日签约；②有助于解除客户对价格风险的顾虑，使之敢于签订交货期长的合同。数量、交货期的早日确定，不但有利于巩固和扩大出口市场，也有利于生产、收购和出口计划的安排；对交易双方，虽不能完全排除价格风险，但对卖方来说，可以不失时机地做成生意，对买方来说，可以保证一定的转售利润。

但是，也应当看到，由于非固定价格的做法是先签约后定价，合同的关键条款即价格条款，是在签约之后由双方按一定的方式来确定的。这就不可避免地给合同带来较大的不稳定性，存在双方在定价时不能取得一致意见而使合同无法执行的可能，以及由于合同定价条款规定不当而使合同失去法律效力的危险。

四、价格调整条款

在国际货物贸易中，有的合同除规定具体价格外，还规定有各种不同的价格调整条款。例如："如卖方对其他客户的成交价高于或低于合同价格的5%，对本合同未执行的数量，双方协商调整价格。"这种做法的目的是，把价格变动的风险限定在一定范围之内，以提高客户经营的信心。

某些商品合同，特别是加工周期较长的机器设备合同，为避免通货膨胀的影响，普遍采用"价格调整条款"[Price Adjustment (Revision) Clause]，要求在签约时只规定初步价格（Initial Price），同时规定，如果原料价格、工资发生变化，卖方保留调整价格的权利。

在价格调整条款中，通常使用下列公式来调整价格：

$$P = P_0\left(A + B\frac{M}{M_0} + C\frac{W}{W_0}\right)$$

式中：P 为商品交货时的最终价格；P_0 为签订合同时约定的初步价格；M 为计算最终价格时引用的有关原料的平均价格或指数；M_0 为签订合同时引用的有关原料的价格或指数；W 为计算最终价格时引用的有关工资的平均数或指数；W_0 为签订合同时引用的工资平均数或指数；A 为经营管理费用和利润在价格中所占的比重；B 为原料在价格中所占的比重；C 为工资在价格中所占的比重；A、B、C 所分别代表的比例，在签订合同时确定后固定不变。

如果买卖双方在合同中规定，按上述价格调整公式计算出来的最终价格与约定的初步价格相比，其差额不超过约定的范围（如百分之若干），则初步价格可不予调整，合同原定的价格对双方当事人仍有约束力，双方必须严格执行。

上述价格调整条款的基本内容，是按原料价格和工资的变动来计算商品的最终价

格。这种做法已被联合国欧洲经济委员会纳入其所制定的一些“标准合同”之中，而且应用范围已从原来的机械设备交易扩展到一些初级产品交易，因而具有一定的普遍性。在使用这类条款时必须注意工资指数和原料价格指数的选择，并在合同价格调整条款中具体写明。

此外，在国际货物贸易中，人们有时也应用物价指数作为调整价格的依据，如合同期间的物价指数发生的变动超出一定的范围，价格即做相应调整。

总之，在使用价格调整条款时，合同价格的调整是有条件的。用来调整价格的各个因素在合同期间发生的变化，如约定这种变化必须超过一定的范围才予调整，则未超过限度的不予调整。

习　题

一、名词解释

1. 贸易术语
2. CIF（《2020 通则》）
3. DDP（《2020 通则》）

二、简答题

1. 请解释 FOB、CFR 和 CIF 三种贸易术语的主要区别。
2. 在国际贸易中，如何根据货物的特性和运输条件选择合适的贸易术语？

第七章
国际结算条款

随着国际货物买卖专业性和复杂性的不断提高，货币所有权的转移逐渐在时间与空间上与货物所有权的转移相脱离，成为一种相对独立的、自足的业务。国际贸易结算是指在国际贸易合同项下回收货款时使用的工具、方式和途径，以及伴随货款支付衍生出的大量国际贸易融资活动，是国际贸易活动中极为重要的组成部分，全面而深刻地影响着国际货物买卖当事人之间的收益和风险划分。

现代国际结算活动发生在由票据、票据流转所依赖的国际银行系统及相关国际惯例和法律制度等共同构成的国际结算体系中。这一点可以从以下案例分析得知。

假设伦敦的进口商 A 与纽约的出口商 B 达成一笔金额为 100 万美元的商品买卖合同。按照合同约定，出口商 B 向进口商 A 交付一批价值 100 万美元的商品，进口商 A 则应支付相对应的货款。他们可以约定这笔货款使用现金支付，从现代意义来讲，就是使用银行资金进行结算。进口商 A 可以将等值的英镑汇入出口商 B 在伦敦开立的银行账户内，也可以从外汇市场购入 100 万美元，然后汇入出口商 B 在纽约开立的银行账户内。由于上述贸易结算涉及资金的国际汇兑，当事人不但要面对对方可能违约的商业风险，还要承担外汇市场汇率风险，即美元与英镑的兑换比例可能会发生不利于当事人的变化。

如果这时刚好有另一对商人，即在伦敦的出口商 C 与在纽约的进口商 D，他们也达成了一笔金额为 100 万美元的商品买卖合同。伦敦的出口商 C 是卖方，纽约的进口商 D 是买方。

这两笔合同的交易如图 7-1 所示。

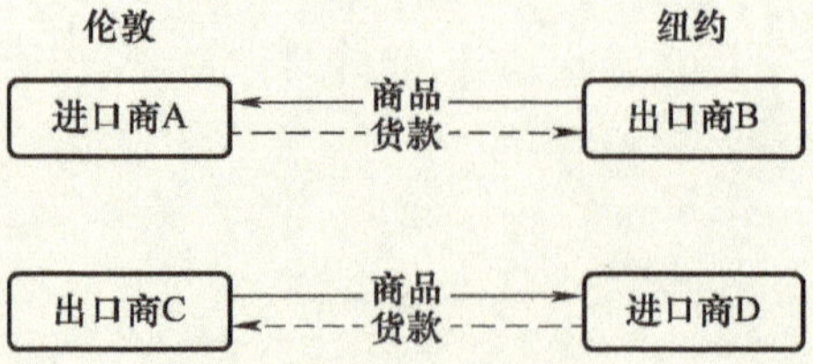

图 7-1　传统直接结算流程

在现金结算方式下，这两笔交易中的货款支付都是通过资金的跨国转移来实现的，但资金流动方向相反，是两笔独立的结算行为。

在现代结算体系内，上述交易中的货款支付可以通过使用票据来完成。此时，出口商 B 签发一份命令进口商 A 付款 100 万美元的汇票，然后将票据贴现转让给同在纽约的进口商 D，并从进口商 D 那里获得融通资金。进口商 D 受让该汇票后，在票据到期前可以继续转让给出口商 C。由于该汇票代表收款的权利，因此是有价值的，可以视为进口商 D 向出口商 C 支付了货款，从而完成了付款义务。此时出口商 C 持有该票据，在票据到期日持票向进口商 A 进行提示，要求进口商 A 付款。进口商 A 支付 100 万美元等值英镑给出口商 C，完成结算，如图 7-2 所示。

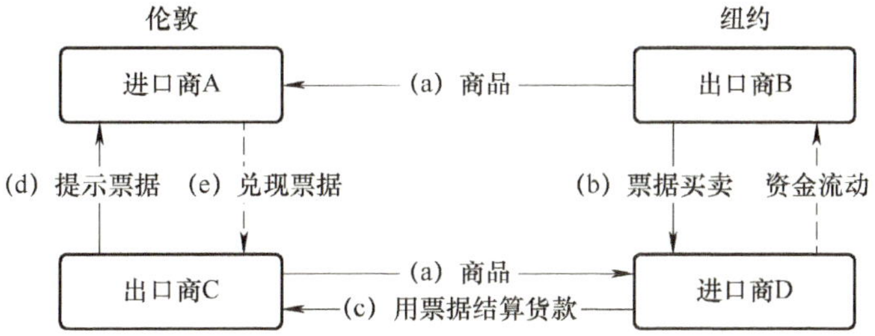

图 7-2　现代国际结算流程

从上述结算流程可以看出，在以票据而不是现金为结算工具的情况下，国际结算流程发生了变化，以票据为中心的现代国际结算具有明显的优势。首先，票据代替现金实现了资金的跨国转移。其次，结算资金的流动方向由原来的跨国流动转变为局限在同城内的流动。两笔交易中的买卖双方都各取所需，但是涉及资金的实际流动发生了变化。比如，进口商 A 原本应付款给出口商 B，但进口商 A 的资金实际流向出口商 C。按合同规定，出口商 B 应从进口商 A 那里收到货款，但实际上是从进口商 D 那里获得资金。尽管资金的实际流动路径与传统结算方式有明显区别，但是所有当事人的债权债务关系都得到了正确解决。

第一节　国际结算支付工具

票据作为现金流动的载体，在国际贸易中被广泛接受和使用，是现代国际结算体系中的基本支付工具。要想充分理解票据在现代国际结算中的核心地位，有必要对现代国际结算体系的特点进行初步阐述。

国际贸易的迅速发展催生出对国际结算业务的巨大需求，人们需要高效、经济和安全的方式来处理国际大量的债权债务问题。国际结算体系是现代国际贸易体系必不可少的组成部分，其效率依赖于各国金融市场与机构间在深层次上的协作，是保障国际贸易快速增长的前提条件。

随着贸易量的扩大，人们不断地将技术手段应用于国际结算领域，以提高结算效率，降低资金在国际转移过程的阻碍和损耗，减少资金转移过程中发生的担保费和手续费等支出。国际销售合同中买卖双方往往面临各种风险，如市场风险、信用风险、政治风险等。通过对结算货币、结算工具和结算方式的选择和权衡，当事人还可以合理利用国际结算体系，在一定范围内降低甚至避免潜在风险可能导致的意外损失。卖方得到货款，买方得到合格的货物。因此，资金转移的效率、成本和风险等因素是现代国际结算体系需要解决的核心问题。

除了资金跨境流动外，国际贸易信用融资现象也正在成为国际经济与贸易活动中的重要内容。国际贸易中的许多环节，如产品设计、生产、采购、包装、运输、保险、报关和支付等，都有可能因为当事人临时的资金短缺而中断。通过给予信用的方式，如延期或提前付款、银行贷款、票据贴现、信用额度等，当事人能够及时获得资金融通和周转，使得合同得以平稳履行。国际贸易中货款支付与信用融资行为交织在一起，表现为大量的国际汇兑行为，构成国际金融市场特别是外汇市场交易的重要内容。

现代国际结算的特征主要体现在以下几点：

1）从现金结算到票据结算。国际结算伴随着国际贸易的产生而出现。早在16—17世纪，早期的票据就开始在欧洲大陆使用。从那时起，国际贸易结算就逐渐从以现金（金银货币）结算发展到以票据结算。随着国际贸易的迅速发展和有关票据法律制度的建立与完善，票据在国际结算中的优越性日益显著，并最终取代现金成为基本结算工具。在现代经济中，票据的使用已经普及到国内和国际几乎所有经济交易中。

2）从买卖双方直接结算到通过银行进行结算。现代国际贸易结算已经形成以银行为中心、支付和融资相结合的模式。借助高效的银行结算系统，买卖双方能以极低的成本获得银行提供的高质量专业结算服务，使资金得以安全、迅速的转移。通过银行进行结算，买卖双方还能从银行获得担保和融资等便利。

3）从凭实物结算到凭单据结算。随着运输技术和价格条件的变化，现代国际贸易的交货方式逐渐从过去的“实际交货”发展到“象征性交货”。“象征性交货”是指卖方以向银行或买方提交全套合格的货运单据作为其履行合同交货义务的证明，即以“交单”代替“交货”。在“象征性交货”中，卖方只需将货物交给指定承运人并缮制单据，而无须将货物置于买方的实际控制之下。即使货物实际上已在运输途中遇险受损，卖方仍然可以凭借全套合格单据要求买方支付货款。同样，合同中卖方承担的其他义务，通常都要求提供相关单据作为证明。买卖双方之间凭单据结算的做法，在某种程度上成为一种独立于货物买卖合同的关于单据的买卖。国际结算业务通常需要处理的单据多种多样，包括合同、运输单据、保险单据，以及在报关、商检、银行等环节需要的各类证明文件等。

那么，在国际结算体系与实践中使用票据有哪些好处呢？首先，使用票据代替现金，可以避免跨国转移过程中转移现金可能发生的磨损和麻烦，大大降低携带、保管、运输以及相关手续的费用支出。其次，票据带来资金流动方向的变化，即由现金直接结算中的跨国流动转变为在票据结算中的资金同城流动，这进一步降低了资金结算成本和风险。由于流通中的票据可以被多个合同的当事人持有和转让，一张票据可以解决多个债权债务关系，而且流通票据在到期之前不必兑现，因此具有作为信用工具实现资金融通的功能。

一、什么是票据

1. 票据的含义

票据是现代国际结算业务中使用的基本工具，人们通常在广义和狭义两个层面上理解和使用这个概念。广义的票据是指一切有价证券和商业凭证，包括汇票、本票、支票、股票、债券、提单、发票等。广义票据的界定过于宽泛，难以突出体现票据的独特作用，因而对认识和应用票据的帮助不大。狭义的票据是指以支付金钱为目的的有价证券，是指由出票人签发的、无条件约定由自己或委托他人于一定日期支付确定金额的书面承诺或命令。狭义票据仅指汇票、本票和支票 3 种有价证券。国际结算中的票据通常是指狭义的票据。

2. 票据权利

票据权利，简单来说，是指持票人享有的、索取一定金钱的权利。合法持有票据的人会获得票据权利。具体来说，票据权利包括 3 项基本内容：①要求票据指定付款人付款的付款请求权（第一次请求权）；②票据被拒绝承兑和支付后持票人对前手的追索权（第二次请求权）；③票据到期前持票人有权将票据流通转让给他人。

票据权利在设立票据后产生，在票据被兑现或者票据过期后消灭。

3. 票据作用

结算作用是票据的基本职能。国际结算的基本方法是非现金结算。在非现金结算条件下，要结清国际债权债务关系必须使用一定的支付工具，而票据可以充当这种支付工具。

信用作用是票据的核心功能。票据本身是无价值的，之所以具有结算作用及其他作用，是因为它是建立在信用基础上的书面支付凭证。出票人在票据上立下书面的支付信用保证，付款人或承兑人按票面规定履行付款义务；票据可以经背书从前手转让给后手，并且可以多次背书转让。背书人对票据负有担保付款的义务，背书次数越多，票据负责人越多，票据担保性越强。

随着商品贸易及劳务交换的发展，不同国家或地区之间的货币兑换和资金转移成为一种需要。由于直接运送现金不方便，通常在一个国家将现金转化为票据，再到另一个国家将票据转化为现金，或对未到期的远期票据进行贴现和再贴现，持有者通过卖出票据而获得现金，还可以将票据抵押给银行，进行抵押贷款融资。

4. 票据的当事人

一般而言，票据有 3 个基本当事人，即出票人、付款人、收款人，此外还有背书人、承兑人、持票人等在特定情境下会出现的角色。

（1）出票人

出票人（Drawer）是指开立票据、在票据上签章，并交付给他人的人。票据开立后，出票人对收款人及正当持票人承担票据在提示时付款人一定付款或承兑的保证责任；如果票据遭拒付、出票人被追索时，应负偿还票款的责任；在即期付款票据中或远期付款票据承兑之前，出票人是票据的主债务人。

(2) 付款人

付款人（Payer）是接受出票人支付命令的人。根据英文字面的含义，付款人又称为受票人（Drawee），即接受票据之人。

(3) 收款人

收款人（Payee）是票据上记载的收取票款的人，又称为受款人，是票据的主债权人。收款人有权向付款人要求付款，如遭拒绝，有权向出票人追索票款；收款人经票据背书转让成为票据的第一背书人时，同样承担付款或承兑的保证责任；当票据遭拒付、持票人向其追索时，应负责偿还票款，然后向出票人追索。

(4) 背书人

背书人（Endorser）是指收款人或持票人在收到票据后，经过背书，将票据转让给他人的人。背书人在票据上背书签字，就必须承担相应的法律责任；被背书人在汇票上再背书转让，成为第二背书人；再背书，成为第三背书人，依次类推。由此，票据可以连续转让。

(5) 承兑人

承兑人（Acceptor）是指同意接受出票人的命令并在票据正面签字的人。承兑人只存在于汇票关系中，本票和支票没有承兑行为，当然也就没有承兑人。承兑人一经承兑，出票人退居次债务人的地位，承兑人必须保证对其所承兑的票据付款。

(6) 持票人

持票人（Holder）是指票据的占有人，即票据的收款人、被背书人或来人。只有持票人才能向付款人或其他关系人要求履行票据所规定的义务。

二、票据的特征

票据具有一些独有的特征和功能，这使它与一般的商业凭证区分开来，成为国际结算领域不可替代的基础工具。

1. 设权性

票据及票据权利并不是自然就有的，而是需要通过完成特定行为、经过人为设定后才会成立。出票人通过出票行为（to draw）设立合格票据，票据权利随之产生。票据在行使过程中若发生丢失或者损毁，则票据权利也会随之消灭。票据权利的产生、转让与行使，与票据本身密不可分，因而票据属于一种完全证券。买卖双方基于销售合同形成的资金关系，是票据关系产生的基础原因或票据基础关系，属于普通民法调整的债权债务关系。如不经人为设立票据，这种票据原因并不会产生票据关系。

2. 无因性

票据是一种不需过问原因的证券，即票据的有效性不受票据原因的影响，受票人不能过问持票人取得票据的原因。这里的原因是指票据关系产生的基础关系。任何票据关系的产生总是有一定的原因，要么是出票人与付款人之间存在资金关系，要么是出票人与收款人、背书人和被背书人之间的对价关系。例如，出票人 A 出具以 B 为付款人的票据，而 B 之所以会接受票据上的债务，是因为出票人 A 在 B 那里有存款或补偿资金，或者出票人A对B有某种债权。

根据无因性，当票据关系成立时，票据当事人的权利和义务独立于票据原因，不受票据原因变动的影响。即使原来的票据原因已经不复存在，持票人依然有权利行使票据权利。无因性使票据得以广泛流通。

3. 要式性

要式性是指票据必须以法定方式做成，其形式和内容必须完全符合票据法。票据上记载的必要项目必须齐全，各个必要项目的格式必须符合法律规范。各项票据行为，如票据的出票、提示、承兑、背书、付款、追索和保证等，均应符合法定要求。要式性使票据成为一种独立完整的权利凭证。结合票据的无因性特征，人们常说票据是一种要式不要因的证券。

4. 文义性

文义性是指票据当事人的权利和义务完全由票据上的文义来确定。持票人按照票据上记载的内容行使其票据权利，而不能主张票据文义中没有记载的权利。票据债务人也仅对票据文义责任。任何人都不得以票据文义之外的事项改变票据权利和义务。背书人更改票据法定事项，只对其后手有效，不能要求前手对修改后的文义承担票据责任。

票据的要式性和文义性使得持票人凭票据自身，不必借助于对票据出票和转让等行为的追溯即可确定票据权利，是无因性得以实现的必要条件。

5. 流通转让性

流通转让性（Negotiability）是票据最具吸引力的特征之一。第一，票据可以通过背书交付或仅凭交付进行转让，不必通知票据债务人。第二，票据的受让人（即被背书人）只要是以善意并支付合理对价[㊀]而取得票据的，就可获得票据上的全部法律权利。受让人不受前手权利缺陷的影响，可以以自己的名义提出诉讼。因此，流通票据可以使持票人免除由于合同履行不当或票据使用不当带来的索赔或抗辩事项。这样，一张票据在经过多次转让之后，最后一个善意持票人的票据权利仍然是完整的。这种票据由于保护了善意持票人的最大利益，在市场上容易被接受，方便流通。

三、汇票

1. 汇票的概念

目前对汇票比较经典的定义来自《英国票据法》的第3条：

“汇票是由出票人向另一人签发的，要求即期、定期或在可以确定的将来时间，向某人或其指定人或来人无条件支付一定金额的书面命令。”

（A bill of exchange is an unconditional order of writing, addressed by one person to another, signed by the person giving it, requiring the person to whom it is addressed to pay on demand or at a fixed or determinable future time a sum certain in money to the order or specified person or to bearer.）

㊀ 对价是指任何“足以支持一项简单合约”之物（货物、劳务、货币等）。

《中华人民共和国票据法》第19条中对汇票的表述是：“汇票是出票人签发的，委托付款人在见票时或者在指定日期无条件支付确定的金额给收款人或持票人的票据。”

汇票中有3个基本当事人：出票人（Drawer）、付款人（Payer）和收款人（Payee）。在票据法律关系中，出票人出具票据，命令或委托付款人，在一定时间支付确定金额给收款人或其指定人。

汇票的使用过程中还会出现承兑人、参加承兑人、背书人、保证人、持票人等重要的当事人。其中，善意持票人（Bona Fide Holder）又称正当持票人（Holder in Due Course），扮演着特殊的角色。善意持票人能够获得票据上的完整权利，其权利不受前手权利缺陷的影响。成为善意持票人应满足5项条件：①前手背书是真实的；②汇票票面完整正常；③取得汇票时没有过期；④不知道汇票曾被退票，也不知道转让人的权利有何缺陷；⑤自己支付对价，善意地取得汇票。

2. 汇票的必要记载项目

（1）绝对必要记载项目

《中华人民共和国票据法》第22条中明确规定，汇票的必要记载项目包括“汇票”字样、无条件支付委托、确定的金额、付款人名称、收款人名称、出票日期、出票人签章7项。缺少其中任何一项，汇票无效。

1）“汇票”字样。汇票中必须写明“汇票”字样，如“Exchange”“Bill of Exchange”或“Draft”等，这样有利于与其他支付工具（如本票和支票等）相区别，实践中能方便票据的使用与操作。

2）无条件支付委托（Unconditional Order）。《中华人民共和国票据法》中将汇票视为一项支付委托，而《英国票据法》中称之为“书面命令”，两种称呼仅是在使用习惯上的差别，并无实质上的不同。

该项目反映出汇票与其他票据（如本票）的根本区别。第一，汇票是一道命令，而非“请求”。任何意见咨询或承诺保证等表述文句都不符合汇票的要求。第二，该命令必须是“无条件的”。这意味着付款不能是有限制或附带条件的，即汇票的文义不能附加任何条件。例如，“货物运出后10天付款”“金额从我方第1号账户中支付”等文句都是限制性文句，出现这种命令的汇票违背了票据无因性的基本特征，因而是无效汇票，不具备法律效力。

常见的汇票支付命令如“Pay to John Smith”或“Pay to ××× Co. or order”，而“Pay to…providing…”或“Pay to…on the condition that…”等支付命令是无效的。

3）确定的金额（a Sum Certain in Money）。汇票中的金额必须是确定的、可以执行的。如“about”（左右）、“circa”（大约）或“not less than”（不少于）等约量文字是不能出现在票据金额上的。

汇票金额必须用文字大写和数字小写同时记载。《中华人民共和国票据法》第8条规定，票据金额以中文大写和数字同时记载，二者必须一致，否则无效。票据金额、日期及收款人名称不得更改，否则无效。《英国票据法》和《日内瓦统一票据法》中规定，如果票据金额大小写不一致，以大写为准。

4）付款人名称。付款人（Payer）是指接受汇票命令的人，也称“受票人”（Drawee）。但是，付款人并不一定会承担付款的义务。只有付款人承兑汇票后，才会取代出票人成为票据的主债务人。

5）收款人名称。收款人（Payee）是汇票权利的最初持有人，是第一次的债权人，出现在支付命令“Pay to”的后面。我国习惯称票据的收款人为“抬头”。

“抬头”的写法不同，对汇票的使用影响极大。汇票“抬头”主要有以下3种记载方法：

① 限制性抬头。例如：“Pay to John Smith only”或者“Pay to John Smith not transferable”。这种抬头的汇票仅能由指定的收款人收款，不得流通转让。这种汇票的资金风险较小，但是由于流通和信用功能受到了限制，在国际结算实践中使用不多。

② 来人抬头。例如：“Pay to bearer”或“Pay to John Smith or bearer”。这种抬头不指定收款人名称，而只写明付给持票人或来人“bearer”。该写法仅在《英国票据法》中出现。该汇票的持票人无须背书，仅凭交付就可以转让票据，流通性极好。但由于不记名，因此存在遗失或被窃后被冒领的风险。《日内瓦统一票据法》和《中华人民共和国票据法》不允许汇票做成来人抬头。

③ 指示性抬头。例如：“Pay to John Smith”“Pay to John Smith or order”或“Pay to the order of John Smith”。这里的“to order”是指由指定的他人收款。这种抬头的汇票可以流通转让，但一般情况下需要经过法定手续——背书（Endorsement）。指示性抬头的汇票既可以实现流通转让，又可以避免仅凭交付转让存在的风险，在实践中使用范围最广。

6）出票日期（Date of Issue）。汇票中必须记载出票日期，否则汇票无效。记载出票日期的作用在于以下几方面：

① 确定票据的有效期。世界各国的票据法都规定，票据权利必须在法定的有效期内行使，超出有效期，票据权利会自动消灭。有效期根据出票日期计算。《中华人民共和国票据法》规定，见票即付的汇票，有效期为出票日起2年。《日内瓦统一票据法》规定，即期汇票的有效期为出票日起1年内。

② 决定付款的到期日。部分远期汇票的到期日是以出票日期为基础计算的，如出票后定期付款。例如，“At 30 days from the date of issue pay to...”，即“出票日期后30天付款”。

③ 决定出票人的行为能力。如果出票人是法人，则可以判断出票时该法人是否已经成立或是否已宣告破产，从而判明汇票是否有效。

7）出票人签章。设立票据时，票据必须经过出票人签字后才能成立。出票人在汇票签字以示为汇票承兑和付款担保，对票据上的债务负责。汇票上没有出票人签章，或者签章是伪造的，票据均不能成立。

（2）相对必要记载项目

除了《中华人民共和国票据法》规定必须记载的项目以外，汇票中还应包含以下3个相对必要记载项目。所谓“相对必要”，是指如果不记载不会影响汇票的法律效力。

但由于此类项目的重要性，通常情况下应当予以记载。如果没有，则会默认引用其他的习惯规定予以确定。

1）出票地点。出票地点是指出票行为发生的地点，对国际汇票具有重要意义。根据国际法中适用行为地法律原则，当有关出票行为发生法律纠纷时，以出票地点所在国家的法律为准。《中华人民共和国票据法》规定，汇票上未记载出票地的，出票人的营业场所、住所或者经常居住地为出票地。《日内瓦统一票据法》第 2 条规定，未载明出票地者，以出票人姓名旁边所记载之地点为出票地。

2）付款地点。付款地点是持票人提示票据要求承兑或付款的地点，也是拒绝付款时持票人请求做出拒绝证书的地点。票据上载明付款地点的好处在于避免持票人随地请求，减少纠纷，票据涉及诉讼时，便于确定诉讼法院。《中华人民共和国票据法》规定，票据上未载明付款地点的，视付款人的营业场所、住所或者经常居住地为付款地点。《日内瓦统一票据法》第 2 条规定，未载付款地者，以付款人姓名旁所记载之地点，或付款人当时之住所视同付款地点。

3）付款日期。付款日期又称为付款期限（Tenor）或付款到期日（Maturity），是指付款人履行付款义务的日期。汇票上关于付款日期的记载有 4 种形式：

① 见票即付，如“At sight pay to...”或者“On demand pay to...”。

② 出票后定期付款，如“At 30 days after date pay to...”（出票后 30 天付款给……）。

③ 见票后定期付款，如“At 90 days after sight pay to...”（见票后 90 天付款给……）。

④ 定日付款，又称“板期”，如“On Aug. 28th，2015 pay to...”（定于 2015 年 8 月 28 日付款给……）。

如汇票中未载明付款期限，视为见票即付。

3. 任意记载项目

任意记载项目是由出票人根据需要记载的限制或免除责任的内容。

（1）担当付款人

担当付款人（Designated as Payer）是指出票人根据与付款人的约定，在出票时注明或由付款人在承兑时指定的代为付款的人，目的是方便票款的收付。

担当付款人仅为代理票据款项的收付，不是票据上的债务人，不承担票据上的责任。

（2）预备付款人

当付款人拒绝承兑或付款时，持票人可以向预备付款人（Referee in Case of Need）请求承兑或付款。预备付款人代替票据承兑人进行承兑后就成为票据的债务人，到期要履行付款责任。

（3）免作拒绝证书和拒付通知

拒绝证书（Protest）是指付款人当地的公证机构等在汇票被拒付时出具的书面证明。拒付通知（Notice of Dishonor）是指持票人向前手追索前，按法律要求，应向被追索的前手发出拒付通知，目的是让前手做好被追索的准备。

正常情况下，当发生拒付时，持票人须获得拒绝证书，并事先发出拒付通知，方能向前手进行追索。若汇票中载有免作拒绝证书或免作拒付通知条款，则持票人在被拒付时无须申请拒绝证书，或者无须发出拒付通知，直接向做出此表示的前手进行追索。

（4）免于追索

出票人和背书人在转让票据时可使用该条款免除自己在票据拒付时被追索的责任。其效果相当于背书人将自己从票据债务人队列中划掉。《英国票据法》第 18 条和《美国统一商法典》第 3 条、第 4 条都允许出票人在汇票上注明“不得向出票人追索”字样，使自己免除担保付款的责任。但《日内瓦统一票据法》认为，出票人只能免除担保承兑的责任，而不能免除担保付款的责任，因此出票人不能使自己免于追索（Without Recourse）。

出现“免于追索”字样的汇票，由于缺少担保，因此一般不被接受，不易流通。

（5）付一不付二，付二不付一

汇票的使用经常是成套使用，一套两张汇票。当其中一张汇票被兑现后，另一张则自动失效。因此，汇票上会注明“付一不付二”［First(Second being Unpaid)］或“付二不付一”［Second(First being Unpaid)］。

汇票的样例如图 7-3 和图 7-4 所示。

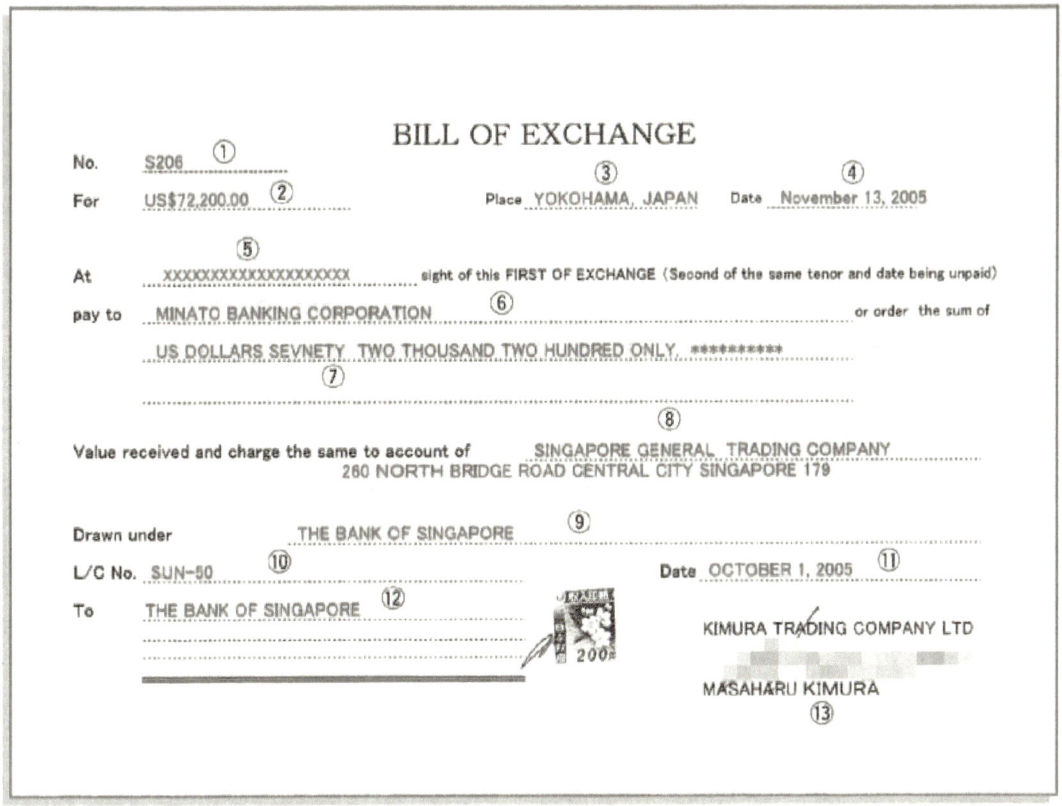
BILL OF EXCHANGE

No. S206 ①

For US$72,200.00 ②

Place YOKOHAMA, JAPAN ③　Date November 13, 2005 ④

At XXXXXXXXXXXXXXXXXXXX ⑤ sight of this FIRST OF EXCHANGE (Second of the same tenor and date being unpaid)

pay to MINATO BANKING CORPORATION ⑥ or order the sum of

US DOLLARS SEVNETY TWO THOUSAND TWO HUNDRED ONLY. ********** ⑦

Value received and charge the same to account of SINGAPORE GENERAL TRADING COMPANY ⑧
260 NORTH BRIDGE ROAD CENTRAL CITY SINGAPORE 179

Drawn under THE BANK OF SINGAPORE ⑨

L/C No. SUN-50 ⑩　Date OCTOBER 1, 2005 ⑪

To THE BANK OF SINGAPORE ⑫

KIMURA TRADING COMPANY LTD

MASAHARU KIMURA ⑬

①—汇票号；②—小写票据金额（阿拉伯数字）；③—出票地点；④—出票日期；⑤—付款期限；⑥—收款人名称（抬头）；⑦—大写票据金额；⑧—相关货物信息；⑨—信用证开证银行；⑩—信用证号码；⑪—信用证开证日期；⑫—付款人名称；⑬—出票人签名盖章

图 7-3　国外汇票样例

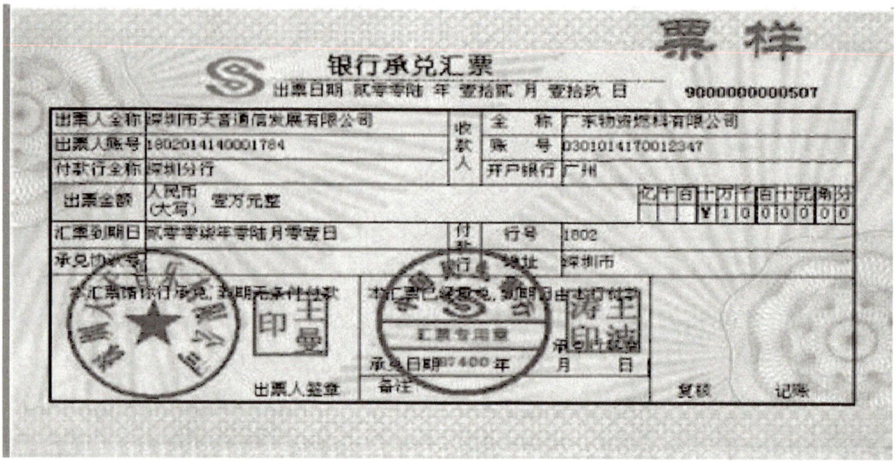

图 7-4　国内银行承兑汇票样例

4. 汇票的种类

根据当事人不同和付款期限的差异，汇票可以分为不同的种类。

（1）即期汇票和远期汇票

即期汇票是指命令付款人见票即付的汇票。所谓“见票”，是指持票人将票据当面提示给付款人。

远期汇票是指必须到约定日期方可请求付款的汇票，包括出票日后定期付款汇票、见票后定期付款汇票、定期付款汇票等。国际上还有“提单日期后定期付款”的汇票，但目前《中华人民共和国票据法》尚未规定此种做法。

（2）银行汇票和商业汇票

这两种汇票的区别在于出票人和付款人的不同。银行汇票的出票人和付款人都是银行。商业汇票的出票人是工商企业或个人，付款人可能是企业、个人或银行。

（3）银行承兑汇票和商业承兑汇票

银行承兑汇票是指汇票上的付款人是银行，由银行承兑的汇票。银行成为银行承兑汇票的主债务人。

商业承兑汇票是指建立在商业信用基础之上的，由工商企业或个人承兑的远期汇票。

5. 票据行为

票据行为（Acts Under a Bill）是指依据票据上规定的权利和义务所确立的法律行为。从汇票使用的过程来说，票据行为一般包括出票、提示、承兑、付款、背书、保证、追索等。

（1）出票

出票是指出票人将空白的票据填写上必要的记载事项，使之生效，并交付收款人的行为。汇票通常需要签发一式两份，分别寄发以防丢失。出票是设立票据关系的行为，是票据流通过程的起始。

（2）提示

提示是指持票人向付款人提交汇票要求承兑或付款的行为。根据目的不同，提示可以分为付款提示和承兑提示。

（3）承兑

承兑的作用在于确认付款人的付款责任。付款人在承兑之前，并不是票据关系中的债务人。此时如果付款人拒绝承兑，持票人只能对其前手和出票人进行追索。出票人是未经承兑汇票的主债务人。付款人在承兑汇票后取代出票人成为票据的主债务人，承担付款责任，出票人变为从债务人。

承兑的具体做法是，远期汇票的付款人在持票人提示汇票上写明“承兑（Accepted）”字样——注明承兑日期并签字，将已承兑汇票交付持票人。

（4）付款

付款是指付款人或承兑人于持票人付款提示后支付票款的行为。有效付款后票据上的一切债权债务关系即告结束，票据关系消灭。

（5）背书

背书是指持票人在汇票背面签字，表示同意转让票据权利的行为。背书一般包含两个动作：一是持票人在汇票背面签字，或再加上受让人的名字；二是持票人将经过背书的汇票交付给受让人。在汇票上背书转让票据权利的持票人称为背书人或转让人或前手，受让票据权利的一方称为被背书人或受让人或后手。

背书人对被背书人及所有后手有担保承兑和担保付款的责任。当票据发生拒付时，背书人须接受持票人的追索。汇票可以经过多次背书实现连续转让。背书的次数在法律上没有限制。如果票据的背面背书记载不够用，还可以在粘单上继续背书。

根据记载的内容不同，背书一般有以下两种形式：

1）特别背书（Special Endorsement）。特别背书又称记名背书、完全背书或正式背书。背书人在背书时，除了需要有背书人签章和背书日期外，还要注明被背书人的名称。特别背书后的汇票，持票人再次转让时，必须以背书方式进行。

当票据以特别背书方式进行多次转让时，票据背面的签名是连续的。

2）空白背书（Blank Endorsement）。空白背书又称无记名背书，是指背书时背书人仅记载自己的名称和背书日期，不记载被背书人名称的做法。当空白背书的被背书人继续转让票据时，可以不经背书仅凭交付将票据转让给后手。此时由于没有在汇票上留下签名，当汇票发生拒付时，该持票人可以不承担票据责任。㊀

（6）保证

保证是指对票据上的债务进行担保的行为。保证由票据债务人以外的他人提供，目的是增加票据的信用，以便票据的使用和流通。保证人与被保证人在票据债务方面的地位是相同的，与被保证人一起对持票人负连带责任。保证人清偿汇票债务后，可以行使对被保证人及其前手的追索权。

㊀《中华人民共和国票据法》不认可“空白背书”这种形式。

保证不得附有条件。附有条件的保证，保证有效，条件无效。

（7）追索

追索是指持票人在汇票被拒付时，向其前手请求偿还票据金额及其他费用的行为。持票人行使追索权须满足3个条件：①票据必须在法定期限内进行提示；②须做成拒绝证书；③向前手发出拒付通知。

如果汇票中有免作拒绝证书或免作拒付通知记载，则可以免除②③两项条件，直接向该前手行使追索权。

四、本票

1. 本票的概念

《英国票据法》中对本票的定义是："本票是一项无条件的书面支付承诺，由一人做成，并交给另一人，经制票人签名承诺即期或定期或在可以确定的将来时间，支付一定数目的金额给一个特定的人或其指定人或来人。"（A promissory note is an unconditional promise in writing made by one person to another, signed by the maker, engaging to pay, on demand or at a fixed or determinable future time, a sum certain in money, to, or to the order of, a specified person or to bearer.）

《中华人民共和国票据法》第73条对本票的定义是："本票是出票人签发的，承诺自己在见票时无条件支付确定的金额给收款人或者持票人的票据。本法所称本票，是指银行本票。"

简单来说，本票是两个当事人之间有关支付一定金额的书面承诺。本票与汇票之间的区别主要在于，本票的制票人承诺自己支付给收款人，而不是汇票中出票人命令第三方去支付给收款人。

本票中的基本当事人有两个，即制票人（Maker）和收款人（Payee）。

国内本票样例如图7-5所示。

2. 本票的记载项目

《中华人民共和国票据法》第75条规定，本票的必要记载项目有：①表示"本票"的字样；②无条件支付的承诺；③确定的金额；④收款人名称；⑤出票日期；⑥出票人签章。

本票中的其他记载事项与汇票基本相似。本票中的票据行为也大多适用汇票的规定。例如，《中华人民共和国票据法》第80条规定："本票的背书、保证、付款行为和追索权的行使，除本章规定外，适用本法第二章有关汇票的规定。本票的出票行为，除本章规定外，适用本法第二十四条关于汇票的规定。"

3. 本票的种类

（1）银行本票和商业本票

银行本票的出票人是银行。它是应客户的要求，客户将款项存交银行，由银行签发给其凭以办理转账结算或支取现金的票据。银行本票基于银行信用，拒付风险极小，在有效期内可以代替现金流通。

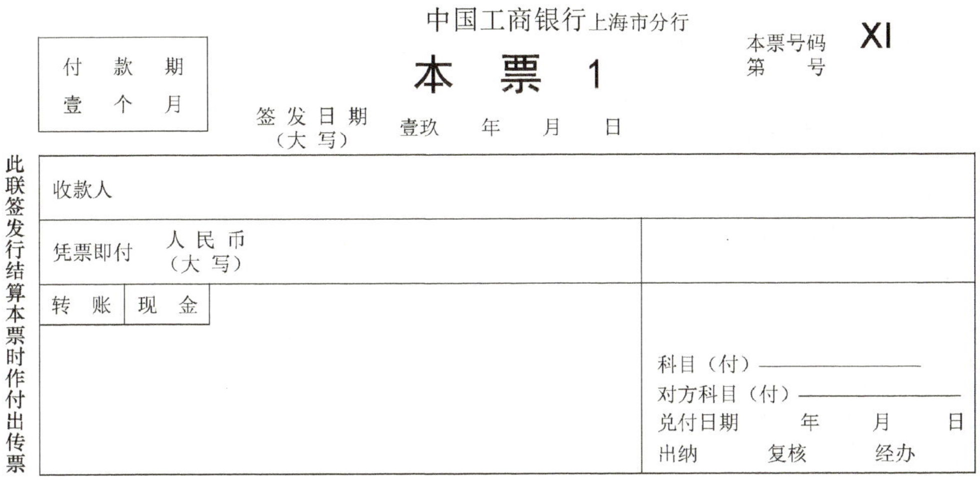
中国工商银行上海市分行

本　票　1

本票号码　XI
第　　号

付　款　期
壹　个　月

签发日期（大写）　壹玖　　年　　月　　日

此联签发行结算本票时作付出传票

收款人

凭票即付　人民币（大写）

转　账　现　金

科目（付）
对方科目（付）
兑付日期　　年　　月　　日
出纳　　复核　　经办

图 7-5　国内本票样例

商业本票由企业或个人签发。由于商业本票建立在商业信用的基础上，除非是信誉卓著的大公司，一般企业较少发行本票。[⊖]

（2）即期本票和远期本票

根据记载付款期限的方式不同，本票可分为即期本票和远期本票。即期本票是指见票即付的本票，银行本票即是即期本票。远期本票是指在未来某一日期付款的本票。远期本票分为定日付款、出票后定期付款和见票后定期付款 3 种。

五、支票

1. 支票的概念

《英国票据法》对支票的定义为：支票是以银行为付款人的即期汇票。（Acheque is a bill of exchange drawn on a banker payable on demand.）

《中华人民共和国票据法》第 81 条规定，支票是出票人签发的，委托办理支票存款业务的银行或者其他金融机构在见票时无条件支付确定的金额给收款人或者持票人的票据。

从定义上看，支票是汇票的一种，其特别之处在于以银行为付款人。支票与汇票、本票有许多共同特征，所以在多数票据法中均有支票的有关事项适用汇票规定的做法。但在实践中，支票并不完全等同于汇票，在付款期限和票据行为等方面支票都有自身特殊的规定。例如，支票的使用需要以出票人与付款银行间事先达成相关协议为前提。支票的出票人所签发的支票金额不得超过其付款时在付款人处实有的存款金额，即禁止签发空头支票。正因如此，《日内瓦统一票据法》中将支票视为与汇票和本票并列的另一

⊖ 根据《中华人民共和国票据法》的规定，国内目前尚不允许发行商业本票。《中华人民共和国票据法》中规定的本票均为银行本票。

种有价证券，进行单独立法。

支票按用途不同可分为普通支票、现金支票和划线支票。普通支票可用于支取现金，也可以通过银行转账。现金支票仅能用于支取现金。划线支票又称转账支票，仅能用于转账，不能支取现金。

支票样例如图 7-6 和图 7-7 所示。

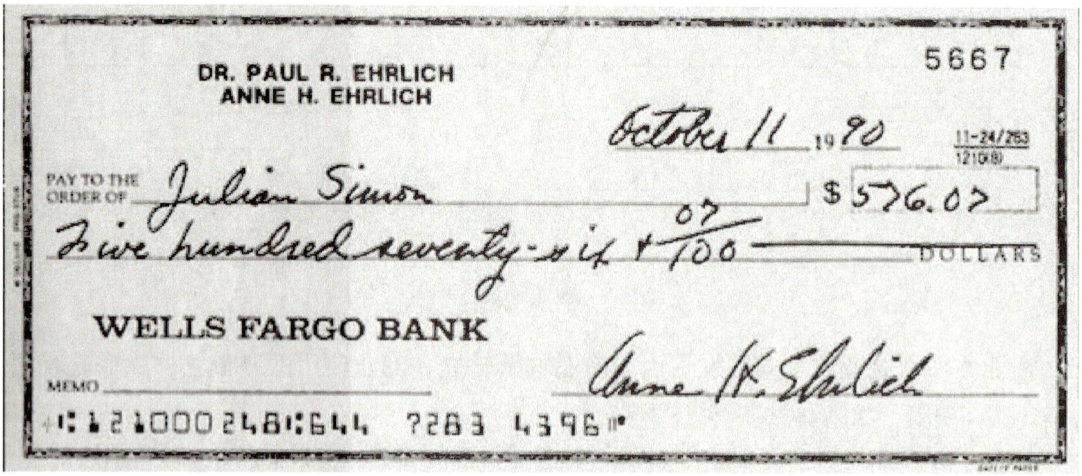
5667
DR. PAUL R. EHRLICH
ANNE H. EHRLICH
October 11 1990
11-24/283
1210(8)
PAY TO THE ORDER OF Julian Simon $ 576.07
Five hundred seventy-six + 07/100 DOLLARS
WELLS FARGO BANK
MEMO
Anne H. Ehrlich
⑆121000248⑆644 7283 4396⑈

图 7-6　国外支票样例

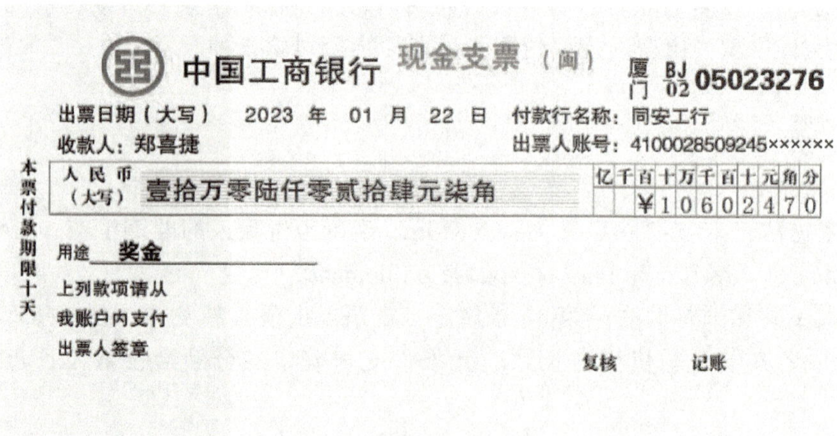
中国工商银行　现金支票（闽）　厦门 BJ 02 05023276
出票日期（大写）　2023 年 01 月 22 日　付款行名称：同安工行
收款人：郑喜捷　出票人账号：4100028509245××××××
本票付款期限十天
人民币（大写）　壹拾万零陆仟零贰拾肆元柒角

亿	千	百	十	万	千	百	十	元	角	分
		¥	1	0	6	0	2	4	7	0

用途　奖金
上列款项请从
我账户内支付
出票人签章
复核　记账

图 7-7　国内银行现金支票样例

2. 支票的记载项目

《中华人民共和国票据法》规定，支票的必要记载项目有：①表明“支票”的字样；②无条件支付的委托；③确定的金额；④付款人名称；⑤出票日期；⑥出票人签章。

支票上未记载前款规定事项之一的，支票无效。

由于支票的必要记载项目中未包括收款人名称，因此出具支票时可暂不填写收款人名称，后可经出票人授权补记。实际上，这允许了“来人抬头”的做法。

第二节　支付方式——汇付和托收

结算方式是指在国际结算中通过使用特定的结算工具，结清债权债务关系。其主要内容是关于结算工具（票据）的使用流程和方法。不同的结算方式会影响国际结算的速度、成本和风险等。

一、汇款

1. 汇款的定义

汇款（Remittance）又称汇付，是指银行应客户的委托，利用其银行分支网络，将一定款项交付收款人的结算方式。一般来说，进口商将货款交给进口地银行，委托银行通过一定的方式，使用一定的支付凭证，通过在出口地的代理行将款项交付出口商。

汇款业务中银行对进出口商的货物及代表货物的运输单据不承担任何责任，而是由出口商在装运货物后，自行将有关货物单据寄给进口商。所解付款项与货物及运输单据无关，因此汇款方式又被称作“单纯支付”。

在汇款业务中，结算资金和支付凭证的流动方向一致（均从进口商流向出口商），因此汇款属于顺汇业务。

2. 汇款的当事人

汇款方式通常涉及4个当事人，即汇款人、汇出行、汇入行和收款人。

1）汇款人（Remitter），即汇出款项的当事人，在国际贸易结算中通常是进口商。

2）汇出行（Remitting Bank），即接受汇款人委托办理汇款业务的银行，通常为进口商所在地的一家银行。

3）汇入行（Receiving Back）又称解付行（Paying Bank），即接受汇出行指令，向收款人解付款项的银行。

4）收款人（Payee），即收取款项的人，是汇款业务的受益人（Beneficiary），在国际贸易结算中通常是指出口商。

3. 汇款的流程

汇款的一般流程是：由进口商将款项交付汇出行，并填写汇款申请书；汇出行接受申请后，根据申请书内容向汇入行发出支付授权书（Payment Order，P. O.），在代理行协议内，指示汇入行解付相关款项给指定收款人（通常是指出口商）。汇入行严格按照汇出行的P. O.要求办理，将相应款项转入收款人账户或通知收款人收款。具体流程如图7-8所示。

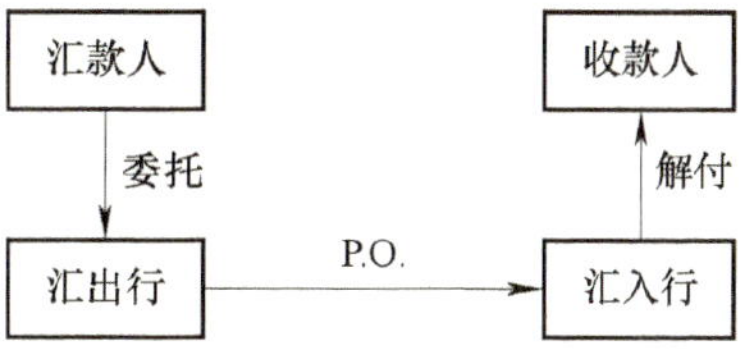

图7-8　汇款流程

4. 汇款的种类

汇款业务根据P. O.传递方式可以分为电汇、信汇和票汇3种。

电汇（Telegraphic Transfer，T/T）是指汇出行以

电信的方式将 P. O. 发送给汇入行。世界上任何地点间的电汇款项到账仅需 1～2 个银行工作日。现在银行常用可以自动加押的 SWIFT 标准报文格式传递 P. O. 。例如，在汇款中通常使用 MT103 标准汇款格式。由于 SWIFT 系统的普及，电汇速度快，费用逐渐降低，安全系数高，因此成为最常用的汇款方式。电报方式因费用高、易发生错误遗漏等逐渐被淘汰。

信汇（Mail Transfer，M/T）是指银行间使用银行信函，通过航邮（by Airmail）传递 P. O. 的方式。信汇方式成本低廉，但是由于邮寄信件速度慢，资金在途时间长，收款迟缓，现在很少使用这种方式了。

票汇（Demand Draft，D/D）是指应汇款人申请，汇出行开出银行汇票交给汇款人，由汇款人转交收款人以向汇入行提示付款。票汇中的 P. O. 是一张以汇出行为出票人，由汇入行为付款人的即期银行汇票。尽管使用银行汇票，但票汇业务仍然基于商业信用，即收款人收款成功与否最终取决于汇款人的信用，而非银行的承诺。由于使用银行汇票，因此票汇业务可以利用票据带来的流通便利。但汇票的传递环节多，速度较慢，且存在被窃、丢失等风险，因此其使用不如电汇方式普及。

汇款方式常用于国际贸易中预付货款和货到付款的情况。由于汇款方式属于单纯支付，货款流动与货物的转移相互分离，因此给卖方收款和买方收货带来了较大的风险。

二、托收

1. 托收的概念

托收（Collection）是委托收款的简称，其正式定义来自《托收统一规则》（《URC522》）第 2 条："托收意指银行根据所收的指示，处理金融单据和/或商业单据，目的在于取得付款和/或承兑，凭付款和/或承兑交单，或按其他条款及条件交单。"（Collection means the handling by banks of documents as defined in sub-Article 2（b），in accordance with instructions received，in order to：i. Obtain payment and/or acceptance，or ii. Deliver documents against payment and/or against acceptance，or iii. Deliver documents on other terms and conditions.）

上述定义中所涉及的金融单据（Financial Document）是指汇票、本票、支票或其他用于付款或款项的类似凭证；商业单据是指发票、运输单据、物权单据或其他类似单据，或除金融单据之外的任何其他单据。

托收业务中出口商除了使用票据外，通常还会附带代表物权的货运单据一并交付银行委托其向进口商收款。此时，托收业务中涉及的货款支付和货权转让形成相互制约，有效降低了交易中的履约和信用风险。

《托收统一规则》是目前国际上规范托收结算方式的国际惯例。

2. 托收的当事人

托收方式中的主要当事人有以下 4 个：

1）委托人，是指开出汇票委托银行办理托收业务的出口商。

2）托收人，是指接受出口商委托承办托收业务的银行，通常是出口商的往来银行。

3）代收行，是指在托收过程中，接受托收行指示，向进口商交单收款的银行，通常是托收行在进口商所在地的代理行或进口商的往来银行。

4）付款人，即国际贸易合同中的买方。

根据实际业务的需要，托收业务中还可能会出现其他的当事人，如提示行、需要时的代理等。提示行（Presenting Bank），即向付款人提示单据的银行，也称交单行，通常由代收行充当，但也可以由付款人的往来银行充当。如果托收失败，进口商拒绝付款或承兑，出口商的货物到达目的港后可能会处于无人接收的状况。出口商可事先指定某一代理人来照料货物并办理投保、转运或转售等必要手续。通常出口商会直接指定代收行作为“需要时的代理”（Principal’s Representative in Case of Need）。

3. 托收的类型

在实际业务中，根据托收目的、随附单据和交单条件的不同，托收可以分为以下几种：

（1）光票托收

光票托收是指不附带商业单据的金融单据的托收。出口商出具汇票，或附带发票、垫款清单等其他单据，但不包括代表物权的运输单据，交付并委托银行向进口商收款。

由于在光票托收中出口商缺乏对货物所有权的控制，因此收款风险较大。我国的光票托收一般只用于收取出口货款的尾款、样品费、定金、佣金、代垫费用和其他贸易小额费用等。

（2）跟单托收

跟单托收是指附带商业单据的金融单据的托收，或不附带金融单据的商业单据的托收。根据跟单托收的交单条件不同，跟单托收又分为付款交单和承兑交单两种。

1）付款交单（Documents against Payment，D/P）。付款交单是指出口商在托收委托书中指示托收银行，在买方付清货款后方可将商业单据交付给买方，即银行的交单以买方付款为条件，付款后才交单，不付款不交单。由于商业单据中包含代表物权凭证的运输单据，持有方可凭以实际控制货物。要求付款后才交单，体现了“一手交钱、一手交货”的货款对流原则，有效保护了贸易双方的利益。按照付款时间的不同，付款交单有即期和远期之分。

即期付款交单（D/P at Sight）是指付款交单下代收行第一次向进口商提示单据时，进口商应立即付款赎单。即期付款交单中出口商应开立见票即付的汇票。

远期付款交单（D/P after Sight）是指代收行第一次提示单据时，进口商并不付款，而是对单据中的远期汇票予以承兑。代收行继续持有全套单据，票据到期时代收行再次提示付款，进口商付款赎单。由于远期付款交单下经常出现货物已到达目的港而汇票尚未到期的现象，进口商无法及时提货易造成损失，因此《托收统一规则》中不提倡使用远期付款交单。

2）承兑交单（Documents against Acceptance，D/A）。在承兑交单中代收行向进口商交单的条件是进口商对出口商出具的远期汇票进行承兑，即进口商承兑后即可从银行取得商业单据并据以提货，待票据到期后再付款。

承兑交单中出口商在未获支付时就提前交单，放弃了货权，因而承担了极大的风险。

4. 托收业务的流程

托收业务的流程如图7-9所示（以即期付款交单为例）。

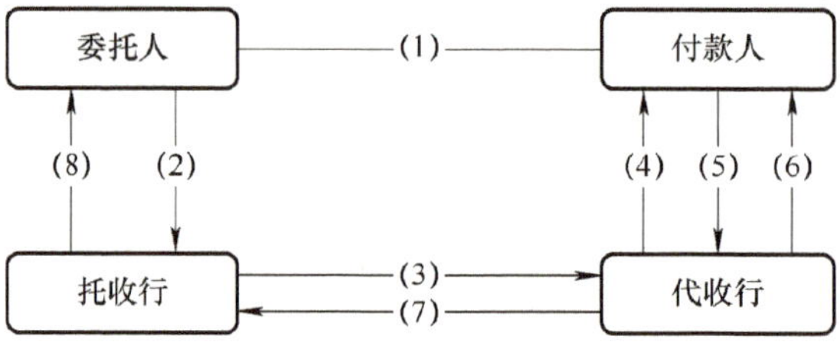

图7-9 托收业务的流程

1）进出口商在合同中约定采用托收方式支付货款。出口商备货、装运，并取得货运单据，制作汇票并缮制其他单据。

2）出口商填写托收申请书，开立以进口商为付款人的汇票，连同全套单据一并交给托收行。

3）托收行根据托收申请书制作托收指示书，连同其他单据寄交代收行。

4）代收行按照托收指示书要求向进口商进行提示。

5）进口商检验无误后付款赎单。

6）代收行收款后向进口商交单。

7）代收行收妥货款后将款项划拨托收行。

8）托收行将相应款项交付出口商，完成托收。

5. 托收的特点

（1）基于商业信用

银行接受出口商的收款委托，是托收业务的实际完成人，但是无论托收行还是代收行，都未对托收提供担保，即托收成功与否，完全依靠买卖双方的商业信用。银行仅依据托收委托书和托收指示书的指令行事，并不保证一定会收到款项。

（2）具有比较强的安全性

在付款交单项下，银行交单以进口商付款为条件。相对汇款这种单纯支付方式来讲，托收结算方式有助于降低交易中的信用风险，能较好地保障双方的利益。

（3）资金负担不平衡

托收业务中出口商需要先行安排货运，然后才能缮制汇票和单据，并委托银行向进口商收取货款。出口商要负担从货物装运到收回货款期间的全部资金压力，而进口商相当于在此期间占用了出口商的资金。因此，出口商在托收业务中实质上对进口商给予了资金融通。

（4）风险承担不平衡

出口商在托收业务中承担较大的风险。除了货物运输风险外，出口商还要面临市场价格变化或其他原因导致的进口商拒付或要求降价的风险。

第三节 支付方式——信用证

信用证是目前相对比较完善的结算方式，在国际贸易结算中占据极其重要的地位。它集货款支付与贸易融资于一体，为进出口商提供比较充分的银行信用保障和全方位的服务。

一、信用证的定义

在《UCP600》中，信用证被定义为："一项不可撤销的安排，无论其名称或描述如何，该项安排构成开证行对相符交单予以承付的确定承诺。"（Credit means any arrangement, however named or described, that is irrevocable and thereby constitutes a definite undertaking of the issuing bank to honor a complying presentation.）

简单来说，信用证（Letter of Credit）是指由银行开立的有条件的承诺付款的书面文件。在信用证业务中，开证银行（即开立信用证的银行）应进口商请求，以出口商为受益人，开立以银行为最终付款人的付款承诺。这里提及的"条件"，是指受益人须向银行提交符合信用证要求的单据，银行取代进口商承担第一性付款责任。

信用证有信开和电开两种形式。信开信用证是指以信函格式开立的信用证。开证行将信用证正本用邮寄的方式寄给通知行，由其转递给受益人。电开信用证是以电报、电传等形式开立的信用证。通过专用计算机系统和网络传递的 SWIFT 信用证，具有标准化、格式统一、效率高、出错率少、费用合理等优点，受到了各国银行的青睐。

二、信用证的性质

信用证方式反映了当事人之间（即进出口商与开证行之间）的 3 种契约关系。第一种是进出口商之间的买卖契约关系，由他们之间的销售合同约束。按合同约定，出口商应向进口商按时、按质、按量履行交货义务，而进口商则应支付货款。第二种契约关系由进口商向银行申请开立信用证时填写的开证申请书约束，是进口商与开证银行之间就付款赎单达成的约定。开证行保证向进口商提交符合信用证要求的全套单据，进口商则应立即付款赎单。若单据与约定不符，进口商可拒绝付款。信用证则反映了开证行与受益人之间的契约关系（即第三种契约关系），其内容体现为信用证内的各项条款。若受益人提交的单据构成相符交单（Complying Presentation），则开证行必须兑现其在信用证中的付款承诺。信用证中的契约关系决定了信用证具有独特的性质。

1）信用证是一种银行信用。信用证业务中银行承担第一性的付款责任。出口商发出货物后，是向开证行而不是进口商收取货款。如果进口商拒绝或无力支付货款，出口商依然能够从开证行得到支付，只要能做到相符交单即可，相关风险和损失由开证行负担。因此，信用证业务中出口商设立汇票时，应以开证行或其指定的付款银行作为票据中的付款人。

2）信用证是独立文件。虽然信用证的开立基于销售合同，但其一经开出，便不再依附于销售合同，成为独立的、自足的文件。开证行只对信用证负责，对进出口商是否真实履行合同义务不承担任何责任。

《UCP600》第4条规定，信用证与可能作为其开立基础的销售合同或其他合同是相互独立的。即使信用证中含有任何对合同的援引，银行也与合同无关。

3）信用证是一种单据买卖。在信用证业务中，银行处理的是单据，而非销售合同中的货物、服务或履约行为。因此，银行只关注出口商提交单据的表面真实性和完整性，要求做到“单单一致”和“单证一致”。至于实际货物是否符合合同中的描述，银行既不关心，也不承担任何责任。进口商在信用证中列出的针对出口商履约的各种条件，必须要具体化到能以单据来证明，即信用证条款的“单据化”。银行对不能“单据化”的信用证条款不予理会。

三、信用证当事人

相对汇款和托收方式，信用证业务流程复杂、环节多，涉及当事人也比较多。

1. 开证申请人

开证申请人（Applicant）是指向银行申请开立信用证的当事人，一般指销售合同中的买方（进口商）。

2. 开证行

开证行（Issuing Bank 或 Opening Bank）是指应申请人请求开立信用证，并对受益人承担第一性付款责任的银行。

3. 受益人

受益人（Beneficiary）是指有权使用信用证，从开证行或其指定银行获取付款的当事人，一般为销售合同中的卖方（出口商）。

4. 通知行

信用证业务中的通知行（Advising Bank）是指受开证行指示，向受益人（出口商）转递信用证的银行。通知行通常由开证行选定，是受益人所在地的代理行。通知行负责将信用证和可能的修改通知转递给受益人，并须审核信用证的表面真实性，以保护受益人的利益。

5. 议付行

议付行（Negotiation Bank）是指被开证行授权从受益人手中购入汇票及全套单据的银行。通过议付，议付银行向受益人提供了资金融通。议付行可向开证行、付款行、保兑行或偿付行进行索偿以收回向受益人垫付的款项。《UCP600》中取消了“议付行”的定义，但是在实践中“议付”业务仍然被广泛应用。承做“议付”业务的银行往往就是通知行。

在信用证业务中，经常会出现其他一些比较重要的当事人，如保兑行、付款行和偿付行等。保兑行（Confirming Bank）是指应开证行的要求在信用证加具保兑的银行。保兑行的付款责任同开证行一样。一些小银行往往寻求实力强的大银行加具保兑以增加其签发信用证的信用。付款行又称解付行（Paying Bank）是指开证行在信用证中指定的另外一家充当信用证项下汇票付款人或偿付信用证项下款项的银行。付款行与开证行具有相同的审单和付款责任。偿付行（Reimbursing Bank）是指按照开证行发出的偿付授权书提供偿付的银行，是开证行指定的对议付行或付款行进行偿还的代理人。偿付行仅偿付款项，不承担付款责任，也不审核单据。

四、信用证的种类

信用证的使用方式灵活多样。根据对随附单据的要求、付款期限和贸易方式等方面的不同，信用证在实践中存在以下几种分类：

1. 光票信用证和跟单信用证

1）光票信用证（Clean Credit）是指仅要求随附一张汇票（即光票），不随附商业单据的信用证。由于光票信用证对货权没有要求，因此通常仅适用于一些小额资金的清偿。

2）跟单信用证（Documentary Credit）是指开证行要求凭汇票和商业单据及其他单据付款的信用证，在国际贸易结算领域中的使用最为广泛。

2. 不可撤销信用证和可撤销信用证

1）不可撤销信用证（Irrevocable L/C）是指开证行一经签发，在有效期内，未经受益人同意，不得单方面撤销或修改的信用证。

2）可撤销信用证（Revocable L/C）是指开证行有权随时撤销或修改，不必征得受益人或相关当事人同意的信用证。

信用证的可撤销与否直接关系到银行付款承诺的有效性，事关信用证受益人的利益，因此在实践中人们普遍接受不可撤销信用证，可撤销信用证则非常少见。《UCP600》中规定，信用证是不可撤销的，即使未如此表明；未经开证行、保兑行及受益人同意，信用证既不能修改，也不能撤销。

3. 即期信用证、远期信用证和假远期信用证

这些信用证的区别主要在于付款时间的不同。

1）即期信用证（Sight L/C）是指开证行在收到受权益人提交的、符合要求的单据后，立即予以付款的信用证。即期信用证中要求受益人开具见票即付的即期汇票。由于即期信用证收款迅速，在实践中被广泛使用。

2）远期信用证（Usance L/C）是指受益人按信用证要求出具远期汇票，开证行凭受益人提交的、符合信用证要求的单据远期付款的信用证。

3）假远期信用证（Usance L/C Payable at Sight）又称买方远期信用证，是指销售合同规定即期结算，买方向银行申请开立远期信用证，受益人提交符合信用证要求的单据可以即期获得款项，由此产生的利息和承兑费用由买方负担。它的实质是银行为买方提供资金融通的信用证。

4. 保兑信用证和不保兑信用证

保兑信用证（Confirmed L/C）是指加具另外一家银行保证兑付表示的信用证，开

证行与保兑行同时对该信用证承担保证付款责任。不保兑信用证（Unconfirmed L/C）是指只有开证行本身承担付款责任的信用证。

保兑信用证下的收款更有保障，但是需要增加额外的保兑费用。信用证加具保兑与否经常基于对风险和费用的权衡考虑，以及不同国家（地区）有关信用证的习惯做法。

5. 即期付款信用证、延期付款信用证、承兑信用证、议付信用证

1）即期付款信用证（Sight Payment L/C）是指信用证要求受益人提交符合要求的单据即可获得立即付款，一般不要求受益人开立汇票。

2）延期付款信用证（Deferred Payment L/C）与即期付款信用证一样，不要求受益人开立汇票，仅凭受益人提交合格单据获得远期付款。付款期限一般有两种情况：一是提交单据后若干天付款；二是自装运日后若干天付款。

即期付款信用证与延期付款信用证中均不要求受益人开立汇票，其原因是可以避免因使用汇票而产生印花税的支出。但受益人和相关当事人也因此失去了利用票据进行融资的便利。

3）承兑信用证（Acceptance L/C）要求一张以指定银行为付款人的远期汇票。承兑信用证必须注明“Acceptance”字样。

4）议付信用证（Negotiating L/C）是指信用证注明允许受益人通过“议付”从议付行获得垫付资金。允许议付的信用证必须有“Negotiate”“Negotiation”和“Negotiable”字样。根据开证行允许参与议付的银行范围，议付信用证又可分为限制议付信用证和自由议付信用证两种。

6. 不可转让信用证与可转让信用证

这种信用证是根据使用信用证的权利是否可以转让来划分的。

1）不可转让信用证（Non-transferable L/C）是指信用证的利益只能是受益人本人所有，受益人不能将信用证权利转让给他人。

2）可转让信用证（Transferable L/C）允许受益人将信用证上的权益转让他人。按照惯例，信用证只能转让一次。

7. 循环信用证、对开信用证和对背信用证

1）循环信用证（Revolving L/C）是指一经开出，可以反复使用的信用证，通常适用于具有分批装运条款的销售合同，可以避免反复申请开证的麻烦。

2）对开信用证（Reciprocal L/C）是指销售合同双方分别作为申请人，各开出一份以对方为受益人的信用证。两张信用证互为条件，同时生效，同时失效，常用于“三来一补”的加工贸易。

3）对背信用证（Back to Back L/C）是指受益人以信用证为担保，要求银行开出一份内容相似的新的信用证。对背信用证常见于中间商贸易。

五、信用证的内容

信用证包含了有关销售合同、商品、运输、保险、汇票等方面的信息，相比汇款和托收，它涉及的内容更加丰富，专业性更强，阅读和审核的难度较大。

1. 信用证本身的内容

1）开证行（Issuing Bank）。

2）通知行（Advising Bank）。

3）信用证种类（Form of Credit）。

4）信用证号码（Credit Number）。

5）开证日期（Date of Issue）。

6）受益人（Beneficiary）。

7）开证申请人（Applicant 或 Accountee）。

8）信用证金额与使用货币（Amount and Currency）。

9）有效期限（Expiry Date 或 Validity）。

其中，信用证号码非常重要，许多单据中都要求引用信用证号码。信用证种类一般为“不可撤销的”（Irrevocable）、“跟单的”（Documentary）信用证。

2. 汇票的内容

1）出票人（Drawer）。

2）受票人（Drawee）。

3）汇票期限（Tenor）。

4）汇票金额（Draft Amount）。

3. 商品、运输及单据

1）商品的描述（Description）、唛头（Marks）、数量（Quantity）、包装（Packing）、单价（Unit Price）、贸易条件（Price Term）等。

2）运输装运港、目的港（Port of Loading，Port of Destination）。

3）转运、分批运输（Transhipment，Partial Shipment）。

4）最迟装运期限（Latest Date of Shipment）。

5）所需单据（Documents Required）。

① 商业发票（Commercial Invoice）。

② 运输单据（Transport Documents）。

③ 保险单据（Insurance Certificate or Policy）。

④ 其他单据（Other Documents）。

4. 特别事项

特别事项用于记载有关银行费用承担、货物包装、索偿方法等注意事项。

5. 开证行保证付款的责任文句

例如：We hereby engage with drawers and/or bona fide holders that draft（s）drawn and negotiated on presentation and that draft（s）accepted within the terms of this credit will be duly honored at maturity.

我行兹对出票人和/或善意持票人保证：凡按本信用证条款开具及议付的汇票一经提交，即予承兑；凡依本信用证条款承兑的汇票，到期即予付款。

6. 引用《跟单信用证统一惯例》文句

例如：This credit is subject to the Uniform Customs and Practice for Documentary

Credits. UCP（2007 Revision）International Chamber of Commerce publication No. 600.

本信用证服从国际商会2007年修订本第600号出版物《跟单信用证统一惯例》的约束。

目前，信用证的标准格式由《标准跟单信用证格式》（国际商会第516号出版物）（*The New Standard Documentary Credit Forms for the UCP500*，ICC516）制定。多数银行的信用证格式是在自有格式基础上参照ICC516略加修改而成。

不可撤销跟单信用证样例如图7-10所示。

BANK OF COMMERCE

PULAU PINANG BRANCH
15 LEBUH PANTAI
10300 PENANG.
MALAYSIA

DOCUMENTARY CREDIT

ORIGINAL

PAGE 1 OF 3
CREDIT NO. : 0703LC961177
DATE OF ISSUE : 24/09/96
DATE OF EXPIRY : 24/11/96
EXPIRES AT : CHINA
AMOUNT : USD 8,364.00
EIGHT THOUSND
THREE HUNDRED
SIXTY FOUR DOLLARS

ADVISING BANK :
23 ZHONG SHAN DONG 1 LU
SHANGHAI 200002, CHINA

TOLERANCE : +5% , -5%

BENEFICIARY :
SHANGHAI TECHNOLOGY IMP. AND EXP.
CORP. OF SCIENCE AND EDUCATION,
ROOM NO. 4413, NO. 47 NANCHANG ROAD,
SHANGHAI ,CHINA

APPLICANT :
CHAI HENG SENG SDN BHD
368 BEACH STREET
10300 PENANG
MALAYSYA

We hereby issue an Irrevocable Documentary Credit in favor of the above beneficiary.

Credit available with ANY BANK by negotiation of your draft drawn at SIGHT on ourselves bearing the clause "Drawn under Bank of Commerce (M) Berhad Credit No.: 0703LC961177 ".

Shipment/dispatch/taking in charge from Shanghai, China to PENANG, MALASYA not later than 24/11/96.
Partial Shipment: ALLOWED
Transshipment: ALLOWED

Evidencing shipment of :
ONE LOT OF TOP POINT BRAND AIR POT AS PER SALE CONFIRMATION NO. 96SS0017 DATED 16/9/96 CFR (Incoterms 1990)

Documents Required :
1. SIGNED COMMERCIAL INVOICES IN TRIPLICATE.
2. FULL SET OF (3 / 3) CLEAN ON BOARD B/L MADE OUT OR ENDORSED TO THE ORDER OF BANK OF COMMERCE (M) BHD MARKED FRREIGHT PREPAID NOTIFY APPLICANT.

a)

图7-10 不可撤销跟单信用证样例

a）信用证第1页

BANK OF COMMERCE

PULAU PINANG BRANCH
15 LEBUH PANTAI
10300 PENANG.
MALAYSIA

DOCUMENTARY CREDIT

ORIGINAL

PAGE 2 OF 3
CREDIT NO. : 0703LC961177
DATE OF ISSUE : 24/09/96

3. INSURANCE COVERED BY APPLICANT. THE SHIPPER MUST GIVE NOTICE OF SHIPMENT BT AIRMAIL TO M/S SAFETY INSURANCE SDN BHD, WISMA SAFETY, JALAN MELAYU, P.O.BOX 12449, 50780 KUALAAND A COPY OF THE SAME TOO ACCOMPANY DOC.
4. CERTIFICATE OF ORIGIN IN TRIPLICATE.
5. PACKING LIST AND WEIGHT LIST REQUIRED.

At sight/maturity, the negotiating bank is authorized to reimburse by drawing on our Kuala Lumpur head office accounts with

UNION BANK OF CALIFORNIA INTL
NEW YORK BRANCH
2 WORLD TRADE CENTRE SUITE 1410
NEW YORK NY 10048

Together with their certificate that all the terms of the credit have been complied with.

Instruction to Paying/Accepting/Negotiating Bank :
1. ALL BANKING CHARGES OUTSIDE MALAYSYA INCLUDING NEGOTIATION AND ADVISING CHARGES ARE FOR ACCOUNT OF BENEFICIARY.
2. EACH DRAWING UNDER THIS CREDIT MUST BE ENDORSED.
3. ALL DOCUMENTS ARE TO BE DESPATCHED IN TWO LOTS CONSECUTIVELY BY COURIER TO APPLICANT BNAK.
4. A FEE OF USD25.00 OR EQUIVALENT WILL BE DEDUCTED FROM PROCEEDS FOR DISCREPANT DOCUMENT.

This documentary credit is subject to the Uniform Customs and Practice of Documentary Credits 1993 revision, International Chamber of Commerce Publication No.500.

The amount of each drawing must be endorsed on the reverse of this credit. All documents are forwarded to us in two sets by consecutive registered airmail.

b)

图 7-10 不可撤销跟单信用证样例（续）

b）信用证第 2 页

BANK OF COMMERCE

PULAU PINANG BRANCH
15 LEBUH PANTAI
10300 PENANG.
MALAYSIA

DOCUMENTARY CREDIT

ORIGINAL

PAGE 3 OF 3
CREDIT NO. : 0703LC961177
DATE OF ISSUE : 24/09/96

We hereby engage with drawers and/or bona fide holders that drafts drawn and negotiated in conformity with terms of this credit will be dully honoured on presentation and that drafts accepted within the terms of this credit will be dully honoured on maturity.

Your faithfully,
For BANK OF COMMERCE (M) BHD

NORBANI /0703LC961177 **ZAINAL [redacted]D. YATI[redacted] (Z18)**
OFFICER

c)

图 7-10 不可撤销跟单信用证样例（续）
c）信用证第 3 页

六、信用证使用流程

信用证使用流程较汇款和托收复杂，大致有如下几个环节：

1）申请人申请开证。贸易双方在销售合同中约定使用信用证结算。

2）进口商填写开证申请书，交纳押金和开证手续费，向开证行申请开证。

3）开证行开立信用证。开证行按照开证申请书的要求和内容开出信用证，寄交受益人（出口商）所在地通知行转递。

4）通知行转递信用证。通知行确认信用证真实性后，向受益人转递信用证。

5）受益人审证、发货。受益人收到通知行转来信用证后，审核信用证中条款是否与合同相符。如发现问题，可通知开证申请人修改信用证。如审核无误，受益人按信用证要求备货、发货。

6）受益人交单。受益人取得和缮制符合信用证要求的全套单据，开立汇票，在规定时间内连同信用证一并提交指定银行。

7）议付。议付行（通常为通知行）审核单据无误后，为受益人垫付货款。

8）寄单索偿。议付行办理议付后，将单据寄给开证行索偿，或按信用证规定，将单据寄给开证行的同时向偿付行索偿。

9）偿付。开证行或付款行收到单据后根据信用证审核单据。如未发现不符点，开证行或付款行应在规定时间内（5 个银行工作日）向议付行付款。

10）提示付款赎单。开证行履行偿付责任后，立即通知开证申请人（进口商），向其提示单据，并要求付款赎单。

11）付款赎单。进口商核验单据无误后，向开证行付款，取得单据，到码头提取货物。

信用证使用流程如图 7-11 所示。

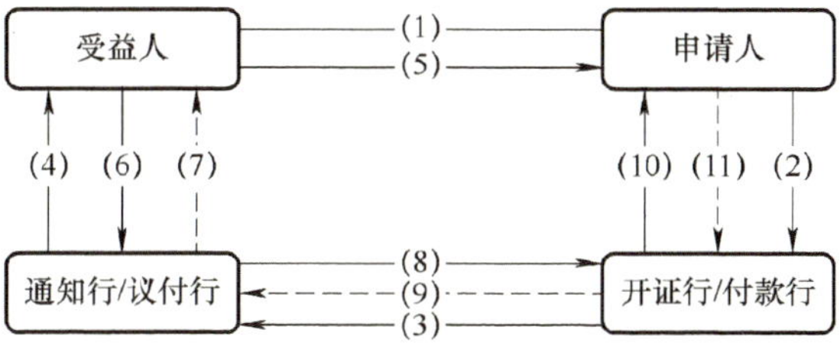

图 7-11 信用证使用流程

第四节 其他支付方式

尽管目前国际社会已经拥有比较完善的包括汇款、托收、信用证在内的结算方式，但这些并不能充分满足人们的需求。国际贸易活动业务环节多，分布范围广，涉及的具体情况千差万别，商人们在结算过程中对货款回收速度、成本和风险等问题往往存在不同的需求。一般情况下，短期贸易中的商人比较重视货款回收的速度和成本，而在中长期贸易中商人则更关注货款回收过程中的各类风险。此外，国际贸易货物买卖活动会产生对融通资金方面的广泛需求。国际货物买卖通常需要经过采购、包装、仓储保管、运输、保险、商检、海关等诸多环节，每个环节都需要商人投入大量资金。这些资金沉淀下来构成了货物买卖的成本。只有当这笔交易完成了国际结算环节、货款成功回收以后才能得到补偿。在此之前，商人常常面临捉襟见肘的资金短缺问题。资金短缺问题严重时会导致交易中断，已经沉淀的成本也无法得到弥补。

在结算业务中，银行往往愿意向有资质的客户提供融通资金或提供信用，并收取一定的服务费用作为回报。银行贸易融资业务能够缓解商人面临的资金短缺问题，使生产和流通活动得以顺利进行。此外，银行信用担保业务能够替代或补充商业信用不足的问题，可以较好地解决商业信用风险问题。

在长期实践中，国际社会产生了许多银行参与的其他支付方式，如打包放款（Packing Loan）、进出口押汇（Negotiation）、票据贴现（Bill Discount）、开证授信额度（Limits for Issuing Letter of Credit）、信托收据（Trust Receipt，T. R. 或 T/R）、福费廷（Forfaiting）、国际保理（International Factoring）等业务。它们的共同特点是，融资主体（通常是银行或大型的金融机构）将融资和支付业务结合在一起，向客户提供了一套可以灵活调整配置的方案，以解决客户资金流动性不足的问题。

由于篇幅所限，下面仅以福费廷和国际保理为例进行介绍。

一、福费廷

1. 福费廷的定义与特点

福费廷业务[㊀]是一种无追索权形式的、为出口商贴现远期票据的金融服务。具体来说，它是指包买商（Forfaiter，一般为商业银行或其他金融企业）从出口商那里无追索权地购买已经承兑的并通常由进口商所在地银行担保的远期汇票或本票。

福费廷的特点如下：

1）一般是以国际正常贸易为背景，不涉及军事产品，通常限于成套设备、船舶、基建物资等资本货物交易及大型项目交易。

2）在福费庭业务中，出口商必须放弃对所出售债权凭证的一切权益贴现，银行也必须放弃对出口商的追索权。

3）其期限一般为 1~5 年，属于中期融资业务。

4）属于批发性融资业务，适合 100 万美元以上的大中型出口合同。

5）出口商必须对资本货物的数量、质量、装运、交货期承担全部责任。

2. 福费廷业务的主要当事人

（1）包买商

包买商多为出口商所在国的银行及有中长期信贷能力的大金融公司。包买商与出口商达成包买协议，无追索权地购入出口商转让的票据，向出口商提供无追索权的融资，承担票据到期后无法兑现的风险。

（2）出口商

出口商与进口商达成远期付款的买卖合同后，可以利用福费廷业务进行资金融通。出口商需要将票据上的全部权益卖给包买商，在向其支付贴息费用后，即可获得贴现净额，提前收回货款。出口商根据贸易合同发货后，将全套货运单据按合同规定的途径寄给进口商，以换取进口商承兑的具有银行担保的延期付款票据。

（3）进口商

在包买商向进口商提出付款要求时，进口商必须无条件地履行票据付款责任，按期偿还货款。

（4）担保人

担保人有责任在进口商无法按期偿还货款时承担付款责任。履行完付款责任后，担保人获得票据上的追索权，有权向进口商追索。

3. 福费廷业务流程

福费廷业务流程如图 7-12 所示。

1）询价。出口商在与进口商签订贸易合同之前应做好贸易融资的准备。出口商应尽早与包买商联系询问价格。包买商综合考虑进口商的政治风险、商业风险和外汇风

㊀ 1965 年国际经合组织（OECD）将福费廷业务列为出口信贷的一种形式。

险，并根据国际福费廷市场情况做出报价。报价一般包括 3 个方面，即贴现率、承担费和宽限期。

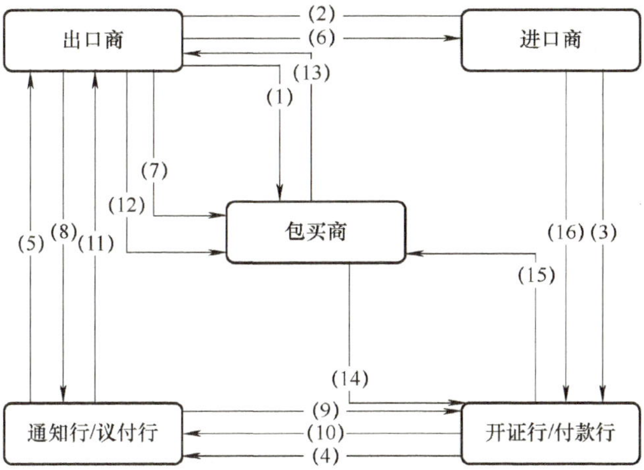

图 7-12 福费廷业务流程

2）根据包买商的报价，出口商与进口商签订国际贸易合同。

3）进口商根据合同要求，向当地银行申请开立信用证。

4）开证行开立信用证，并转交出口商当地通知行。

5）出口商当地通知行将信用证转递给受益人（出口商）。

6）出口商安排发货。

7）出口商与包买商签订福费廷协议。

8）出口商向议付行交单议付。

9）议付行请求开证行承兑。

10）开证行承兑汇票。

11）议付行退回承兑汇票。

12）出口商向包买商提交单据。

13）包买商付款。

14）票据到期后，包买商向开证行申请偿付。

15）开证行付款。

16）进口商向开证行付款赎单。

4. 福费廷业务的利弊

（1）对出口商的利弊

1）在谈判中可以通过福费廷方式为进口商提供延期付款的优惠信贷条件，有助于提高出口商的竞争优势。

2）将远期票据转化为现金，减少了资金占用，提高了资金周转率。

3）以无追索权方式卖断商业票据，可以转嫁与之相关的政治风险、市场风险和信用风险。

4）由于福费廷业务中多采用固定利率，因此可以规避市场利率和汇率波动的风险。

5）福费廷业务操作简便、融资迅速，可以节省时间，提高融资效率。

但是，对出口商而言，福费廷业务也存在一些值得注意的地方：

1）有时出口商不能保证进口商能够找到一家令包买商满意的担保银行。

2）福费廷业务的费用要高于一般信用证业务的费用。

（2）对进口商的利弊

进口商可以获得延期付款的便利，手续简便易行。

出口商往往把贴现利息和所有费用计算到货价之内，再加上为了让进口地银行对票据进行担保，进口商需要向银行支付一定的费用或抵押品，因此福费廷业务对进口商来说成本较高。

二、国际保理

从事国际贸易的公司，无论其大小和所在行业，都会面临进口商希望延期付款的需求。也就是说，出口商只能在比发票日期更晚的时间（可能是数周，也可能是数月）才能收到货款。这不仅会使出口商面临更高的资金压力和成本（如果进口商是可靠的话），还有可能导致出口商陷入货款无法回收的窘境（有发生坏账的可能性，如果进口商赖账的话）。

国际保理业务能较好地解决这个问题，近年来得到了广泛应用。它是一种综合型金融服务，本质上是一种出口保险，提供包括结算、融资、担保和账户管理等在内的一套相对完善和灵活的解决方案。

与福费廷业务相类似的是，国际保理业务也提供无追索权的融资方式。在国际保理业务中，出口商可以无追索权地获得一笔中期融资，而将与之相关的风险转嫁给保理商。不同的是，国际保理业务中转让的是会计账户科目，而不是福费廷业务中的远期票据。

1. 国际保理的定义

国际保理（International Factoring）的全称是国际保付代理业务，简称保理或出口代理，在我国又称为代理融通、包销代理、承购应收账款业务等。它是指保理商（Factor）从其客户（出口商）手中购进通常以发票表示的对债务人的应收账款，并负责信用销售控制、销售分户账户管理和债权回收业务。㊀

2. 国际保理业务的主要当事人与类型

（1）主要当事人

1）出口商（Exporter）。

2）进口商（Importer）。

3）进口保理商（Import Factor），即在进口商所在地的保理商。

4）出口保理商（Export Factor），即在出口商所在地的保理商。

㊀ 庞红，尹继红，沈瑞年. 国际结算［M］. 5版. 北京：中国人民大学出版社，2016.

(2) 国际保理的类型

根据参与的当事人不同，国际保理可以分为双保理、单保理、直接出口保理和直接进口保理等。

1) 双保理（Two Factors System）。它是最常见的类型，由出口保理商和进口保理商签订协议，共同提供保理服务。出口保理商主要负责接收单据和发放融资，进口保理商主要负责对进口商的信用评估和催收货款。

2) 单保理（Single Factoring System）。在这个类型中，出口保理商和进口保理商签订协议，规定仅由一个保理商提供所有的服务。

3) 直接出口保理（Direct Export Factoring）。出口保理商负责提供所有的保理服务，有助于降低成本。

4) 直接进口保理（Direct Import Factoring）。出口商直接与进口保理商签订保理协议，进口保理商提供所有的服务。

根据出口商获得保理项下融资的时间先后，国际保理可以分为融资保理和到期保理。㊀

1) 融资保理（Financed Factoring）。保理商向出口商预支应收账款，或者根据应收账款向出口商按固定利率提供借款，或者承购应收账款并在发票出票日付款。融资保理一般应用于使用承兑交单（D/A）和赊销（O/A）中，即在托收方式下为出口商提供信用担保和预付款融资。大多数出口商都希望保理商提供融资保理。

2) 到期保理（Maturity Factoring）。保理商确认并承诺在单据到期时向出口商支付，并不在当时立即向出口商支付。

根据出口商是否将保理商的参与知会进口商，国际保理可以分为公开保理和隐蔽保理。

1) 公开保理（Disclosed Factoring）。出口商必须以书面形式将保理商的参与情况通知所有客户，并指示他们将货款直接付给保理商。

2) 隐蔽保理（Undisclosed Factoring）。出口商将保理商的参与对进口商保密。

3. 国际保理业务流程

本节以公开型双保理业务为例介绍国际保理业务流程（见图 7-13）。

1) 进出口商签订货物买卖合同，规定使用非信用证结算方式。

2) 出口商与出口保理商签订保理协议，提交进口商的有关情况和交易资料，并书面提出要求对进口商进行审查，确定信用额度。

3) 出口保理商将出口商提交的资料和信用额度申请整理后转交给与之有业务往来的进口保理商，进出口保理商签订委托协议。

4) 出口保理商将需要确定信用额度的进口商名称告知进口保理商。

5) 进口保理商对进口商的资信进行调查和评估。

6) 进口保理商确定进口商的信用担保额度。

㊀ 梁琦．国际结算［M］．北京：高等教育出版社，2005.

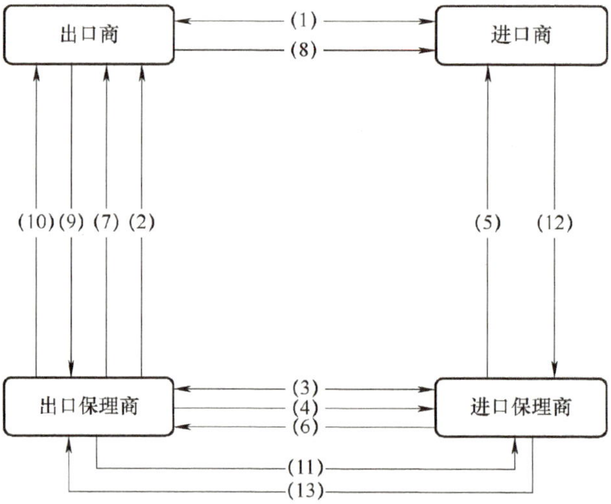

图7-13 国际保理业务流程

7）进口保理商将进口商的信用担保额度告知出口保理商，由出口保理商将资信调查结果通知出口商。

8）出口商按照合同规定发货，并将发票与各项货运单据寄交进口商。

9）出口商将发票副本交给出口保理商。

10）出口保理商将发票金额的80%预先支付给出口商。

11）出口保理商将发票副本送交进口保理商，进口保理商将发票入账，并负责定期向进口商催收账款。

12）进口商在付款到期日后向进口保理商支付发票全部金额，并支付保理费。

13）进口保理商将发票金额拨付于出口保理商，出口保理商在扣除预付货款、保理费以及其他手续费之后，将货款余额交给出口商。

4. 国际保理业务的利弊

（1）国际保理业务的好处

1）降低出口商面临的信用风险。

2）保理商可能提供有关客户或潜在客户的信息。

3）需要的手续和单证文件比类似的信用工具如信用证要简单得多，能够降低成本。

4）确保资金及时回收。

5）有助于扩展国际市场业务。

（2）国际保理业务的弊端

1）国际保理业务收取佣金作为回报。一些保理商可以提供定制的保理服务，即根据客户的特定需求和特定国家提供有针对性的解决方案，但是这种定制化的保理服务通常收费较高。

2）同福费廷业务一样，国际保理业务也不能绝对转移风险。若由于出口商的原因或商品品质原因或欺诈等原因造成合同无法履行，出口商仍然承担被追索的责任。

习　题

一、名词解释

1. 汇票
2. 托收
3. 信用证

二、简答题

1. 简述国际结算的主要方式及其特点。
2. 福费廷业务与国际保理业务的主要区别是什么？

第八章
商品检验条款

关检融合即原直属于国家质检总局的出入境检验检疫管理职责及队伍划入海关总署，将原来独立开展的检验检疫报检业务全面融入全国海关通关一体化的整体框架中。

中华人民共和国海关总署主管全国进出口商品检验工作，主要包括实施法定检验、办理进出口商品的检验鉴定业务以及实施监督管理等。

在国际货物买卖合同当中，买卖双方应当履行各自在合同中的责任。卖方应当向买方交付符合合同要求的货物及包装。但是由于买卖双方分处不同的国家或地区，在卖方提交货物时，买方很难实地检验卖方提交货物的品质数量和包装情况。为了保障买方的合法权益，保护本国进出口企业和商品的信誉，很多国家制定了专门的法规，要求对进出口商品实施检验。

第一节　商品检验的意义

商品检验（Commodity Inspection）是指在国际货物买卖中，专门的进出口商品检验机构和其他指定的机构，依照法律、法规或进出口合同的规定，对卖方交给买方的货物的品质、数量、包装、残损以及货物装运技术条件的检验和公正鉴定。商品检验还包括根据一国的法律或行政法规对某些货物进行卫生、安全、环境保护和劳动保护等条件的检验及动植物病虫害等方面的检疫。

商品检验是国际贸易中不可缺少的重要环节，检验条款是国际贸易合同中的一项重要条款。各国法律和国际条约都强调买方的检验检疫权。《联合国国际货物销售合同公约》不仅明确规定了卖方对货物负有责任的具体界限，还明确规定了买方对货物有检验检疫的权利。其中，《联合国国际货物销售合同公约》第 36 条第（1）款规定，卖方应按照合同和本公约的规定，对风险转移到买方时所存在的任何不符合合同情形负有责任，即使这种不符合合同的情形在该时间后方始明显。第 38 条规定，①买方必须在按情况实际可行的最短时间内检验货物或由他人检验货物；②如果合同涉及货物的运输，检验可推迟到货物到达目的地后进行；③如果货物在运输途中改运或买方须再发货物，没有合理机会加以检验，而卖方在订立合同时已经知道或理应知道这种改运或再发运的可能性，检验可推迟到货物到达目的地后进行。

《中华人民共和国民法典》第 620 条规定了“买受人的检验义务”，即买受人收到标的物时应当在约定的检验期限内检验。没有约定检验期限的，应当及时检验。

同时，第 621 条也明确提出“买受人的通知义务”，即当事人约定检验期限的，买受人应当在检验期限内将标的物的数量或者质量不符合约定的情形通知出卖人。买受人怠于通知的，视为标的物的数量或者质量符合约定。当事人没有约定检验期限的，买受人应当在发现或者应当发现标的物的数量或者质量不符合约定的合理期限内通知出卖人。买受人在合理期限内未通知或者自收到标的物之日起二年内未通知出卖人的，视为标的物的数量或者质量符合约定；但是，对标的物有质量保证期的，适用质量保证期，不适用该二年的规定。出卖人知道或者应当知道提供的标的物不符合约定的，买受人不受上述规定的通知时间的限制。

第 622 条明确了“检验期限过短时的处理”：当事人约定的检验期限过短，根据标的物的性质和交易习惯，买受人在检验期限内难以完成全面检验的，该期限仅视为买受人对标的物的外观瑕疵提出异议的期限。约定的检验期限或者质量保证期短于法律、行政法规规定期限的，应当以法律、行政法规规定的期限为准。

第 623 条即“检验期限未约定时的处理”，当事人对检验期限未做约定，买受人签收的送货单、确认单等载明标的物数量、型号、规格的，推定买受人已经对数量和外观瑕疵进行检验，但是有相关证据足以推翻的除外。

第 624 条是“向第三人履行情形下的检验标准”：出卖人依照买受人的指示向第三人交付标的物，出卖人和买受人约定的检验标准与买受人和第三人约定的检验标准不一致的，以出卖人和买受人约定的检验标准为准。

国家对部分商品实施法定检验。出入境检验检疫机构对列入《目录》的进出口商品以及法律、行政法规规定须经出入境检验检疫机构检验的其他进出口商品实施检验。出入境检验检疫机构对法定检验以外的进出口商品，根据国家规定实施抽查检验。㊀

第二节　检验的时间和地点

货物检验时间和地点是指在何时、何地行使对货物的检验权。检验时间和地点关系

㊀ 资料来源：《中华人民共和国进出口商品检验法实施条例》。该“《目录》”是指《出入境检验检疫机构实施检验检疫的进出境商品目录》。

到哪一方行使对货物的检验权，检验结果以哪一方提供的检验证书为准的问题，关系到买卖双方的切身利益，是交易双方商定检验条款的核心内容。买卖双方通常都在合同中对如何行使检验权做出规定，规定具体的检验时间、地点和方法。

通常情况下，国际贸易中涉及的商品检验主要有以下几种方式：

一、出口国检验

在出口国工厂或装运港检验时，一般由出口国的检验机构检验。

1. 工厂检验（产地检验）

生产工厂的检验人员或合同约定的买方检验人员在货物离厂前对其质量、数量、规格、包装等实施检验，卖方承担货物离厂前的责任。我国进口重要货物和大型成套设备时，一般都在出口国工厂出厂前进行检验或安装和测试。

2. 装运港（地）检验

装船前的检验是指装船以前由约定的检验机构出具检验证明，并以此作为交货品质和重量的最后依据，即“以离岸品质、离岸重量或离岸数量为准”（Shipping Quality, Shipping Weight or Quantity as Final）。卖方取得检验证书，即证明所交货物的品质和重量与合同规定相符，意味着卖方按质按量履行了合同义务，买方无复验权。

二、进口国检验

进口国检验是指在进口国目的地卸货后进行质量和数量的检验，包括目的港（地）检验和用户所在地检验。

1. 目的港（地）检验

目的港（地）检验是指卸货时由约定的检验机构对货物的质量、重量等进行检验，出具检验证明，并以此作为卖方交货的最后依据，即“以到岸品质、到岸重量或数量为准”（Landed Quality, Landed Weight or Quantity as Final）。若卸货时发现货物质量与重量与合同规定不符，卖方要承担责任。对此，买方有索赔的权利。

2. 用户所在地检验

用户所在地检验是指在用户所在地实施商品检验，并以此作为卖方向买方交货的最后依据。这种方法适用于密封包装或规格复杂、精密度高的货物。因为这类货物在使用之前不宜开包检验或需要具备一定的检验条件和设备才能进行开包检验。

三、出口国检验，进口国复验

“出口国检验，进口国复验”是指货物在装船前必须进行检验鉴定，但出具的检验证明不能作为卖方交货的最后依据，而只是作为卖方向银行收款的凭证。货物到达后，在双方约定时间内买方有权对货物进行复验。复验后若发现货物与合同规定不符，可向卖方索赔。这种检验方式兼顾了买卖双方的利益，容易得到双方的认可。我国基本采用这一做法。

四、装运港（地）检验重量，目的港（地）检验质量

“装运港（地）检验重量，目的港（地）检验质量”是指交货重量以装运港（地）约定的检验机构出具的重量或数量检验证明作为最后依据，交货品质以目的港（地）约定的检验机构出具的品质检验证书作为最后依据，即“以离岸重量、到岸品质为准”（Shipping Weight or Quantity，Landed Quality as Final）。这种方式多用于大宗商品检验，以调和双方在商检问题中的利益冲突。

第三节　检验机构

一、检验检疫机构

1. 国际商品检验检疫机构

世界上大多数国家设有自己的商品检验、鉴定或公证机构。有的属于综合性的，有的属于专业性的，有的是国家设立的，有的是私人或同业公会经营的。

属于国家设立的官方检验机构，如美国的动植物检验署（Animal and Plant Health Inspection Service，APHIS）、食品与药品管理局（Food and Drug Administration，FDA），以及法国国家实验室检测中心（LNE）、日本通商产业检验所等。

半官方检验机构由政府授权，负责某项商品检验或某一方面检验管理工作的民间机构，如美国担保人实验室（UL）等。

非官方检验机构是指由私人创办的，具有专业检验、鉴定技术能力的公证行或检验公司，如英国劳埃氏公证行（Lloyd's Surveyor）、瑞士日内瓦通用鉴定公司（SGS）、日本海事鉴定转会（NKKK）、加拿大标准协会（CSA）、国际羊毛局（IWS）等。

2. 中国检验检疫机构

（1）国家商检机构

国家商检机构的职责包括：①拟订进出口商品法定检验和监督管理的工作制度，承担进口商品安全风险评估、风险预警和快速反应工作；②承担国家实行许可制度的进口商品验证工作，监督管理法定检验商品的数量、重量鉴定；③依据多双边协议承担出口商品检验相关工作。

（2）中国检验认证集团

中国检验认证集团（简称中国中检，英文缩写 CCIC）是经国务院批准设立、国务院国资委管理的中央企业，是以“检验、检测、认证、标准、计算”为主业的综合性质量服务机构。

二、国际货物买卖合同中的商品检验条款

商品检验条款是国际货物买卖合同中的一项重要内容，直接影响双方当事人的切身利益。当事人根据商检条款，行使相应的商检权。合同中商检条款的内容一般应包括检

验方式、检验内容、检验机构和检验费用等方面。

在出口合同中，商品检验条款一般订立如下：

“双方同意以中国进口出口商品检验局所签发的品质/数量检验证书作为信用证项下议付单据的一部分。买方有权对货物进行复检，复检费用由买方负担。如发现品质或数量与合同不符，买方有权向卖方索赔，但需要提供经卖方同意的公证机构出具的检验报告。索赔期限为货物到达目的港××天内。”

在进口合同中，商品检验条款一般订立如下：

“双主同意以制造厂（或××检验机构）出具的品质及数量/重量检验证书作为有关信用证项下付款的单据之一。货物到达目的港经中国进出口商品检验检疫总局，如发现品质或数量/重量与本合同规定不符，除属保险人或承运人责任外，买方凭中国出入境检验检疫机构的检验证书，在索赔有效期内向卖方提出退货或索赔。索赔有效期为××天，自货物卸毕日期起计算。所有退货或索赔引起的一切费用（包括检验费）及损失均由卖方负担。”

第四节 检验证书

商品检验证书是国际贸易中的重要单据。它通常作为证明履约、交货接收的有效证件，也作为验收报关的有效凭证，有时可以作为结算货款的依据。当发生争议时，检验证书作为索赔、仲裁、诉讼的佐证文件。

商品检验证书的种类繁多，在国际贸易合同中一般需要明确商品检验证书的类型。常见的检验证书有（但不限于）以下几种：

1）品质检验证书（Inspection Certificate of Quality）。

2）重量或数量检验证书（Inspection Certificate of Weight or Quantity）。

3）包装检验证书（Packing Inspection Certificate）。

4）残损检验证书（Inspection Certificate on Damaged Cargo）。

5）卫生/健康检验证书（Sanitary/Health Inspection Certificate）。

6）兽医检验证书（Veterinary Inspection Certificate）。

7）消毒检验证书［Disinfection（Sterilization）Inspection Certificate］。

8）温度检验证书（Inspection Certificate of Temperature）。

9）熏蒸检验证书（Inspection Certificate of Fumigation）。

10）原产地证书（Inspection Certificate of Origin）。

11）货载衡量检验证书（Inspection Certificate on Cargo Weight & Measurement）。

第五节 检验方法和检验标准

一、检验方法

商品检验方法是指对进出口商品检验时抽样的数量和方法。在检验中一般采用感官检验、化学检验、物理检验、微生物检验等。买卖双方在合同中应对商品的检验方法做出规定。检验方法和检验标准涉及许多复杂的技术问题。在出口方面，我国一般应按我国有关标准规定的方法进行检验，如果对方要求按对方或第三方的标准进行检验，应与商检部门研究，经有关部门同意后实施，但是不能用与我国不进行贸易国家的标准进行检验或复验。如果合同中没有规定检验方法，出口商品按我国商检部门规定的方法检验，进口商品按国际贸易习惯通用的方法检验。

二、检验标准

商品检验标准是检验和衡量进出口商品的某些指标的依据。在国际货物买卖合同中通常需要明确商品检验标准，因为可供检验和衡量的标准有很多种，如生产厂家标准、行业标准、国家标准、国际标准等。即使是同一商品，对其检验标准不同，检验结果也会不同。因此，买卖双方应当在合同中明确商品检验标准。但应注意，买卖双方约定的标准不能与国家法律规定使用的标准相冲突。否则，该项合同会被确认无效。因此，商品检验标准的具体内容应根据商品种类、特性及进出口国家有关法律或行政法规而定。

在国际贸易中，买卖双方在选用何种标准时一般要遵循以下原则：

1）法律或行政法规规定强制性标准的，按照法律或行政法规规定的检验标准进行检验。

2）法律或行政法规没有规定强制性标准的，按照买卖双方在合同中约定的标准进行检验。凭样成交的，则应当按照样品检验。

3）法律或行政法规规定的标准，如果低于买卖合同中约定的标准，则按照合同中约定的标准进行检验。

4）如果法律或行政法规没有规定必须使用的标准，而且买卖合同中也没有约定检验标准或约定的检验标准不明确的，则按照生产国的标准检验。没有生产国标准的，则按国际通用标准检验。如果生产国标准和国际通用标准都没有，则按进口国的标准检验。此外，卖方提供的品质证明书、使用说明书也可作为检验标准。

5）在信用证支付的交易中，既要符合合同中规定的标准，也要符合信用证中规定的标准。如果合同和信用证中规定不一致，则按信用证规定的标准进行检验。

习　　题

一、名词解释

1. 商品检验
2. 检验证书
3. 检验标准

二、简答题

1. 在国际贸易合同中，为什么要规定商品检验条款？
2. 在国际贸易中，选择商品检验时间和地点的原则是什么？

第九章 争议、索赔、不可抗力、仲裁条款

在合同执行过程中，双方经常可能会因为对方或双方的一些违约行为而产生争议。当这些行为给一方当事人造成了实质性损害后，就会产生索赔等法律行为和关系。在国际贸易中，进出口商还应当了解和熟悉有关索赔和仲裁等处理争议的国际法律和惯例。

第一节 争议与索赔

1. 违约

违约是指合同的一方不履行或不完全履行合同规定的义务的行为。违约会引起买卖双方之间的争议，严重时会给对方造成经济损失。因此，违约的一方应当承担相应的法律责任。

违约可以分为买方违约、卖方违约和双方违约等。买方违约的情形有：买方不按时开立信用证，不按时付款，无理拒收货物，在买方负责运输的情况下不按时派船接货，不按时签订运输契约，不按时指定交货地点等。卖方违约的情形有：卖方不按时交货，货物的品质、数量、包装等不符合合同规定，不提供合同，不提供信用证规定的单证等。双方违约的情形通常发生在合同条款规定不明确时，双方理解存在分歧从而引起纠纷，或在履约中双方均有违约责任。

2. 违约责任

不同性质的违约所承担的法律责任有所不同。各国法律或国际惯例对于违约责任有不同解释。

（1）《联合国国际货物销售合同公约》的规定

《联合国国际货物销售合同公约》将违约分为“根本性违约”（Fundamental Breach of Contract）和“非根本性违约”（Non-fundamental Breach of Contract）。根本性违约是

指当事人一方违反合同的结果，使另一方当事人遭受损失，以致实际上剥夺了他根据合同规定有权期待得到的结果，受损害方有权宣告合同无效。非根本性违约是指当事人一方违反合同的结果，使另一方当事人遭受损失，但损失不大，受损害方只能要求损害赔偿，而不能宣告合同无效。

（2）美国法律规定

美国法律将违约按其造成的后果分为“严重违约”（Material Breach of Contract）和“轻微违约”（Minor Breach of Contract）。严重违约是指当事人一方违约，致使另一方当事人无法取得这项交易下他本应获得的主要利益，这时受损害的一方当事人可以要求解除合同，同时要求损害赔偿。轻微违约是指当事人一方违约的情况比较轻微，没有影响对方在交易中取得的主要利益，如履行的时间略有延迟，交付的货物数量和品质与合同略有出入等，此时受损害的一方只能要求损害赔偿，而不能要求解除合同。

（3）英国法律规定

英国法律根据合同中的条款不同将违约分为“违反要件”（Breach of Condition）和“违反担保”（Breach of Warranty）。违反要件是指违反合同的主要条款，即违反与商品有关的品质、数量、交货期等要件，在合同的一方当事人违反要件的情况下，另一方当事人（即受损方）有权解除合同，并有权提出损害赔偿。违反担保是指违反合同的次要条款，与商品无直接联系的条款，在违反担保的情况下，受损方只能提出损害赔偿，而不能解除合同。

近年来，英国法院在司法实践中承认了一种新的违约类型，称为“违反中间性条款或无名条款”（Breach of Intermediate/Innominate Terms）。所谓中间性条款或无名条款，是指一种既不是要件，也不是担保的合同条款。违反这类条款应承担的责任须视违约的性质及其后果是否严重而定。

（4）中国法律规定

《中华人民共和国民法典》第 563 条规定，有下列情形之一的，当事人可以解除合同：

1）因不可抗力致使不能实现合同目的。

2）在履行期限届满前，当事人一方明确表示或者以自己的行为表明不履行主要债务。

3）当事人一方迟延履行主要债务，经催告后在合理期限内仍未履行。

4）当事人一方迟延履行债务或者有其他违约行为致使不能实现合同目的。

5）法律规定的其他情形。

以持续履行的债务为内容的不定期合同，当事人可以随时解除合同，但是应当在合理期限之前通知对方。

3. 索赔与理赔

索赔（Claim）泛指主张权利，也就是当事人依据有关合同对违约造成的经济损失或货物损失向责任方提出予以补救的主张。在实践中，索赔不仅指向合作方提出损害赔偿的要求，还包括行使法律上规定的其他救济方法，如解除合同、拒收货物、实际履行等。责任方对索赔的处理称为理赔。索赔与理赔是解决国际贸易争议的两个方面。

在国际贸易中，损害赔偿是最重要的，也是最为常用的违约补救措施。在国际贸易中，要注意索赔依据、索赔期限和索赔金额3个问题。

一方当事人提出索赔时，必须要有充分的索赔依据。索赔依据包括法律依据和事实依据两个方面。前者是指买卖合同和适用的法律规定，后者是指违约的事实情节及其书面证明，如果索赔时证据不全证据不足或出证机构不符合要求，都有可能遭到对方拒赔。买卖合同中的索赔条款通常包括索赔依据，主要规定索赔时必须具备的证据以及出具证明文件的机构。

索赔期限是指受损害一方有权向违约方提供索赔的期限。受损害一方只能在一定的索赔期限内提出索赔，否则即丧失索赔权。索赔期限有约定与法定之分。约定索赔期限是指买卖双方在合同中明确规定的索赔期限。法定索赔期限则是指根据有关法律受损害一方有权向违约方要求损害赔偿的期限。约定索赔期限的长短需要根据买卖货物的性质、运输、检验等情况而定。法定索赔期限则较长，例如：《联合国国际货物销售合同公约》规定，索赔期限为自买方实际收到货物之日起两年内；我国法律也规定索赔期限为自买方收到标的物两年内。

关于索赔金额，如果买卖合同规定有约定的损害赔偿的金额或损害赔偿额的计算方法，通常应按约定的金额或根据约定的损害赔偿额的计算方法计算出赔偿金额，并据之提出索赔。如果合同未做具体规定，则根据有关法律和国际贸易实践来确定损害赔偿金额。其基本原则为：①赔偿金额应与因违约而遭受的包括利润在内的损失额相等；②赔偿金额应以违约方在订立合同时可预料的合理损失为限；③由于受损害一方未采取合理措施使有可能减轻而未减轻的损失，应在赔偿金额中扣除。

4. 合同中的索赔条款

买卖双方为了在索赔和理赔工作中有所依据，一般在合同中订立索赔条款。在实践中，索赔条款可根据不同的需要做不同的规定，通常采用的有异议与索赔条款和违约金条款。

异议与索赔条款针对卖方交货、品质数量和包装不符合合同规定而订立，主要内容包括索赔依据、索赔期限以及赔偿损失的办法和金额。

违约金条款又称罚金条款，针对当事人不按期履约而订立，如卖方未按期交货或买方未按期派船、开证等。它的主要内容是在合同中规定，如有一方未违约或未完全履约，应向对方支付一定数量的约定金额及罚金或违约金，以补偿对方的损失。罚金的支付并不解除违约方继续履行合同的义务，因此违约方除支付罚金外仍应履行合同义务。因故不能履约的，另一方在收受罚金之外仍有权索赔。

第二节 不可抗力

不可抗力（Force Majeure）是指买卖合同签订后，不是由于当事人一方的过失或故意，发生当事人在订立合同时不能预见、对其发生和后果不能避免，并且不能克服的事件，以致不能履行合同或不能如期履行合同。

不可抗力条件下无法履约方可以免责。《中华人民共和国民法典》规定，不可抗力是指不能预见、不能避免且不能克服的客观情况。在英美法系中有“合同落空”的原则，是指合同签订后，不是由于当事人双方自身的过失，而是由于事后发生的双方意想不到的根本性的不同情况，致使订约目的受到挫折。据此而未履行的合同义务，当事人得以免除责任。在《联合国国际货物销售合同公约》中，也有对免责问题的规定：当事人不履行义务，如果他能证明此种不履行义务是由于某种非他所能控制的障碍，而且对于这种障碍没有理由在订立合同时考虑到或能避免或克服它及其后果，此时当事人不负责任。

1. 不可抗力的范围

不可抗力的范围广泛，情况复杂多变，大致可分为以下几种情况：

自然力量（Act of God）引起的不可抗力事件，主要是指各种自然灾害，如飓风、水灾、雪崩、闪电等原因所致的不可抗力事件。

社会力量引起的不可抗力事件，主要是指因战争、类似战争状况、政府管制或禁令、罢工、民众骚乱等因素所导致的不可抗力事件。

针对不可抗力事件主要采取两种处理方法：一是解除合同；二是延迟履约。

2. 不可抗力的条件

符合不可抗力事件的条件比较严苛。事件的发生必须是当事人无法预见的。如果当事人可以预见该事件的发生，则当事人理应采取相应的措施来规避该事件。如果他没有做到这一点，他在行为上就是有过错的，应当承担由此造成的后果，而不能申请免责。因此，发生在合同签订前的事件不能视作不可抗力事件。

事件的发生是当事人不能避免与不能克服的。不能避免是指对于不可抗力事件的发生，当事人虽然尽了合理的注意，仍不能阻止这一事件的发生；尽了最大的努力仍不能克服事件造成的后果，因此导致合同不能履行或不能完全履行。

事件的发生不是由于当事人的过失或疏忽。

事件的发生必须造成不能履行合同或不能如期履行合同。

3. 合同中的不可抗力条款

合同中不可抗拒条款的内容主要包括不可抗力事件的范围、不可抗力事件的通知期限和通知方式以及不可抗力事件的证明等。

（1）不可抗力事件的范围

关于不可抗力事件的范围，应在买卖合同中声明，通常有 3 种规定方法。①概括规定，即在合同中不具体规定不可抗力事件的范围，只做概括的规定。②具体规定，即在合同中明确规定不可抗力事件的范围，凡在合同中没有订明的，均不能作为不可抗力事件加以援引。③综合规定，即采用概括和列举并用的方式。在我国进出口合同中，一般都采取最后一种规定方式。

（2）不可抗力事件的通知期限和通知方式

不可抗力事件发生后，如影响合同履行，发生事件的一方当事人应按约定的通知期限和通知方式，将不可抗力事件情况如实通知对方。例如，以电报通知对方，并在15天内以航空信提供事故的详细情况和影响合同履行的程度的证明文件，对方在接到通知后应及时答复，如有异议也应及时提出。

（3）不可抗力事件的证明

在国际贸易中，当一方援引不可抗力条款要求免责时，必须向对方提交有关机构出具的证明文件，作为发生不可抗力的证明。在国外，一般由当地的商会和合法的公证机构出具，在我国由中国国际贸易促进委员会或其设在口岸的贸促会分会出具。

第三节 仲 裁

一、仲裁与仲裁协议

仲裁是指国际贸易的交易双方在争议发生之前或发生之后，签订书面协议，自愿将争议提交双方所同意的仲裁机构进行裁决，以解决争议的一种方式。

1. 仲裁的特点

仲裁充分体现了意识自治原则。仲裁以双方当事人的自愿为前提，如仲裁机构的选择、仲裁庭人员的组成、仲裁的审理方式等方面，都充分体现了当事人意思自治原则。《中华人民共和国仲裁法》第4条明确规定，当事人采用仲裁方式解决纠纷，应当双方自愿，达成仲裁协议。

仲裁裁决与调解书具有与法院判决相同的法律效力。虽然仲裁的裁决与调解书是由仲裁机构做出的，但是与法院裁决一样，具有法律的约束力，当事人必须严格履行。《中华人民共和国仲裁法》第62条规定，当事人应当履行裁决。一方当事人不履行的，另一方当事人可以依照民事诉讼法的有关规定向人民法院申请执行。受申请的人民法院应当执行。

仲裁具有不公开审理性。为了保护当事人的商业秘密，使当事人的商业信誉不受影响，有利于双方当事人今后的业务往来，仲裁一般采用不公开审理方式。

仲裁具有公正性、权威性和高效性。仲裁委员会依法独立行使仲裁权，不受行政机关、社会团体和个人的干涉，仲裁委员会聘请的仲裁员断案具有公正性和权威性。仲裁实行一裁终局，不实行级别管辖和地域管辖，这使商事案件能够得到较快解决，从而节省当事人的时间和费用。

2. 仲裁协议的形式和作用

仲裁协议是双方当事人在纠纷发生前或发生后以仲裁条款或其他书面形式达成的，愿意把他们之间有可能发生的或已经发生的争议，交付仲裁机构裁决的一种书面协议。它是仲裁机构受理争议案件的依据。

（1）仲裁协议的形式

仲裁协议有两种形式：一种是在争议发生之前订立的，通常作为合同中的仲裁条款出现；另一种是在争议发生之后订立的，把已经发生的争议提交仲裁的协议。这两种形式的基本内容都包括仲裁地点、仲裁机构、仲裁程序、仲裁裁决的效率、仲裁费用的负担等。这两种形式的仲裁协议及法律效力是相同的。

（2）仲裁协议的作用

约束双方当事人，只能以仲裁方式解决争议，授予仲裁机构对争议案件的管辖权，排除法院对争议案件的管辖权。

（3）仲裁程序

各国仲裁机构对仲裁程序都有明确规定，我国仲裁程序如下：

1）申请仲裁。申请人应提交仲裁协议和仲裁申请书，并附交有关证明文件和预交仲裁费，仲裁机构成立案后应向被诉人发出仲裁通知和申请书及附件，被诉人可以提交答辩书或反请求书。

2）指定仲裁员组成仲裁庭。当事人双方均可在仲裁机构所提供的仲裁员名册中指定或委托仲裁机构指定一名仲裁员，并由仲裁机构指定第 3 名仲裁员，作为首席仲裁员，共同组成仲裁庭。

3）仲裁审理。仲裁审理案件有两种形式。一是书面审理，又称不开庭审理，是指双方当事人及其他仲裁参与人不到庭参与审理的情况下，仲裁庭根据当事人提供的仲裁程序书、答辩书以及其他方面材料做出裁决的过程。二是开庭审理，这是普遍采取的一种方式。开庭审理的仲裁方式以不公开审理为原则，以公开审理为例外，所以不公开审理事实，仲裁庭在审理案件时不对社会公开，不允许群众旁听，也不允许新闻记者采访报道，不公开审理的目的在于保守当事人的商业秘密，维护当事人的商业信誉。

4）做出裁决。裁决是仲裁程序的最后一个环节，裁决做出后审理案件的程序即告终结，因而这种裁决被称为最终裁决。根据我国仲裁规则，除最终裁决外，仲裁庭认为有必要接受当事人的提议，在仲裁过程中，可就案件的任何问题做出中间裁决或者部分裁决。

二、合同中的仲裁条款

1. 仲裁条款的内容

合同中的仲裁条款一般应包括仲裁地点、仲裁机构、仲裁裁决效力、费用的负担等内容。

1）仲裁地点。一般而言，在哪个国家仲裁就适用哪个国家的法律和仲裁法规。仲裁地点不同，适用法律可能不同，仲裁结果也可能不同，因此买卖双方当事人在仲裁地点的选择上，要力争在自己的国家，或选择比较了解和信任的仲裁机构。

2）仲裁机构。国际贸易中的仲裁机构有两类，即常设仲裁机构和临时仲裁机构。常设仲裁机构是指具有固定的组织、固定的地点和固定的仲裁程序规则的永久性机构。临时仲裁机构是指根据当事人的仲裁条款或仲裁协议，在争议发生后由双方当事人推荐的仲裁员临时组成的负责裁断当事人的争议，并在裁决后即行解散的临时性机构。我国的常设涉外商事仲裁机构是中国国际贸易仲裁委员会，该委员会隶属于中国国际贸易促进委员会。

3）仲裁裁决效力。根据《中华人民共和国仲裁法》的规定，仲裁实行的是一裁终局制度。裁决做出后，当事人就同一纠纷再申请仲裁或者向人民法院起诉的，仲裁委员会或者人民法院不予受理。《中国国际经济贸易仲裁委员会仲裁规则》规定，裁决是终局性的，对双方当事人均有约束力。任何一方当事人均不得向法院起诉，也不得向其他任何机构提出变更仲裁裁决的请求。

4）费用的负担。双方当事人通常在仲裁条款中明确规定仲裁费用由谁负担，一般规定由败诉方承担，也有的规定由仲裁庭酌情决定。

2. 仲裁裁决的执行

仲裁裁决的执行是指当事人自动履行裁决事项，或法院根据一方当事人的申请依法强制另一方当事人执行裁决事项。

仲裁裁决一经做出就具有法律效力，对双方当事人都有约束力。当事人应当自动履行裁决。裁决书写明期限的，应在规定期限内自动履行；未写明期限的，应当立即履行。如果败诉方拒绝履行，胜诉方可向法院申请强制执行。

为了解决各国在承认和执行外国仲裁裁决问题上存在的分歧，1958 年在纽约召开的联合国国际商业仲裁会议上签署了《承认及执行外国仲裁裁决公约》，该公约是有关承认和执行外国仲裁裁决的一个重要的国际公约。我国于 1987 年加入该公约。该公约的主要内容是要求所有缔约国承认当事人之间订阅的书面仲裁协议（包括合同中的仲裁条款）在法律上的效力，并根据该公约的规定和申请执行地的程序，承认和执行外国仲裁裁决。我国仲裁机构的涉外仲裁裁决可以在世界上已加入该公约的国家和地区得到承认和执行。

习　题

一、名词解释

1. 争议与索赔
2. 不可抗力
3. 仲裁

二、简答题

1. 简述在国际贸易合同中不可抗力条款的主要内容。
2. 在国际贸易中，当发生争议时，选择仲裁方式解决争议的优势有哪些？

第十章
贸易前的准备工作

第一节　了解相关政策、法律与规则

为了能顺利地完成进出口贸易，必须了解外贸对象国的法律法规。这些法律法规保护并促进了各国生产与发展，是一国对外经济贸易和外交政策的具体体现。尽管各国所实行的对外贸易政策法规在形式和内容上有许多差异，但是目的往往是相同的，主要表现在以下3方面：①保护本国经济，发展本国经济；②推行本国的外交政策；③行使国家职能。在国际贸易实务中，外贸业务员要首先了解世界各国的政策、法律与规则，掌握世界各国对进出口贸易进行管理的原则、方针和措施手段，避免出现对国际市场行情了解不够、对贸易的可行性预判不足等情况，减少损失。

一、WTO规则

（一）WTO规则概述

1995年1月1日正式生效的《马拉喀什建立世界贸易组织协定》及其若干附件是世界贸易组织（WTO）各成员在制定国际贸易领域中有关货物贸易、服务贸易和知识产权的政策和做法时所必须遵循的一整套规则。

WTO的主要目标是为各成员之间的贸易提供充分的竞争机会，并为此规定了两条基本原则，即最惠国待遇原则（简称MFN）和国民待遇原则（National Treatment）。最惠国待遇原则保证各成员享有平等的竞争机会，而国民待遇原则保证出口国（地区）的产品和进口国（地区）的产品享有平等竞争的机会。

WTO有关条款规定，各成员间要对等地开放本国（地区）市场；各成员发展对外贸易不应采取不公正的贸易手段进行竞争，特别是不能以倾销和补贴的方式销售本国（地区）产品；各成员的贸易政策法规要有透明度。这些就形成了WTO的市场开放、公平竞争和透明度原则。

在货物贸易方面，WTO的主要规则是关于关税和非关税措施的规则。WTO就降低关税和承诺不同产品的关税方面做了限制性规定。非关税措施不允许普遍使用。例如，一成员一般不得禁止或限制货物的进口或出口。实施此类非关税措施有明确的前提条件，而且只能通过规定的程序加以实施。

WTO规定了这些条件和程序。例如，一成员可以提高产品的关税或实行数量限制，保护其产业免受进口激增的冲击。若遇到国际收支困难，也可以采取措施减少进口。同时，在有关协议中对采取上述行动的条件和程序做了详细规定。

为确保竞争机会的连续性，WTO反对不公平的贸易做法，并提供了保护公平贸易的措施。例如，若某成员对其出口或生产进行补贴，或某公司通过不合理地降低产品价格进行倾销，则受到不利影响的成员可以采取措施，抵消这些不公平贸易做法所带来的影响。

在国际贸易中，有时存在变相的贸易壁垒，比如对产品的质量或性能规定不必要的高标准，或者高估进口产品价值以征收不合理的高额关税，或用其他手段削弱进口产品的竞争能力。WTO对这些行为都规定了明确的防范措施。

（二）WTO的有关协议

1）关于货物贸易的多边协议。

①《1994年关税与贸易总协定》。

②有关货物贸易其他领域的协议，也就是WTO货物贸易理事会管辖的下列12个领域的协议：《农业协议》《实施动植物卫生检疫措施协议》《纺织品与服装协议》《技术性贸易壁垒协议》《与贸易有关的投资措施协议》《关于实施1994年关税与贸易总协定第6条的协定》（即《反倾销措施协议》）、《关于实施1994年关税与贸易总协定第7条的协定》（即《海关估价协议》）、《装船前检验协议》《原产地规则协议》《进口许可程序协议》《补贴与反补贴措施协议》《保障措施协议》。

2）《服务贸易总协定》。

3）《与贸易有关的知识产权协定》。

4）《关于争端解决规则与程序的谅解》。

5）其他协议，即《民用航空器贸易协议》《政府采购协议》《国际奶制品协议》和《国际牛肉协议》。

（三）WTO规则与国内法

WTO规则的适用包括两层含义：第一，WTO成员之间在国际层面上依照WTO规则来处理相互之间的关系，其最主要的“司法机关”是WTO争端解决机构；第二，WTO成员将WTO规则转化为国内法，在自己的领土内适用WTO规则，从而保证其法律、规章与行政程序符合附件各协议规定的义务。即便是WTO规则在国内的适用问题上，也包括了行政机关对WTO规则的适用和司法机关对WTO规则的适用。

在国际法上，“条约必须遵守”是一项公认的原则，它是指条约生效后，缔约各方应按照条约规定，行使自己的权利，履行自己的义务，不得随意违反。但是“条约必须遵守”针对的是国家主体，每个国家法院适用的都是本国法律，对国际条约的适用就涉及如何将国际条约转化为国内法的问题。国内法转化往往与国际条约有差异，各国法院只能依照本国法律规定来行使司法裁判权，所以“进入 WTO，法院就必须按 WTO 规则来判案”的说法并不准确。

二、国际贸易惯例

国际贸易惯例本身并不是法律。贸易双方当事人有权在合同中达成不同于惯例规定的贸易条件。但许多国家在立法中明文规定了国际惯例的效力，特别是在《联合国国际货物销售合同公约》中，惯例的约束力得到了充分的肯定。在下列情况中，国际贸易惯例对当事人有约束力：第一，当事人在合同中明确表示选用某项国际惯例；第二，当事人没有排除对其已知道或应该知道的某项惯例的适用，而该惯例在国际贸易中为同类合同的当事人所广泛知道并经常遵守，则应视为当事人已默示地同意采用该项惯例。

在国际贸易中通行的主要惯例均由国际商会制定，主要有：《国际贸易术语解释通则 2020》《跟单信用证统一惯例》（UCP600）《托收统一规则》《国际保付代理惯例规则》（国际保理商联合会颁布）《见索即付保函统一规则》。

国际惯例是国际法的一个重要渊源。上述惯例在国际贸易中均得到普遍遵守，是从事国际贸易的人员所必须熟知的重要内容。有关贸易术语的国际贸易惯例主要有 3 种：《1932 年华沙-牛津规则》《1941 年美国对外贸易定义修正本》和《国际贸易术语解释通则 2020》。

三、各国关于国际贸易的法律规范

（一）大陆法系

1. 大陆法系概述

大陆法系名称的由来是该法系首先是在欧洲大陆出现和形成的，一般是指以罗马法为基础形成和发展的法律体系总称。法国在 19 世纪初编纂的《法国民法典》和德国在 19 世纪末编纂的《德国民法典》，对大陆法系的发展具有强大的推动作用。

大陆法系国家以法国和德国为代表，欧洲大陆以及北欧国家均适用大陆法系，包括比利时、西班牙、葡萄牙、意大利、奥地利、瑞士、荷兰、挪威、瑞典、丹麦、芬兰和冰岛。亚洲的日本、中国、泰国等也均为大陆法系国家。

2. 大陆法系的特点

1）在法律渊源上，大陆法系不仅继承了罗马法成文法典的传统，还采纳了罗马法的体系、概念和术语。实行法典化，如《法国民法典》《德国民法典》。各国都以法典编撰作为法律统一和法治建设完成的标志。

2）在法律形式上，大陆法系国家一般不存在判例法，法官只能依据法律判案，不存在“遵循先例”原则。对重要的部门法制定了法典，并辅之以单行法规，构成较为完整的成文法体系。法典化的体系包括宪法、行政法、民法、商法、刑法、民事诉讼法、刑事诉讼法。

3）大陆法系国家的立法和司法分工明确，强调制定法的权威，制定法的效力优先于其他法律渊源，法官只能严格执行法律规定，法官的任务只限于阐明法律的“真意”。在法官的作用上，大陆法系要求法官遵从法律明文办理案件，没有立法权，禁止法官立法。

4）大陆法系法律只能由立法机关制定，法官只能运用既定的法律判案。因此，在大陆法系国家，法官的作用在于从现存的法律规定中找到适用的法律条款，将其与事实相联系，推论出必然的结果。

（二）英美法系

1. 英美法系概述

英美法系亦称英国法系、判例法系、海洋法系，是以英国普通法为基础发展起来的法律的总称。它产生于英国，后扩大到美国、加拿大、印度、巴基斯坦、孟加拉国、马来西亚、新加坡、澳大利亚、新西兰，以及非洲的个别国家和地区。英美法系是与大陆法系并列的历史悠久和影响较大的法系，注重法典的延续性，以传统、判例和习惯为判案依据。

2. 英美法系的特点

1）英美法系的法律渊源既包括各种制定法也包括判例，其中判例法在整个法律体系中占主导地位。判例法一般是指高级法院的判决中所确立的法律原则或规则，这种原则或规则对以后的判决具有约束力和影响力。

2）英美法系中法官的地位很高，法官既可以援用成文法也可以援用已有的判例来审判案件。法官在法律发展中处于中心地位，他们不仅是判例法的制定者，也是法律的解释者和执行者。

3）英美法系诉讼程序以原告、被告以及辩护人和代理人为中心，法官只是双方争论的仲裁人而不参与争论，同时存在陪审团，陪审团代表人民参加案件审理，但主要做出事实上的结论和法律上的基本结论（有罪或无罪），法官负责做出法律上的判决。

四、我国对外贸易管理基本框架和法律体系

（一）基本框架

我国对外贸易管理基本框架是指我国通过制定法律、法规，对货物进出口、技术进出口和国际服务贸易进行管理和控制的制度。我国对外贸易管理基本框架主要是根据《中华人民共和国对外贸易法》《中华人民共和国海关法》《中华人民共和国外汇管理条例》和进出境检疫、检验相关法律确立的。

以外贸法为基本框架、以其他相关条例为补充的相对健全的法律、法规体系，构成了我国货物、技术和服务进出口管理的法律制度。外贸法除对立法目的、适用范围、主管部门以及基本原则等进行总则性的规定外，主要就对外贸易经营者、货物进出口与技术进出口、国际服务贸易、对外贸易中的知识产权、对外贸易秩序、对外贸易调查、贸易救济、对外贸易促进、法律责任做了规定。《中华人民共和国货物进出口管理条例》

和《中华人民共和国技术进出口管理条例》进一步细化、完善了我国对货物、技术进出口的管理。《中华人民共和国反倾销条例》《中华人民共和国反补贴条例》和《中华人民共和国保障措施条例》则从根本上建立了我国的贸易救济制度。此外，还有针对特定产品或技术的管理条例，如《中华人民共和国核出口管制条例》。

（二）法律体系

我国的外贸法律体系包括《中华人民共和国对外贸易法》《中华人民共和国海商法》《中华人民共和国海关法》《中华人民共和国进出口商品检验法》《中华人民共和国民用航空法》《中华人民共和国民事诉讼法》《中华人民共和国海事诉讼特别程序法》《中华人民共和国出口管制法》《中华人民共和国票据法》。

（三）行政法规

我国现行的对外贸易行政法规主要有《中华人民共和国货物进出口管理条例》《中华人民共和国技术进出口管理条例》《中华人民共和国进出口关税条例》《中华人民共和国反倾销条例》《中华人民共和国反补贴条例》《中华人民共和国保障措施条例》《中华人民共和国外汇管理条例》《中华人民共和国国际海运条例》《中华人民共和国知识产权海关保护条例》《中华人民共和国野生植物保护条例》等。

（四）部门规章

我国现行的对外贸易管理的部门规章很多，如《货物进口许可证管理办法》《货物出口许可证管理办法》《货物自动进口许可管理办法》《进口药品管理办法》《放射性药品管理办法》《两用物项和技术进出口许可证管理办法》等。

（五）国际条约、协定

国际条约、协定确定了各国之间在国际贸易活动中的权利和义务关系，以实现其外交政策和对外贸易政策所确定的目标，因此，国际贸易条约与协定便成为各国之间确立国际贸易关系立场的重要法律形式。

我国所缔结或参加的各类条约和协定有加入世界贸易组织所签订的双边或多边贸易协定、《联合国国际货物销售合同公约》《跟单信用证统一惯例》（UCP600）、《国际贸易术语解释通则 2020》《关于简化和协调海关业务制度的国际公约》《濒危野生动植物种国际贸易公约》《控制危险废物越境转移及其处置的巴塞尔公约》《关于在国际贸易中对某些危险化学品和农药采用事先知情同意程序的鹿特丹公约》《关于消耗臭氧层物质的蒙特利尔议定书》《关于化学品国际贸易资料交换的伦敦准则》《建立世界知识产权组织公约》等。

第二节　国际市场调研

一、国际市场调研的概念

国际市场调研是指为了发现一种或一组商品的销售趋势，找出取得销售成功的方法而进行的调查国际市场的活动。

国际市场调研的作用主要有：第一，通过市场调研，企业可以迅速了解到消费者需要什么样的商品，从而做到知己知彼，有的放矢地去开辟国际市场。第二，通过市场调研，企业可以了解特定市场的消费水平，从而为企业选择适当的商品进行销售提供依据。第三，通过市场调研，企业可以知道特定市场的供求关系与竞争对手的情况，从而为其扩大销路、提高经济效益找到可行途径。第四，通过市场调研，企业可以发现特定市场的贸易政策及方式、货币汇率、消费观念等变化，从而有利于企业选择对自己有利的贸易时机和贸易机会。

二、国际市场调研的内容

（一）国际市场环境调研

企业开展国际商务进行商品进出口，需要先了解商务市场环境。企业对国际市场环境调研的主要内容如下：

1. 国外经济环境

国外经济环境包括一国的经济结构、经济发展水平、经济发展前景、就业、收入分配等。外部经济环境走势，已经成为影响整体外贸走势的主要因素。2020年年初，新冠疫情使得全球的外部经济环境变得越来越复杂，给全球经济带来巨大冲击，失业工人数量激增、实体经济停摆，很多企业出现劳动力短缺、工厂产能不足的情况。例如，疫情造成美国多地的商场、超市、杂货店都出现了多种商品短缺的情况，包括食品饮料、服装和日用品在内的许多商品都存在不同程度的断货。许多超市的货架空空如也，或仅有几种商品供顾客挑选，很多商店都不能确定在什么时候才能补货。一些大型连锁超市开始采取限购措施，限制顾客购买卫生纸等生活必需品的数量，因此美国加大了从全球购买商品的力度。开展以美国为代表的海外市场的经济形势调研，有利于企业制定应对措施。

此外，还需要注重选择目标国市场，重点分析国外市场是红海市场还是蓝海市场。例如，美国是世界第一大经济体，具有很强的消费能力，2020年的零售消费总额为5.7万亿美元，是世界各国首选的出口市场，但美国市场商家竞争激烈，而欧盟市场潜力超过美国，竞争也不如美国市场激烈，属于蓝海市场。

2. 国外政治和法律环境

一个国家的政局稳定与否，会给企业外销活动带来重大的影响。一些国家政治不稳定，法律体系不健全而且随意性大，政府职能部门效率低、权力寻租和官僚腐败问题突出，营商环境堪忧，外商企业面临较大经营风险。这些国家政治不稳定，直接影响国内的社会经济发展，进而影响与其他国家的经济贸易往来。政治风险成为影响国内经济增长和对外交往的核心因素。例如，叙利亚战争给叙利亚和西亚经济带来巨大损失。因此，企业在对外贸易活动中，需要考虑东道国政局变动和社会稳定情况可能造成的影响。

法律环境是指国家或地方政府所颁布的各项法规、法令和条例等，包括政府的重要经济政策，政府对贸易实行的鼓励、限制措施，特别是有关外贸方面的法律法规，如关税、配额、国内税收、外汇限制、卫生检疫、安全条例等。例如，美国《1974 年贸易法》第 301 条是美国贸易法中有关对外国立法或行政违反协定、损害美国利益的行为采取单边行动的立法授权条款。美国常常利用“301 条款”在涉及技术转让、知识产权和创新领域对其他国家启动贸易调查，并在调查结束后由美国总统签署实施单边制裁的命令。以日食眼镜为例，2017 年美国利用“301 条款”对中国日食眼镜进行涉嫌违反美国的知识产权的相关调查。虽然中方厂商具有 ISO、CE 等认证，但不能在美国销售，已经发往美国的货物只能运回或销毁。

在国际贸易中，外贸业务员不仅要熟悉法律法规，还要掌握法律救济成本的高低。法律救济成本属于国际贸易的事后成本，主要分为合同履行成本和纠纷解决成本，包括侦破案件、提起诉讼、审理及执行判决的费用及当事人支付的诉讼费、律师代理费、举证成本、时间成本等。在各国的法律救济成本中，中国的法律救济成本较低，占索赔金额的 16.2%；柬埔寨、印度尼西亚、孟加拉国的法律救济成本较高，分别占索赔金额的 103.4%、70.3%、66.8%；韩国、斯洛文尼亚和希腊的法律救济成本最低，占索赔金额的比例分别为 12.7%、12.7%、14.4%；美国的法律救济成本也较高，占到索赔额的 30.5%，这与美国的法律程序烦琐、律师费用高昂有关。

3. 国外文化环境

外贸业务员必须培养对目标国文化的敏感性，包括目标国使用的语言、教育水平、宗教、风俗习惯、价值观念等。文化环境直接决定消费者需求类型，包括商品的结构、外形、颜色等。在开发国际市场时，要研究目标国文化与商品之间的冲突程度，商品的推广常常遭到目标国文化的抵制。从一种文化走向另一种文化时，商品的物质特征需要做一些改变，包括外形、滋味、色彩、功能、标签、包装等。例如，在委内瑞拉，标签上必须印刷价格，而在智利，标签上标注价格是违法的。

4. 人口、交通、地理等情况

人口规模和结构对国际贸易有重要的拉动作用，包括人口总量规模、人口增长趋势、人口密度，以及按年龄、性别、受教育程度、职业、城乡和地理位置划分的人口分布状况及变化趋势。目前，发达国家出现人口下降、人口老龄化严重的现象，而发展中国家人口不断增长、人口持续向城市转移，这些人口特征及变化将会对潜在的市场需求产生深刻的影响。联合国发布的一份有关世界人口增长趋势的报告预测，到 2050 年，非洲大陆人口数量将增加到 24 亿。因此，在未来数十年，非洲人口结构或将偏向于年轻人，目前非洲年轻人口占比达到 70%，根据这一人口结构特点，企业应该重点推广具有个性化、潮流、高品质的产品。

此外，交通、地理位置也深刻影响着国际贸易。地理障碍对于一国的经济活动、市场行为、运输、销售会产生直接影响。沿海港口城市与内陆城市相比，前者更有可能成为贸易中心、交通枢纽，促进贸易发展。其中，老挝就是一个能说明交通在贸易中作用重要的例子。老挝是东南亚唯一的内陆国，因地势高、山地多，交通不便，在中老铁路通车之前全国只有 3.5km 铁路，经济发展受限。中老铁路正式通车后，老挝从陆锁国变为陆联国，实现了与周边国家乃至世界的互联互通，为其经贸、旅游、人员往来等各领域发展提供了便利。

（二）国际市场商品情况调研

企业要想将产品打入国际市场或从国外市场进口产品，除了需要了解国外市场环境外，还需要了解国外商品市场情况。

在国外同一市场上，应摸清这些不同品种对市场的适销情况，特别要研究市场畅销品种的特点，以便主动积极地适应市场的需要，扩大出口。例如，欧盟人口逐渐老龄化，“银发”经济增长迅速，因此需要加大研究“银发”消费群体的商品需求特点，老年人大多喜欢经济、实用的商品，商家不妨在老年人的食品、服饰、日用品、康复用具以及通信工具等科技产品方面进行有针对性开发，挖掘老年人消费市场的潜力。

国外市场商品的供给调研内容包括商品供应的渠道、来源、国外生产厂家、生产能力、数量及库存情况等。开展对外贸易，需要掌握货源，即商品供应渠道，例如做假发生意，需要知道河南许昌是中国假发货源地，假发原材料采购地主要是印度、巴基斯坦、越南、老挝、孟加拉国、缅甸、俄罗斯、蒙古国、日本、韩国等。

国外市场商品需求调研内容包括国外市场对商品需求的品种、数量、质量要求等。开辟新的市场，需要调研国外市场商品需求状况。美国市场具有潜力的品类包括服装配饰、计算机、消费电子、汽配及家居用品等，具体来看，服装配饰占据了美国零售电子商务销售额的大份额，为18.7%，其次是计算机和消费电子产品（16.7%）、汽配（10.7%）、音乐视频（8.4%）以及家居用品（7.9%）。例如，新冠疫情期间，欧盟除了防疫用品的销量可观外，以下品类需求也暴涨：办公用品、家居服饰、美容美妆、娱乐产品、母婴及儿童产品、宠物用品、健身用品。

欧美市场作为国内家纺用品的主要输入地区，家纺产品消耗体量巨大，家纺产品在欧美消费观念中属于快消品，此类产品使用周期短，复购率高。新冠疫情期间，欧美家纺市场火热，一方面是受疫情的影响，民众对床上用品更换频繁，以及医院一次性床上用品需求量增大；另一方面得益于我国国内纺织行业完备的产业链、供应链体系和强大的供给能力，有效弥补了因疫情导致的家纺行业供应链缺口。

（三）国际市场营销情况调研

国际市场价格除围绕着国际价值经常上下波动外，还经常受到经济周期、通货膨胀、垄断与竞争、投机活动、自然灾害、季节变动等社会、经济和自然等多种因素的影响。必须具体分析这些因素对价格的影响，并根据价格变动趋势，选择在最有利的市场推销商品和采购物资。

国际市场营销情况调研是对国际市场营销组合情况的调研，除上述已经提到的因素外，一般还应包括以下几方面：

1）商品销售渠道，包括销售网络设立、批零商的经营能力、经营利润、消费者对他们的印象、售后服务等。

2）广告宣传，包括消费者购买动机、广告内容、广告时间、方式、效果等。

3）竞争分析，包括竞争者产品质量、价格、政策、广告、分配路线、占有率等。

三、了解进出口产品认证情况

产品想要进入目标市场并享有竞争力，是否取得国际权威认证机构的认证合格标志是关键因素之一。由于不同市场、不同产品类别需要的认证及标准不同，因此从事国际贸易的人员在进行进出口业务之前，必须掌握世界各国的产品认证要求，按照要求对产品进行检测、认证，加贴认证标志。

世界大多数国家和地区都设立了自己的产品认证机构，企业可以使用不同的认证标志来标明商品对相关标准的符合程度，如 CE 认证、UL 认证、CCC 认证、GS 认证和 PSE 认证等。

（一）CE 认证

CE（Conformite Europeenne）是一种安全认证标志，被视为制造商打开并进入欧洲市场的护照。凡是有 CE 标志的产品就可在欧洲各成员国内销售，无须符合每个成员国的要求，从而实现了商品在欧盟成员国范围内的流通。

在欧盟市场，CE 标志属于强制性认证，不论欧盟内部企业生产的产品，还是其他国家的产品，要想在欧盟市场上流通，都必须加贴 CE 标志，以表明产品符合欧盟《技术协调与标准化新方法》指令的基本要求，这是欧盟法律对产品提出的一种强制性要求。

以下产品需要加贴 CE 标志：电气类产品、机械类产品、玩具类产品、无线电和电信终端设备、冷藏、冷冻设备、人身保护设备、简单压力容器、热水锅炉、压力设备、游乐船、建筑产品、体外诊断医疗器械、植入式医疗器械、医疗电器设备、升降设备、燃气设备。

（二）UL 认证

UL（Underwriter Laboratories Inc.，保险商试验所）是美国最有权威的，也是世界上从事安全试验和鉴定较大的民间机构。

它采用科学的测试方法来研究确定各种材料、装置、产品、设施、建筑等对生命、财产有无危害及危害的程度；确定、编写、发行相应的标准和有助于减少及防止造成生命财产受到损失的资料，同时开展实情调研业务。

它主要从事产品的安全认证和经营安全证明业务，其最终目的是为市场得到具有相当安全水准的商品，为人身健康和财产安全得到保证做出贡献。就产品安全认证作为消除国际贸易技术壁垒的有效手段而言，UL 认证在促进国际贸易的发展方面发挥着积极的作用。

（三）CCC 认证

为了维护国家、社会和公共利益，提高认证有效性，2009 年中国实施了《强制性产品认证管理规定》。

1. 强制性产品认证涵盖的商品范围

中国对涉及人类健康和安全、动植物生命和健康，以及环境保护和公共安全的产品实行强制性认证制度。国家对强制性产品认证公布统一的《强制性产品认证目录》，凡列入该《目录》的产品，必须经国家指定的认证合格、取得指定认证机构颁发的认证证书并标注认证标志后，方可出厂销售、进口和在其他经营性活动中使用。国家对 22 大类 149 种产品使用强制性产品认证。

国家认证认可监督管理委员会（CNCA）已陆续发布实施强制性产品认证的产品目录。自 2003 年 5 月 1 日起，未获得强制性产品认证证书和未加施中国强制性认证标志的产品不得出厂、进口、销售。

2. 认证的申请

1）《强制性产品认证目录》中产品的生产者、销售者和进口商可以作为申请人，向指定认证机构提出该《目录》中的产品认证申请。

2）申请人申请《强制性产品认证目录》中产品认证的，应当遵守以下规定：

① 按照《强制性产品认证目录》中产品认证实施规则的规定，向指定认证机构提交认证申请书、必要的技术文件和样品。

② 申请人为销售者、进口商时，应当向指定认证机构同时提交销售者和生产者或者进口商和生产者订立的相关合同副本。

③ 申请人委托他人申请《强制性产品认证目录》中产品认证的，应当与受委托人订立认证、检测、检查和跟踪检查等事项的合同，受委托人应当同时向指定认证机构提交委托书、委托合同的副本和其他相关合同的副本。

④ 按照国家规定缴纳认证费用。

3. 认证证书及标志的使用

强制性产品认证证书是证明《强制性产品认证目录》中产品符合认证要求并准许其使用认证标志的证明文件。强制性产品认证标志是《强制性产品认证目录》中产品准许其出厂销售、进口和使用的证明标记，名称为“中国强制认证”（英文名称为“China Compulsory Certification”，英文缩写为“CCC”，也可简称为 3C 标志）。认证证书的持有人应当按照《强制性产品认证标志管理办法》规定的要求使用认证标志。

（四）GS 认证

GS（德语 Geprufte Sicherheit，安全性已认证）是德国劳工部授权 TÜV、VDE 等机构颁发的安全认证标志。GS 标志是被欧洲广大顾客接受的安全标志，通常 GS 认证产品销售单价更高而且更加畅销。

GS 认证对工厂质量保证体系有严格要求，对工厂要进行审查和年检：要求工厂在批量出货时，要依据 ISO 9000 体系标准建立自己的质量保证体系。工厂至少要有自己的品质管理制度、质量记录等文件和足够的生产、检验能力；颁发 GS 证书之前，要对新工厂进行审查，合格后才发放 GS 证书；发证书后，每年要对工厂进行最少 1 次审查。无论该工厂申请多少个产品的 TÜV 标志，工厂审查只需要 1 次。

需要申请 GS 认证的产品有：①家用电器，如电冰箱、洗衣机、厨房用具等；②家用机械；③体育运动用品；④家用电子设备，如视听设备；⑤电气及电子办公设备，如复印机、传真机、碎纸机、计算机、打印机等；⑥工业机械、实验测量设备；⑦其他与安全有关的产品，如自行车、头盔、爬梯、家具等。

（五）PSE 认证

PSE（Product Safety of Electrical Appliance & Materials）认证（在日本称为“适合性检查”）是日本电气用品的强制性市场准入制度，是日本《电气用品安全法》中规定的一项重要内容。目前，日本政府根据日本《电气用品安全法》中的规定，将电气用品分为特定电气用品和非特定电气用品，其中特定电器用品包括116种产品；非特定电气用品包括341种产品。

PSE包括EMC和安全两部分的要求，凡属于特定电气用品目录内的产品，进入日本市场，必须通过日本经济产业省授权的第三方认证机构认证，取得认证合格证书，并在标签上贴有菱形PSE认证标志。

四、选择经营商品的原则

1. 从需求出发，跟着市场走

出口商常常认为，既然强调商品，那么就选择自己熟悉的、有资源的商品。不熟悉不做是有道理，但出口商更加需要考虑选择出口的商品是否有足够大的市场空间，如果有足够大的市场空间，那就无须考虑，直接作为出口商品即可。如果没有市场空间却非要开发，就会浪费时间与资源。此外，出口商要关注的是国外市场，并非国内市场。有些商品在国内不畅销，但可能会在国外卖得非常好。

2. 以盈利为目标

国外市场不缺好商品，同时也挤满了出口商，不少出口商甚至还申请了品牌保护，怎么看都是竞争激烈的市场（红海市场）。有些出口商，将目光转向竞争力较小的市场（蓝海市场）。其实，竞争激烈的市场里也有商机。一个行业或一个品类之所以变成红海市场，是因为它的规模与市场需求足够大。如果在产品上做出细节上的差异，还是会有盈利的机会。蓝海市场，竞争力是相对较小，但关注度比红海市场小很多，如果进入蓝海市场，出口商需要进行更多的摸索，承担更多的开发工作。蓝海市场也不会永远存在，选红海市场还是蓝海市场，关键在于商品是否有盈利空间。

3. 专注于某一类商品

如果已经建立出口企业，下一步就会考虑要卖什么商品。企业建立之初，资金、人力各个方面的资源都是有限的，不可能刚起步就会大规模出口，所以先专注于某一类商品。如果不知市场如何，可以在一些网站上调研或选品，包括对卖得比较好的行业、产品进行调研。了解国外市场在热卖什么商品，并对商品和款式进行周期性分析，通过分析后再确认是否可以进入这个市场。

第三节 寻找和确定客户

一、寻找客户

（一）参加国内外展会

这是最传统也是最有效的寻找客户的途径，至今依然受到国际贸易业内人士的青睐，也是最主要的寻找客户的方式之一。我国展会非常多，比较知名的有中国义乌国际小商品博览会、中国-缅甸边境经济贸易交易会、中国进出口商品交易会（广交会）等。国外著名的展会有纽伦堡国际玩具展会、曼谷珠宝首饰展览会、汉诺威工业博览会等。2020 年广交会，境内外参展企业近 2.6 万家，外贸业务员参加展览会时，可以根据需要与自己感兴趣的企业直接建立联系并洽谈业务。

（二）生意伙伴或客户推荐

每一个业务员或多或少地在行业内都会有生意伙伴，通过对该地市场熟悉的生意伙伴来介绍客户是非常快捷的方式，生意伙伴的介绍可以使业务员快速了解市场的现状和客户的状况。业务员与生意伙伴或客户熟识后，努力挖掘信息，将其非竞争区域的客户争取过来。

（三）通过贸易促进机构、行业协会或者驻外使馆商务处获取客户信息

贸易促进机构与行业协会是业内人士聚集的场所和信息交换的平台，通过行业协会的帮助可以快速找到合适的客户。驻外使馆商务处对当地主要企业的经营范围、能力和资信比较熟悉，并且定期免费在网站上公布企业进出口需求信息，可以通过登录使领馆网站查询获得客户信息。

（四）浏览行业展会网站

很多知名的行业展会都有相关的主页，比如常见的展会有国际设施管理协会（IFMA）、欧洲自行车展贸易博览会（EUROBIKE）。行业展会网站上一般有展商的产品简介以及联系方式，还有展商的企业网址等重要信息。展商可能是卖家，也可能是进口客户，外贸业务员可以在网页上找到企业供给和需求信息。

（五）登录电子商务平台

很多企业利用 B2B、B2C 电子商务平台直接向国外公司或消费者销售产品，企业在电子商务平台发布广告和信息，从平台上可以获得三方面的信息：一是产品信息；二是供应商信息；三是供求信息。利用这些信息可以快速找到交易对象。外贸 B2B 企业主要依托阿里巴巴、环球资源、中国制造网、敦煌网等电子商务平台进行信息展示，外贸 B2C 企业主要在阿里速卖通、敦煌网、易贝、亚马逊等平台上销售商品。电子商务平台帮助买方和卖方进行在线匹配和撮合，为企业或个人提供网上交易洽谈平台。

（六）利用大数据平台

例如贸管家 B2B、贸易通等平台，这些平台为用户提供全球买家信息，包括采购部联系邮箱、海关数据、企业规模及经营现状等，及时发布世界市场采购需求，为国内中小制造企业与国外买家撮合交易。在平台上找到客户后，最好使用 WhatsApp Messenger 或其他常用的聊天工具与对方联系，因为买家有时不在线，所以使用 WhatsApp Messenger 等聊天工具便于及时沟通。

（七）利用搜索引擎

不同国家使用的搜索引擎不一样，通过不同国家的常用搜索引擎搜索需要的公司信息，比如百度、谷歌、雅虎、必应、AOL Search 等。搜索引擎是目前最重要和效果最明显的网站推广方式之一，也是一种成熟的网络营销方法。CNNC 调查报告显示，搜索引

擎是用户得知新网站的主要途径，网站访问量 82.2%以上来源于搜索引擎。所以如果站点不在搜索引擎里，用户将找不到。为此，学习和掌握搜索引擎登录方式及技巧就显得非常重要。

二、客户资信调查

（一）客户资信调查内容

在交易之前，对客户的资信情况要进行全面调查和分类，选出成交可能性最大的客户。对客户的资信调查主要内容如下：

1）客户政治情况，主要了解客户的政治背景、与政界的关系、公司企业负责人参加的党派及对我国的政治态度。

2）客户资信情况，包括客户拥有的资本和信誉两个方面。资本是指企业的注册资本、实有资本、公积金、其他财产以及资产负债等情况。信誉是指企业的经营作风，主要包括企业经营风格和客户的商业信誉、商业道德、服务态度和公共关系水平等。

3）客户经营业务范围，主要是指企业经营的商品及其品种。

4）客户公司、企业业务，是指客户的公司企业是中间商还是用户或专营商或兼营商等。

5）客户经营能力，是指客户业务活动能力、资金融通能力、贸易关系、经营方式和销售渠道等。

应当指出的是，在选择客户时，既要注意巩固老客户，也要积极物色新客户，以便在广阔的国际市场上，形成一个广泛的、有基础和有活力的客户群。

（二）客户资信调查途径

目前，对客户资信进行调查主要通过以下途径：

1. 国内往来银行

按照国际惯例，调查客户的资信情况属于银行的业务范围。目前，银行间业务往来频繁，银行间可以相互委托来调查客户资信。比如，中国银行在海外有很多分行，那么国内的企业可以委托中国银行来调查国外客户的资信情况，如调查客户的创立年份、组织机构、财务状况、营业范围、资本大小以及与该银行业务往来等详细资料。

2. 国际商会或进出口同业公会

国际商会或进出口同业公会可以通过其在对方国家的同业组织、商会、贸易协会等进行调查，但有可能国外的同业组织出于保护会员利益的考虑而拒绝提供真实资料，因此，通过这种渠道得来的资信，需要认真分析，不能轻信。

3. 国外资信调查机构

国外资信调查机构以调查信用为主要业务，通过提供信用调查服务，向委托人收取手续费。这些机构在世界各地派有常驻人员，负责就地调查，将调查的结果编成专册，准备随时应用，其提供的资料较为准确，而且速度较快，但国外资信调查机构的分布不广泛，同时手续费较高。

4. 委托驻外机构及商务人员代为调查

通过委托驻外机构及商务人员代为调查所得的资料，一般比较可靠、具体，对业务的开展有较大的参考价值。

5. 其他途径

可以利用交易会、洽谈会、客户来华谈判、派出国代表、推销小组等对客户进行资信调查。此外，外国出版的企业名录、厂商年鉴以及其他有关资料，对了解客户的经营范围和活动情况也有一定的参考价值。

习　　题

一、名词解释

1. WTO 规则
2. 国际贸易惯例
3. 大陆法系

二、简答题

1. 简述 WTO 的主要目标及基本原则。
2. 在国际贸易中，了解各国法律和国际贸易惯例的重要性体现在哪些方面？

第十一章
经济效益核算

第一节 国际货物的价格核算

现在国际上通用的贸易方法一般分为离岸价（FOB）、到岸价（CIF）。离岸价（FOB）指的是货物置于装运港船上后，卖方就有根据合同约定向对方索取货款的权利。也就是说，货物一离开码头，出口商就算交货了。对于到岸价（CIF）来说，必须把货物安全地送到进口商指定的港口后，出口商才能够享有以上权利，其中间费用由卖方负担。

在我国，FOB、CFR、CIF 这 3 个贸易术语均称为价格条款。甲板交货，货物置于装运港船上以前的费用、风险由卖方负担，之后的费用、风险转移至买方，当然，要想让货物被允许置于装运港船上，出口通关的手续由卖方负责完成。成本+运费，卖方负责将货物运抵指定目的港的费用，风险以装货港货物置于装运港船上为界，之前的风险归卖方，之后的风险归买方，显然，为避免货物在运输途中的灭失或损坏，买方要签订保险合同并负担保险费用；卖方负担货物运至目的港期间的费用和风险，其中卖方投保的险别满足最低限度即可。

3 个条款在遇到集装箱运输或滚装船运输时，船舷无实际意义，FOB 条款可改为 FCA（Free Carrier），CFR 条款可改为 CPT（Cost & Freight Paid to Destination Point），CIF 条款可改为 CIP（Cost Insurance Freight Paid to Destination Point）。3 个条款的出口通关均由卖方负担，进口清关均由买方负担。

按照国际保险市场的习惯做法，出口货物的保险金额一般按 CIF 货价另加 10% 计算，这增加的 10% 叫作投保加成率或保险加成率，也就是买方进行这笔交易所付的费用和预期利润。保险金额的计算公式为

保险金额=CIF 价×(1+投保加成率)

以 CIF 为保险金额的计算基础，表明除了货物本身，运费和保险费都作为被保险标的而投保。因此，对于 CFR/FOB 合同项下货物进行投保，需要先将 CFR/FOB 货价转化为 CIF 价格，其计算公式为

将 CFR 价转化为 CIF 价：

CIF=CFR/[1-(1+投保加成率)×保费率]

将 FOB 价转化为 CIF 价：

CIF=(FOB+F)/[1-(1+投保加成率)×保费率]

式中，F 代表海运运费。

一、佣金计算公式

含佣价=净价+单位佣金

单位佣金=含佣价×佣金率

含佣价=净价+(含佣价×佣金率)=净价/(1-佣金率)

二、折扣计算公式

折实售价=原价×(1-折扣率)

折扣金额=原价×折扣率

三、3 种贸易术语及其含佣价间的换算公式

1. 以 FOB 价换算为其他价格

CFR=FOB+F

CFRC=(FOB+F)/(1-佣金率)

CIF=(FOB+F)/(1-保险费率×投保加成)

式中，投保加成=1+投保加成率。

CIFC=(FOB+F)/(1-保险费率×投保加成-佣金率)

2. 以 CFR 价换算为其他价格

FOB=CFR-F

CFRC=CFR/(1-佣金率)

CIF=CFR/(1-保险费率×投保加成)

CIFC=CFR/(1-保险费率×投保加成-佣金率)

3. 以 CFRC 价换算为其他价格

FOB=[CFRC×(1-佣金率)]-F

CFR=CFRC×(1-佣金率)

CIF=[CFRC×(1-佣金率)]/(1-保险费费率×投保加成)

CIFC=[CFRC×(1-佣金率)]/(1-保险费率×投保加成-佣金率)

4. 以 CIF 价换算为其他价格

FOB＝CIF×(1－保险费率×投保加成)－F

CFR＝CIF×(1－保险费率×投保加成)

CFRC＝[CIF×(1－保险费率×投保加成)]/(1－佣金率)

5. 以 CIFC 价换算为其他价格

FOB＝CIFC×(1－保险费率×投保加成－佣金率)－F

CFR＝CIFC×(1－保险费率×投保加成－佣金率)

CFRC＝[CIFC×(1－保险费率×投保加成－佣金率)]/(1－佣金率)

四、价格核算公式

1. 成本核算公式

实际采购成本＝含税成本（进货成本）－出口退税金额

出口退税金额＝含税成本×出口退税率÷（1+增值税率）

2. 运费核算公式

（1）件杂货运费

件杂货运费＝基本运费+附加费

（2）集装箱运费

拼箱与件杂货运费一样计算。

整箱运费＝基本运费+附加费

3. 保险费核算公式

保险费＝保险金额×保险费率

保险金额＝CIF 价格×(1+保险加成率)

式中，保险加成率一般为 10%，保险金额以 CIF（CIP）价格或发票金额为基础进行计算。

4. 利润核算公式

销售价格＝实际成本+利润额＝实际成本+实际成本×利润率

利润＝实际成本×利润率

5. 盈亏核算公式

出口总成本＝出口商品的进货价+国内费用+税金

出口销售外汇(美元)净收入＝FOB 总价(美元)＝CIF 总价－国外运费－保险(美元)

出口销售人民币净收入＝出口销售外汇(美元)净收入＝FOB 总价(美元)×银行买入价

＝[CIF 总价－国外运费－保险费(美元)]×银行买入价

出口盈亏率＝(出口盈亏额/出口总成本)×100%

出口盈亏额＝出口人民币净收入－出口总成本

出口商品换汇成本＝出口总成本（人民币）/出口销售外汇净收入（美元）

出口创汇率＝(成品出口外汇净收入－原料外汇成本)/原料外汇成本×100%

第二节 国际货物交易的成本核算

外贸业务员在面对客户询盘时，必须要熟悉自己的产品，并熟练地核算价格，在面对客户的讨价还价时，能熟练地核算盈亏，并迅速判断是否可以按客户的还价成交，这是外贸业务员必须掌握的技能之一。报价必须十分慎重，价格一旦报出，很难更改。在计算价格时，需要充分考虑各种成本，如装运费、保险费、银行费用、税费、行政费用、中间商佣金、汇率变动影响等。因此，在进出口前需要计算进出口成本。

一、报价数量计算

查询货物基本信息，计算计费数量。

首先查询待销售产品的规格，包括毛重、净重和体积，计算一个包装的毛重、净重和体积，然后计算一个20ft或40ft集装箱可以装载的最大包装数量。

计算前，需要掌握20ft或40ft集装箱的装载容积和最大装载重量（见表11-1）。

表11-1 集装箱参数

参数	20ft 集装箱	40ft 集装箱
内部尺寸（长×宽×高）	5.69m×2.13m×2.18m	11.8m×2.13m×2.72m
容积	$25m^3$	$68m^3$
载重	17.5t	22t
运费计价标准	体积法、重量法、选择法（体积法和重量法选择价高者）	
运费计算公式	总运费=运费单价×单价包装体积×总件数 总运费=运费单价×单价包装重量（毛重）×总件数	

资料来源：根据网络资料整理得到。

例1： 跑步机（家用款、小型、折叠式、多功能、超静音、室内跑步机），包装单位carton（纸箱），规格98cm×72cm×128cm，体积$0.9032m^3$，毛重52kg，净重51kg，计算一个20ft或40ft集装箱可以装载的最大包装数量。

解：

20ft集装箱：

按体积计算可装载纸箱数：

$$25\div0.9032=27.68\text{（台）}$$

按重量计算可装载纸箱数：

$$17.5\div0.052=336.54\text{（台）}$$

计算结果取两者之中较小的数量，为27台，即报价数量为27台。

40ft集装箱：

按体积计算可装载纸箱数：

68÷0.9032=75.29（台）

按重量计算可装载纸箱数：

22÷0.052=423.08（台）

计算结果取两者之中较小的数量，为75（台），即报价数量为75台。

二、采购成本计算

采购成本为外贸公司向国内生产厂商购买货物的进货成本，含有增值税（通过《进出口商品编码查询手册》可以查询到增值税率），核算成本时，应将增值税按照出口退税比率予以扣除，得出实际成本。成本核算公式为

实际采购成本=含税成本（进货成本）-出口退税金额

出口退税金额=含税成本×出口退税率÷(1+增值税率)

采购成本需要外贸业务员向国内生产厂商询价。

例2：国内生产厂商向外贸业务员报价：跑步机（家用款、小型、折叠式、多功能、超静音、室内跑步机），单价为1700元。

解：

通过《进出口商品编码查询手册》，查到跑步机的商品编码为9506911100，退税率为13%。

出口退税金额为1700×13%÷(1+17%)=188.89（元）。

采购成本为1700-188.89=1511.11（元）。

三、国内费用计算

1. 内陆运费

出口货物在装运前所发生的境内运输费用，通常有货车运输费、内河运输费、路桥费、装卸费等。运费费率需要向物流公司询价，如从沈阳运输货物到天津，物流公司运费报价见表11-2。

表11-2　沈阳到天津运费报价

计量方式	泡货价格（元/m^3）	重泡货价格（元/m^3）	纯重货价格（元/t）	运输时间（天）
参考报价	80~120	120	400	2~3

资料来源：根据网络资料整理得到。

2. 认证费

认证费是指出口商办理出口许可证、配额证、产地证等支付的费用。

3. 港杂费

港杂费包括订舱费、口岸电子装箱单、口岸DOC（文件费）、口岸电放费、代理报关费、口岸商检换单费、口岸EDI（电子数据沟通费用）、仓库装箱费用、THC（集装箱码头装卸作业费）等。港杂费可以向国际货运代理公司或者国际物流公司询价，价格随着运力、天气、油价、淡季、旺季而有所涨跌。宁波港口港杂费见表11-3。

表 11-3 宁波港口港杂费

费用名称	币种及金额	计费单位	备注说明
订舱费	RMB290 RMB420	20GP 40GP/40HQ	MSK/SAF/DELMAS 船公司特殊：390/520
口岸电子装箱单	RMB10	个	按柜子个数来计算，不区分小箱大箱
口岸 DOC	RMB200	SET	
口岸电放费	RMB200	SET	
代理报关费	RMB115 RMB100	拼箱 整柜	一张报关单上最多打 5 个品名，超过 5 个品名，收取 50 元/张报关单费用
口岸商检换单费	RMB100	票	换通关单必须要提供电子凭条和对应的装箱单
口岸 EDI	RMB10	票	根据报关票数发送预配舱单来计算，订舱时需要提供准确报关票数
仓库装箱费用	RMB380+吊机费 RMB680+吊机费	20GP 40GP/40HQ	吊机费：75 元/20GP，150 元/40GP/40HQ，也会因为船公司不同而有一定的变化，但变化数值不大
THC	RMB600/605/610 RMB900/910/920	20GP 40GP/40HQ	根据船公司和航线不同有一定的出入，数值差距不大，特种柜除外

资料来源：根据网络资料 2021 年 12 月 10 日费率整理得到。

4. 税费

国家对出口商品征收、代收或退还的税费，通常有出口关税、增值税、消费税等。以上税率可以从《中华人民共和国进出口税则》中查询，该《税则》包括根据国家关税政策以及有关国际协定确定的进出口关税税目、税率及归类规则，是海关计征关税的依据。

5. 业务费用

出口商在经营中发生的费用，如通信费、交通费、交际费和广告费等。此项费用需要从出口商财务部门查询。

6. 银行费用

出口商委托银行向国外客户收取货款并进行资信调查等。表 11-4 所列为某银行 2024 年汇款与信用证收费情况。

表 11-4 某银行2024 年汇款与信用证收费情况

业务类别	服务项目	服务内容	收费标准
境内外汇汇出汇款	本系统、非本系统汇出汇款	提供境内外汇汇出汇款、汇款指示修改、退汇、汇票挂失止付服务	该银行系统内汇出汇款：电汇及票汇按照汇款金额的 1‰收取，最低 50 元，最高 500 元（同城免费），另加电信费 非本系统汇出汇款：电汇按汇款金额的 1‰收取，最低 50 元，最高 1000 元（包括同城），另加电信费；票汇按汇款金额的 1‰收取，最低 100 元，最高 1200 元；上海分行外币托收无承付按托收金额 1‰收取，最低 20 元，最高 250 元 汇款修改、退汇、汇票挂失止付按 100 元/笔，另加电信费

（续）

业务类别	服务项目	服务内容	收费标准
进口跟单信用证	开证	提供开立进口信用证服务	开证金额的0.05%～1.0%（具体费率根据业务风险等情况确定）；效期一个季度以上的，每季度加收第一季度费用的30%；不足整季的按照整季计算；总费用低于500元的，按500元收取 提供“简单电报格式开立信用证”服务，另加收100元/笔
	承兑/远期付款承诺	提供承兑/承诺付款服务	承兑金额的0.1%/月，不足整月的按整月收取，最低150元/月
出口跟单信用证	保兑信用证	提供信用证加保服务	保兑金额的2‰～2%/季（具体费率根据国家风险状况、银行的资信和风险状况等综合确定），不足整季的按整季收取，最低500元/季
	承兑/付款	提供该银行作为指定承兑行/付款行时，远期承兑证下承兑服务/信用证项下付款服务	承兑：承兑金额的1‰/月，不足整月的按整月收取，最低150元/月 付款：付款金额的1.5‰，最低200元（指定该银行为付款行的收取付款费；延期付款信用证按承兑费收取）

资料来源：根据某银行官网资料整理得到。

四、进出口运费计算

货物出口时支付的海运、陆运、空运和多式联运费用需要咨询国际货运代理公司。例如，广州黄埔到马尼拉，某物流公司运费报价见表11-5。

表11-5 广州黄埔到马尼拉运费报价

<table>
<tr><th>类型</th><th>航线</th><th>启运港</th><th>目的港</th><th colspan="2">20GP</th><th colspan="2">40GP</th><th>40HQ</th></tr>
<tr><td>整箱海运费</td><td>东南亚线</td><td>黄埔</td><td>马尼拉</td><td colspan="2">2600美元</td><td colspan="2">4620美元</td><td>4620美元</td></tr>
<tr><th>类型</th><th>航线</th><th>启运港</th><th>目的港</th><th colspan="3">重量吨</th><th colspan="2">体积吨</th></tr>
<tr><td>拼箱海运费</td><td>东南亚线</td><td>黄埔</td><td>马尼拉</td><td colspan="3">1/1∶1000</td><td colspan="2">155美元/m³</td></tr>
<tr><th>类型</th><th>航线</th><th>启运港</th><th>目的港</th><th>+45</th><th>+100</th><th>+300</th><th>+500</th><th>+1000</th></tr>
<tr><td>空运费</td><td>东南亚线</td><td>黄埔</td><td>马尼拉</td><td>0美元</td><td>17美元</td><td>17美元</td><td>16美元</td><td>16美元</td></tr>
</table>

资料来源：根据物流巴巴网站2021年12月10日运价整理得到。

例3： 以例1中的跑步机为例，将从广州运输10台跑步机到马尼拉，分别计算整箱海运费和拼箱海运费。

解：

20ft集装箱：

按整箱计算海运费为2600美元。

按拼箱计算海运费：

按体积计算：0.9032×10×155=1399.96（美元）。

按重量计算：1×10×155=1550（美元）（散货报价中的1/1∶1000是指，如果1m^3货物小于1000kg，属于轻货，那么最小计费体积是1m^3。）

通过计算可以知道，按照整箱运输，运费为2600美元。如果按照拼箱运输，物流公司取计费重量或尺码吨大的数量作为计重单位计算运费，本例中物流公司会按照重量吨来计费，运费为1550美元。

由于船舶、货物、港口及其他方面的种种原因，使得船方在运输货物时增加费用开支或蒙受经济损失，船方为补偿这些开支或损失，除基本费率外，另外收取的费用叫作附加费（Surcharge或Additional）。因此，在计算运费时，需要与货运代理公司咨询清楚，准确核算运费。

附加费种类繁多，会根据季节或油价上涨下跌等原因取消或制定新的附加费。主要附加费有以下类别：综合费率上涨附加费（GRI）、旺季附加费（PSS）、紧急燃油附加费（EBS）、码头操作费（THC）、原产地收货费（ORC）、港口拥堵附加费（PCS）、集装箱不平衡附加费（CIC）、目的地交货费（DDC）、超重附加费（HLA）、货币贬值附加费（CAF）、超长附加费（LLA）、紧急成本附加费（ECRS）、集装箱服务费（CSC）、燃油附加费（FAF）、入境摘要报关单（ENS）、苏伊士运河附加费（SCS）、巴拿马运河附加费（PTF）、文件费（DOC）、自动舱单系统录入费（AMS）、临时风险附加费（TAR）、自动舱单系统录入费（ACI）、洗舱费（CC）、转船附加费、直航附加费、港口附加费、选港附加费、绕航附加费、变更卸货港附加费等。

五、保险费计算

在CIF和CIP贸易术语中，出口商需要购买保险。保险费是指出口商向保险公司购买货运保险或信用保险支付的费用。

购买保险的步骤是：①选择货运保险公司，可以选择中国人民财产保险股份有限公司；②填写货物信息，计算价格；③确认投保信息并付款；④投保完成。

现在外贸业务员不用到保险公司购买保险，直接通过保险公司网站操作即可。下面以中国人保财险（PICC）为例，介绍购买保险的过程。

1）登录中国人保财险（PICC）网站之后，可以看到“人保进口货物运输保险”和“人保出口货物运输保险”选项，选择需要的保险后，单击“立即报价”，如图11-1所示。

2）货运险保费试算界面如图11-2所示。

其中，货物种类分为一级分类和二级分类，一级分类共有20种，需要在下拉菜单中选择1项一级分类项目，然后选择二级分类。例如，跑步机的一级分类为文体用品类，二级分类为体育运动用品。保险公司按照货物的分类情况制定不同的保险费率标准。

包装种类也分为一级分类和二级分类，其中一级分类有散装、托盘包装、捆包状包装、袋状包装、箱状包装、桶状包装、裸状包装、其他形状包装。一级包装项下又分为二级包装，每类一级包装下的二级包装都不同。例如，跑步机的一级包装为箱状包装，二级包装为纸箱。

图 11-1　中国人保财险（PICC）进出口货物运输保险的购买界面

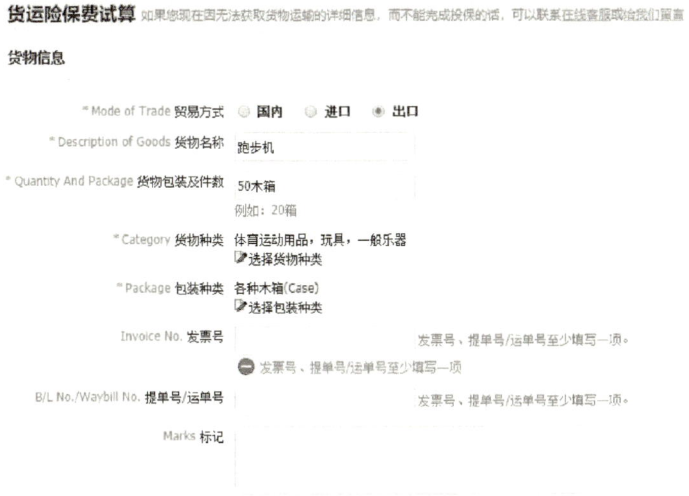

图 11-2　货运险保费试算界面

按照要求填写发票号、提单号/运单号、标记，发票号、提单号/运单号至少填写一项。

3）运输信息界面如图 11-3 所示。

在公路、航空、铁路、海运等运输方式中，选择合适的运输方式。在集装箱整箱、集装箱拼箱、非集装箱中选择一项，填写在“集装箱”栏里。填写正确的轮船名/航次号，在启运地选择“中国大陆地区”，在启运港、转运地、目的地、目的港填写合同中规定的港口。

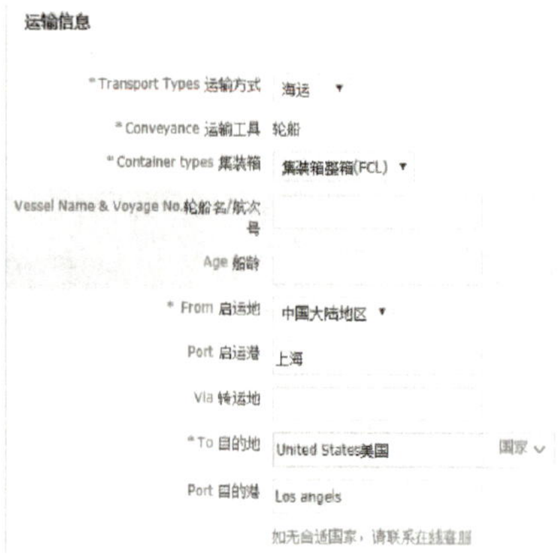

图 11-3 运输信息界面

4）保险信息界面如图 11-4 所示。

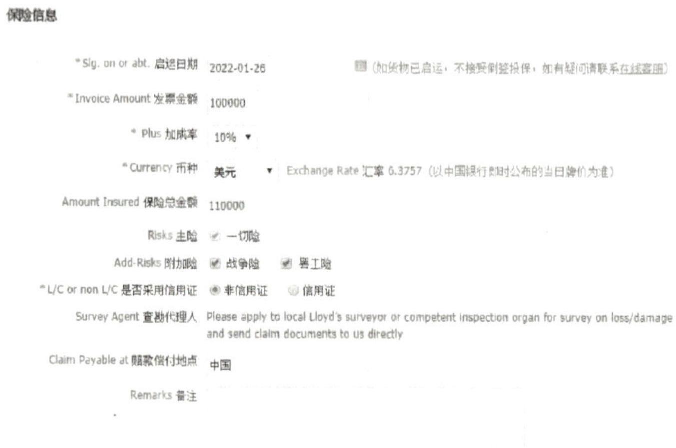

图 11-4 保险信息界面

选择填写启运日期，按照合同填写发票金额，选择加成率，加成率只有 0 和 10%两个选项，选择合同中的成交币种，选择需要投保的主险和附加险，选择赔款偿付地点，一般选择“中国”。

5）保险条款界面如图 11-5 所示。

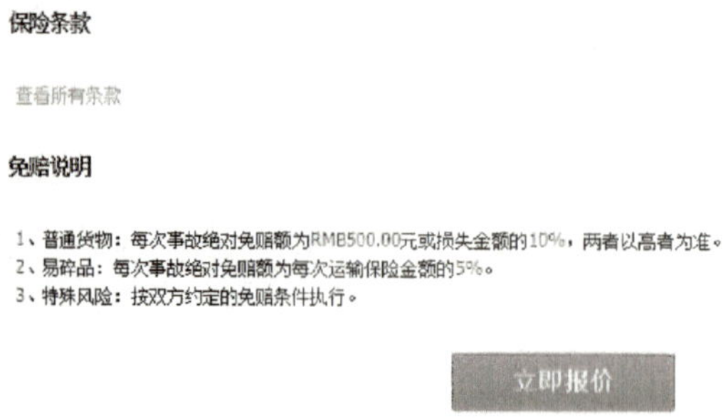

图 11-5 保险条款界面

最后需要点击查看所有条款，查阅中国人民财产保险股份有限公司网站，明确双方的权利和义务。没有异议的，单击“立即报价”，系统自动生成保险费用价格。

表 11-6 所列为某保险公司的海运保险费率报价表。

表 11-6 某保险公司的海运保险费率报价表

洲别	目的地	平安险	水渍险	一切险
亚洲	日本、韩国	0.08%	0.12%	0.25%
	约旦、黎巴嫩、巴林、阿拉伯联合酋长国、菲律宾	0.15%	0.20%	1.00% 1.50%
	尼泊尔、阿富汗、也门			0.60%
	泰国、新加坡等其他国家			
欧洲、美洲、大洋洲	欧洲、美国、加拿大、大洋洲	0.15%	0.20%	0.50%
	中美洲、南美洲	0.15%	0.25%	1.50%
	阿尔巴尼亚、罗马尼亚、波兰、保加利亚、匈牙利、捷克、斯洛伐克	0.15%	0.25%	1.50%
非洲	埃塞俄比亚、坦桑尼亚、赞比亚、毛里求斯、布隆迪、贝宁、佛得角群岛、卢旺达	0.20%	0.30%	2.50%
	加纳利群岛、毛里塔尼亚、冈比亚、塞内加尔、尼日利亚			3.50%
	其他			1.00%

资料来源：根据某保险公司网上发布资料整理得到。

六、佣金和折扣

佣金是出口商向中间商支付的报酬。折扣是卖方给予买方的价格减让。如果有佣金或折扣，那么需要在成本核算时将其算入成本中。

七、退税收入

国税机关对出口货物出口环节照常征收增值税、消费税，手续齐全给予退税。

生产企业申报退税，实行“免、抵、退”税管理办法。免税是指对生产企业出口的自产货物，免征企业生产销售环节的增值税；抵税是指生产企业出口的自产货物所耗用原材料、零部件等应予退还的进项税额，抵顶内销货物的应纳税款；退税是指生产企业出口的自产货物在当期内因应抵顶的进项税额大于应纳税额而未抵顶完的税额，经主管退税机关批准后，予以退税。

生产企业申报退税时，需要登录“中国国际贸易单一窗口”，打开“单一窗口”标准版门户网站，在页面顶端单击“登录”字样或选择“标准应用”，在应用列表中单击“出口退税”。

商品不同退税率不同，可以登录国家税务总局网站，选择“纳税服务”栏目下的

"出口退税率查询"，输入商品名称和商品编码即可查询出口退税率。例如，输入商品名称"改良种用濒危野马"、商品编码"0101210010"，获得退税率就可以计算出退税额。

例如，跑步机的国内采购价格为 1000 元/台，购买 10 台，其退税收入计算步骤如下：

1）核算采购成本：1000×10=10000（元）。

2）出口退税收入核算：通过中国海关出版社出版的《进出口商品归类》，可以查到跑步机的商品编码为 9506911110，增值税率为 13%，出口退税率为 13%。退税收入=采购成本÷(1+增值税率)×出口退税率=10000÷(1+13%)×13%=1150.44（元）。

八、利润

在报价时，需要把利润考虑进去。

利润=报价金额-采购（生产）成本-各项费用+退税收入

九、汇率折算

把本币报价折算成外币报价，在报价时注意即期汇率与远期汇率、软币与硬币的选择问题。习惯上，人们把汇率稳定或者趋于升值的币种称为硬币，把币值不稳定或者预计会贬值的币种称为软币。在国际贸易往来中，区分软币和硬币意义重大。贸易商在签订出口合同时，主要以硬币作为合同的计价货币，这样在货款收回后，可以换回更多的本国货币，甚至可以在硬币升值时赚一笔。当进口时，贸易商会更加偏爱软币，因为在支付货款时，一旦软币贬值可以少支付人民币。

习　　题

一、名词解释

1. 实际采购成本
2. 离岸价
3. 到岸价

二、简答题

1. 简述在出口价格核算时考虑的因素。
2. 如何计算出口商品的数量？

第十二章 合同的签订与履行

第一节 出口合同的签订与履行

买卖双方经过交易磋商达成协议或者签订书面合同后，买卖合同开始生效，有关当事人就进入履行合同阶段，出口合同大多采用“CIF+信用证”的方式出口，也有的采用“CFR+托收”“FOB+信用证”等方式出口。近年来，很多中小型企业采用CIF，结合先支付一定比例定金（30%~50%）、尾款采用信用证结算的方式出口。但是无论采用哪种方式，都要经过备货、催证、审证、改证、托运等环节。

一、备货

备货工作的内容主要包括按照合同和信用证对交易货物的要求生产、加工、组织货源、催交货物。核实货物的生产、加工、包装、刷唛等情况，对应交的货物进行验收和清点，在备货过程中应注意以下事项：

1）严格控制发运货物的时间。为了保证按时交货，应根据合同和信用证中装运期的规定，并结合船期安排做好供货工作，使船、货衔接好，以防止出现船等货的情况。跟单员要定期跟踪生产进度，统计每天的生产数量，抽查产品不合格率，掌握生产中的异常情况，对于出现的异常情况进行补救处理，确保按时交货。

2）检查货物的品质和规格。交付货物的品质和规格必须符合合同要求，检查项目包括产品技术工艺、产品质量、颜色、尺码、材料等。如果不符合合同要求，应进行筛选和加工整理，直至达到要求为准。

3）核对货物的数量。必须按照合同约定数量备货。核对是否按照合同中所规定的货物的数量备齐货物，核对其计量单位、重量以及约数。审核项目包括是按照毛重计算还是按照净重计算。根据《UCP600》的规定，若合同中未明确规定机动幅度，出现“约”或“大约”等词汇时，应解释为允许有关金额或数量或单价有不超过10%的增减幅度。

4）检验货物的包装。按照合同约定的条件对货物进行包装检验，核实包装是否适合长途运输和保护商品的要求，如果发现包装不良或者破损，应该及时调换商品或者更换包装。检查项目包括：①外包装包装数量、尺寸是否符合要求；②内外包装封口是否松紧适宜；③检验合格证书是否配备齐全等。

5）按照合同约定在包装的明显部位刷制唛头，此外还应注意包装上的其他各种标志是否符合要求。检查项目包括唛头印刷是否正确、端正、清晰、无污染，填写项目是否齐全、正确、规范、清晰等。

二、催证

当采用信用证支付时，出口商必须做好对信用证的管理和使用，主要包括催证、审证和改证。在实际业务中，通常由银行和进出口公司共同承担审证任务。如果在审证过程中发现信用证的内容与合同规定不符，应区别问题的性质，分别同有关部门核对，进行妥善处理。

买方按时开证是履行合同的前提条件，尤其是大宗交易或者商品按照买方要求而特制的，否则卖方无法安排生产和组织货源。实际业务中，买方不能按时开证的情况时有发生，因此，解决这个问题的最好办法就是在合同中约定买方开来信用证的最迟日期，防患于未然。以下几种情况需要写催开信用证函电：

1）卖方货已备妥，并打算装运，需要催证。

2）买方未能在合同规定的期限内开证，如果卖方不希望中断交易，可在保留索赔权的前提下，催促对方开证。

3）合同签约时间和交货时间相距较远，可在规定开证日之前去信表示对该笔交易的重视，提醒对方开证。

当买方有意拖延开证时，卖方除了及时催证外，还应高度警觉，这可能是买方资金出现问题或者买方还在观望市场，甚至有些恶意的买方不是诚心做交易，而是想进行商业欺诈。

三、审证

通知行和出口企业共同承担着信用证的审核，但侧重不同。通知行侧重信用证真实性审查。出口企业着重审核信用证的内容与买卖合同的内容是否一致，能否按信用证条款履行交货和交单。信用证的审核要点如下：

1）审核信用证类别。信用证是可撤销信用证还是不可撤销信用证、信用证是否存在限制生效以及其他保留条款、信用证是否声明所适用的国际惯例规则、信用证是否按合同要求加以保兑等。

2）审核信用证的到期日和到期地点。信用证到期日应符合买卖合同的规定，一般以装运期后15天为宜。到期地点一般规定为出口商所在地，以便及时议付交单。信用证中经常出现的问题包括：①信用证中没有到期日；②到期地点在国外；③信用证的到期日和装运期有矛盾；④装运期、到期日或交单期规定与合同不符；⑤装运期或有效期的规定与交单期矛盾；⑥交单期限过短。

3）审核信用证当事人。核对开证行、开证申请人和受益人的名称和地址是否准确。

4）审核信用证的金额、币种、付款期限规定是否与合同一致。信用证中经常出现的问题包括：①信用证金额不符合合同规定；②未按照合同要求规定溢短装条款；③金额大小写不一致；④信用证货币币种和合同规定不符。

5）审核货物描述。货物描述、规格、数量、包装和唛头是否与合同一致。信用证中经常出现的问题包括：①货物品名不符；②货物数量不符；③包装不符；④商品单价错误；⑤贸易术语错误；⑥数量与总金额不吻合；⑦合同号码与日期错误；⑧没有列出溢短装条款。

6）审核装运港、卸货港、装运期限、分批装运、转船等是否与合同规定一致。信用证中经常出现的问题包括：①分批装运规定与合同不符；②转船规定与合同规定不符；③装运港与合同规定不符；④目的地港与合同规定不符；⑤装运期限与合同规定不符。

7）审核单据。信用证项下要求受益人提交议付的单据，通常包括商业发票、装箱单、提单、保险单、原产地证、检验证书及其他证明文件。审证时要注意单据由谁出具，能否出具信用证，对单据是否有特殊要求，单据的规定是否与合同条款一致。信用证中经常出现的问题包括：①商业发票要求领事签证；②正本提单全部或部分直接寄给客户；③产地证明出具机构有误；④漏列必须提交的单据；⑤费用条款规定不合理；⑥运输工具限制过严；⑦要求提交的检验证书种类与实际不符；⑧保险险别范围与合同规定不一致；⑨投保金额未按合同规定投保。

四、改证

开证行开出信用证后，通知银行和出口企业共同承担审证任务。但由于种种原因，如工作疏忽、电文传递的错误、开证行工作差错、贸易习惯差异、买方有意制造条款陷阱、合同条款模糊等，往往会出现信用证与合同不符的情况，应修改信用证。改证时需要注意以下几点：

1）出口企业以能满足信用证条款并不影响收汇为标准，决定是否改证。即使信用证条款与合同不符，只要不影响收汇利益，可以照办的，也可不改证。

2）信用证条款比合同条款规定严格时，应当提出修改。

3）信用证条款比合同条款规定宽松时，可以不修改。

4）在改证工作中，凡需要修改的各项内容，应做到一次性向国外客户提出，尽量避免由于我方考虑不足而多次提出修改要求。

5）国际商会《跟单信用证统一惯例》（UCP600）规定。未经开证行保兑行和受益人同意，不可撤销信用证既不能修改也不能撤销。因此，对不可撤销信用证中任何条款的修改，都必须在有关当事人全部同意后才能生效。

五、托运

在出口贸易中，如果采用的是 CIF、CFR 贸易术语成交，根据《国际贸易术语解释通则 2020》的有关规定，出口商必须负责办理租船订舱，并承担相应的运输费用。在托运前充分做好准备，必须严格按照合同中的条款，处理好货物的包装和标记等。①货物包装应能充分防止货物在运输中灭失和腐坏，保证货物多次装卸不致毁坏。②货物标记、标识牌、运输标记及货签等字迹均应清晰，不易擦掉，保证多次换装中不致脱落。

办理出口货物托运的程序如下：

1. 办理托运

出口商在收到国外开来的信用证经审核无误后即可办理托运。按信用证或合同内有关装运条款填写托运单并提供全套单证，在截止收单期前送交外运公司，作为订舱的依据。

2. 领取装运凭证

外运公司收到有关单证后，即缮制海运出口托运单，并会同有关船公司安排船只和舱位。然后，由船公司据以签发装货单，作为通知船方收货装运的凭证。

3. 货物装船

外运公司根据船期，从发货仓库提取货物运进码头，由码头理货公司理货，凭外运公司签发的装货单装船。

4. 换取提单

货物装船完毕，由船长或大副签发“大副收据”或“场站收据”，载明收到货物的详细情况。支付运费后，托运人凭上述收据向有关船公司换取提单。

5. 发出装船通知

货物装船后，托运人即可向国外买方发出装船通知，以便对方准备付款、赎单、办理收货。需要注意的是，及时发出装船通知尤为重要，在 CFR 和 FOB 贸易术语下，买方凭此购买保险。

六、投保

1. 办理投保

由出口企业填写运输投保单申请，交纳保险费后，保险公司签署保险单并交给出口企业。

2. 海运保险费的计算公式

$$保险费=保险金额\times保险费率$$

$$保险金额=发票到岸价(CIF价)\times(1+投保加成率)$$

投保加成率一般是发票金额加成 10%，特殊情况不超过 20%。

1）按照国际惯例，海运保险条款分为英国保险协会的 ICC（A）、ICC（B）、ICC

（C）条款；国内公司一般用中国人民财产保险股份有限公司制定的 CIC 条款。

2）影响保险费率的因素有货物种类、航程、包装、所用条款、投保额度、保单模式及责任限额，每一项都会影响费率。

3）保险模式一般分为 3 种：①单独单，即只单独为一票货物投保；②月度单，按照协议好的保险费率每月申报保险，没有申报则不收保费；③年度单，以年为结算时间，预先交付预估保费的 75%左右，多不退少补。以上 3 种方式的费率依次降低。

七、出口报关、报检

1. 国际贸易“单一窗口”的作用

目前我国报关需要登录国际贸易“单一窗口”。“单一窗口”标准版为网页形式，用户打开浏览器后输入 https：//www. singlewindow. cn 访问。“单一窗口”标准版依托中国电子口岸平台，申报人通过国际贸易“单一窗口”，可以集成实现货物申报、舱单申报、运输工具申报、许可证件申领、原产地证书申领、企业资质办理、查询统计、出口退税、税费支付等业务功能，实现一点接入、一次提交、一次查验、一键跟踪、一站办理。一次提交满足口岸管理和国际贸易相关部门要求的：单证和电子信息标准化，实现共享数据信息，实施职能管理，优化通关业务流程。国际贸易“单一窗口”可以提高申报效率，缩短通关时间，降低企业成本，促进贸易便利化，推动国际贸易合作对接。

2. 国际贸易“单一窗口”的功能

1）企业资质：对外贸易经营者备案、海关通用资质申请和变更，进出境动植物检疫、商品检验、进出口食品安全相关资质等资质“一站式”申请。企业以往都不知道这些资质找哪个部门、去哪个现场、登录哪个系统办理，多系统重复注册录入，等到管理部门上班时间才能询问进度，而通过“单一窗口”一站式申请，企业可以随时自助查看进展。“单一窗口”各功能模块操作手册齐全，有任何问题都可以统一咨询“单一窗口”客服。

2）许可证件：以往的流程是 20 多个部门、80 余种证件、现场办理、多系统操作，而今缩减至 46 种，其中 42 种实现联网核查与协同作业，15 种可通过“单一窗口”申请，办理状态实时推送、查询。

3）原产地证：支持海关和贸促会的原产地证申领与自助打印，无须去现场领取，从单击“打印”按钮至打印完成不超过 1min，可为原产地证申领节约 80%的时间。

4）运输工具：支持客户端批量导入，减少手工录入，降低差错，提升效率。支持船舶、航空器、汽车、火车等运输工具申报。

5）舱单申报：支持客户端批量导入，减少手工录入，降低差错，提升效率；支持海运、空运、公路运输、铁路运输、旅客舱单、TIR[⊖]舱单、邮运舱单申报。

6）货物申报：委托代理申报的境内收发货人企业可自助下载打印报关单、放行通

⊖ TIR 是 Transport International Router 的缩写。

知书、查询国际贸易“单一窗口”平台历史数据，以及订阅报关单申报数据和回执信息等。“两步申报”仅需要申报10多个数据项即可提货放行，对生鲜、海鲜类产品等易腐烂变质产品非常友好。

7）加工贸易：金关二期关务系统支持客户端批量导入，支持加工贸易手册、加工贸易账册、保税物流管理、保税货物流转、保税担保管理、出境加工、海关特殊监管区域等业务处理。

8）检验检疫：支持口岸卫生许可证核发、出入境特殊物品卫生检疫审批、进境（过境）动植物及其产品检疫、进境粮食检验检疫管理、进境种苗检疫管理、进口旧机电产品转运前检验监督管理、进口机动车VIN（车辆识别代码）申报等业务。

9）跨境电商：支持各节点进出口申报及申报后的数据查询。

10）物品通关：展览品和快件申报支持客户端批量导入，支持快件通关、公用与自用物品申报、邮递物品申报等业务。

11）口岸物流：智能卡口散杂货支持客户端批量导入，支持监管场所动态管理、智能散杂货管理等业务。

12）税费支付：无须去海关现场打印税单、去银行柜台排队缴税，实现随时随地高效在线支付关税、增值税、船舶吨税、保证金、滞报金、滞纳金，从发出付款指令至付款完成不超过2min，还可自助在线打印双抬头税单。

13）出口退税：外贸企业和生产企业出口退税均可在线办理，实现出口退税“一站式”快速办理，支持客户端批量导入。复用报关单数据，减少企业90%的录入量，同时降低差错率。

14）金融服务：足不出户办理预约开户、投保、外汇汇款、融资贷款等业务。

15）公共查询：企业可“一站式”自助查询进出口通关全流程状态和国税联网传输状态、许可证审核状态和联网状态、原产地证审核状态、企业资质审核状态、航空旅客舱单海关审核状态、海关企业进出口信用信息查询等业务。解决信息不对称问题，降低沟通成本。

16）移动应用：“公共查询”模块的手机端应用，真正实现随时随地查询进展，降低沟通成本。

17）服务贸易：支持展览品和暂时进出境货物申报业务。

3. 出口报关流程

（1）登录国际贸易“单一窗口”

一般货物的出口申报业务，需要登录国际贸易“单一窗口”，进行数据录入与申报。在“货物申报”中的“出口申报”栏目中填报，再具体选择申报项目：出口货物申报、出口报关申报、出境报检申报、出境备案清单申报、出口转关提前报关申报、出境转关提前备案清单申报等（见图12-1）。

（2）出口货物申报

对出口货物的报关单、报检单数据进行一次录入、关联调取与暂存、删除、打印等操作。在图12-2左侧菜单中单击“出口货物申报”，右侧显示录入界面，包括基本信息、商品、集装箱、随附单证与随附单据 5 部分，以切换页签的方式在界面中显示。界面中包含报关与报检时都需要填写的数据，向海关申报需要填写的数据，以及向检验检疫申报需要填写的数据。其中，带有星号的字段为必填项。

图 12-1　出口申报界面

图 12-2　出口货物申报界面

（3）出口报关申报

对进口货物的报关单数据进行录入、暂存、删除、打印等操作。在图 12-3 左侧菜单中单击“出口报关申报”，右侧显示录入界面。

关检关联号、海关编号、申报日期等灰色字段是不允许用户进行手工录入的，系统自动填入。申报单位等字段将由系统自动获取信息并返填，允许手工进行修改。备案号、收发货人、提/运单号等部分字段需要用户手工录入。

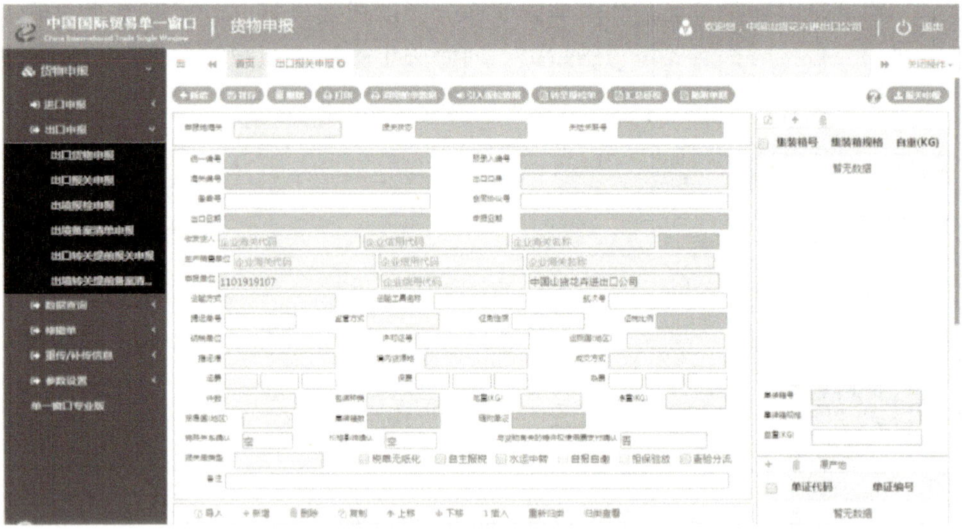

图12-3　出口报关申报界面

申报地海关、运输方式、征免性质等部分字段，需在参数中进行调取，不允许随意录入。税单无纸化、自主报税等勾选类字段，根据实际业务需要填写，需要填写勾选“是”，不需要填写勾选“否”。

1）商品。在商品信息界面（见图12-4）中，商品序号、规格型号、法定单位等灰色字段表示不允许用户进行手工录入，系统将根据相应操作或步骤后自动返填。成交数量、单价、版本号等部分字段需要用户手工录入。成交单位、币制、最终目的国、原产国、征免方式等部分字段需要在参数中进行调取，不允许随意录入。填写方法为：按键盘空格键可调出下拉菜单并在其中进行选择。也可直接输入已知的相应数字、字母或汉字，迅速调出参数，使用上下箭头选择后，点击回车键确认录入。

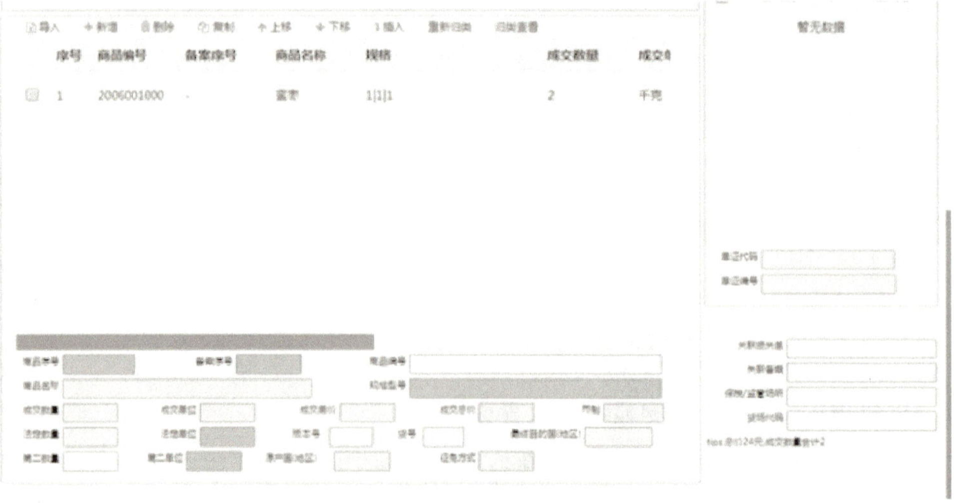

图12-4　出口报关申报——商品信息

2）集装箱。集装箱信息属于非必填部分，根据实际业务需要选择填写。出口报关申报界面右上角，为集装箱信息的录入界面（见图 12-5）。集装箱规格需要在参数中进行调取，不允许随意录入。如实填写集装箱号与自重。录入完毕后点击回车键，系统将集装箱记录显示在列表中。

图 12-5　出口报关申报——集装箱信息

3）随附单证。随附单证信息属于非必填部分，根据实际业务需要选择填写。出口报关申报界面右侧，为随附单证的录入界面（见图 12-6）。单证代码需要在参数中进行调取，不允许随意录入。如实填写单证编号。录入完毕后点击回车键，系统将记录显示在列表中。

4）调用舱单数据。在基本信息中将“运输方式、运输工具名称、航次号、提/运单号”4 个字段填写完毕后，单击该界面上方“调用舱单数据”按钮，系统将自动查找并调取相关舱单信息。

5）导入报检数据。录入出口报关单时，如之前已将出口货物数据进行过关联录入与保存操作，可在界面上方单击“导入报检数据”按钮，在系统弹出的对话框中（见图 12-7）输入关检关联号，单击“确定”按钮，系统将自动提取相关数据。

6）转至报检单。通过手工填写或导入报检数据等方式，将出口报关单相关信息填写完整后，单击界面上方“转至报检单”按钮，系统将自动提取海关与检验检疫共有字段并自动生成一票报检单数据。

7）报关申报。录入完毕并确认数据无误后，单击界面右上方的“报关申报”按钮，根据系统提示输入卡介质密码，向海关进行申报。

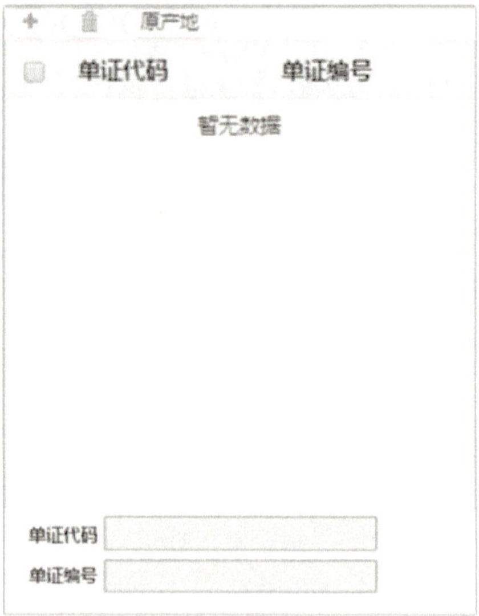

图 12-6 出口报关申报——随附单证

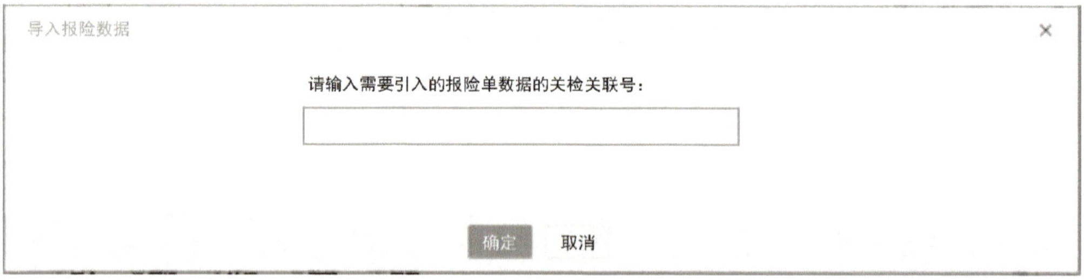

图 12-7 出口报关申报——导入报检数据

（4）出境报检申报

对出境货物的报检单数据进行录入、暂存、删除、打印等操作。在图 12-8 左侧菜单中单击“出境报检申报”，右侧显示录入界面（见图 12-8），包括基本信息、商品、集装箱与随附单据 4 部分，以切换页签的方式在界面中显示。

1）基本信息。关检关联号、报检编号、通关单号等灰色字段不允许用户进行手工录入，系统将根据相应操作或步骤后自动返填（见图 12-9）。报检员备案号、收货人、运输工具名称等部分字段需要用户手工录入。报检类别、运输方式、目的地等带有三角形标识的字段需要在参数中进行调取，不允许用户随意录入。启运日期需要单击录入框后，在系统自动弹出的日历中选择日期。特种业务标识等勾选类字段，根据实际业务需要填写，需要填写勾选“是”，不需要填写勾选“否”。此外，关于“标记及号码、所需单证、企业资质、使用人”等基本信息会弹出编辑框，可直接操作（见图 12-10）。

图 12-8　出境报检申报界面

图 12-9　出境报检申报——基本信息 1

2）商品。必须先将基本信息保存成功，才能继续进行商品信息的录入与保存操作。单击商品标签页，切换至录入界面（见图 12-11、图 12-12）。

界面中，序号、包装种类等灰色字段不允许录入，系统将根据相应操作或步骤后自动返填。数量、重量、单价等部分字段需要用户手工录入，根据业务主管部门要求，如实填写。原产地区、数量单位等右侧带有三角形标识的字段，表示该类字段需要在参数中进行调取，不允许用户随意录入。产品有效期等日期类字段，需要单击录入框后，在弹出的日历中选择日期。例如，非危险化学品等勾选类字段根据实际业务需要填写，需要填写勾选“是”，不需要填写勾选“否”。

图 12-10　出境报检申报——基本信息 2

图 12-11　出境报检申报——商品信息 1

3）集装箱。集装箱信息属于非必填部分，根据实际业务需要选择填写。必须先将基本信息保存成功，才能继续进行集装箱信息的录入与保存操作（见图 12-13）。

4）随附单据。根据实际业务需要选择填写或咨询相关业务主管部门。必须先将基本信息保存成功，才能继续进行随附单据的录入与保存操作（见图 12-14）。

5）调用舱单数据。在基本信息中将“运输方式、运输工具名称、航次号、提/运单号”4 个字段填写完毕后，单击该界面上方“调用舱单数据”按钮，系统将自动查找并调取相关舱单信息。仅当匹配上述 4 个字段的舱单状态为“海关接收申报”时，系统才能调用成功，否则系统可能会提示未查到相关舱单信息。

图 12-12　出境报检申报——商品信息 2

图 12-13　出境报检申报——集装箱信息

6）导入报关数据。录入出口报检单时，如之前已将出口货物数据进行过关联录入与保存操作，可在界面上方单击“导入报关数据”按钮，在系统弹出的对话框中（见图 12-15）输入关检关联号，单击“确定”按钮，系统将自动提取相关数据予以返填。

7）转至报关单。通过手工填写或导入报关数据等方式，将出口报检单相关信息填写完整后，单击界面上方“转至报关单”按钮，系统将自动提取海关与检验检疫共有字段并自动生成一票报关单数据。

图 12-14　出境报检申报——随附单据

图 12-15　出境报检申报——导入报关数据

8）报检申报。录入完毕并确认数据无误后，单击界面右上方的“报检申报”按钮，向检验检疫部门进行申报。

4. 查验、缴费、放行

出口商申报成功后，海关需要对货物进行查验。海关查验的目的，一是对申报的单证进行复核，检查有无瞒报、伪报和申报不实等走私违规事情或其他进出口问题；二是通过查验可以验证申报审单环节提出的疑点，为征税、统计和后续管理提供可靠的监管依据。

海关在查验时，需要出口企业配合海关官员开展查验工作，具体有以下要求：

1）货物的收发货人或其代理人必须到场，并按海关的要求负责办理货物的搬移、拆装箱和重封货物的包装等工作。

2）海关认为必要时，可以径行开验、复验或提取货样，货物管理人员应当到场作为见证人。

3）申请人应提供往返交通工具和住宿，并支付有关费用，同时按海关规定缴纳查验费用。

海关在货运单据上签印放行后，出口商或其代理人可以发运出口货物。

八、交单结汇、出口收汇核销、出口退税

1. 交单结汇

出口货物装运之后，出口企业按照合同或信用证的规定，正确缮制和提交各种单据，持单向银行进行结汇。出口商通过银行收取货款，交单结汇分为信用证项下交单结汇和非信用证项下交单结汇。由于信用证项下付款方式属于银行信用，交单需要满足单单相符、单证相符、保证单证种类、数量和条款的完整性与准确性，这样的交单才能顺利收取货款，因此这里着重介绍信用证项下交单结汇。

（1）交单对象

一般来讲，单据交给信用证指定的银行，如果信用证没有指定交单银行，那么具体分为以下几种情况：

1）向开证行直接交单。在单据到达开证行之前，信用证单据丢失的风险由受益人承担。直接交单存在一定风险，没有其他银行预审单据，产生不符点的概率较高。

2）向指定银行交单。在受益人向信用证中指定银行交单的情况下，相符单据提交到指定银行，即构成了开证行的付款责任。只要指定银行严格按照信用证规定的寄单方式操作，单据在邮寄过程中的延误或遗失风险由开证行来承担。即使单据遗失，受益人仍然有权索要货款，开证行仍然要付款。

3）向保兑行交单。如果受益人选择向保兑行交单索偿，需要遵守保兑行的寄单指示。如果受益人选择绕过保兑行直接向开证行交单，则需要执行开证行的寄单指示。

（2）交单时间

一般情况下，信用证会把交单期规定为提单日后的 7 天、10 天或 15 天之内。也有的信用证规定交单期小于 5 天。如果信用证没有规定交单时间，那么交单期为提单日后的 21 天之内。在信用证的到期日和最迟交单日的两者当中选取较早的日期为交单期。

当最迟交单日不是指定银行工作日时，交单可以顺延到指定银行第一个工作日，指定银行要在寄单函中注明这一事实。例如，提单日期为 2021 年 9 月 30 日，信用证规定，交单期限为提单日后 5 天，计算交单日期为 10 月 5 日之前，此期间正好是国庆假期，那么最迟交单日顺延至国庆假期后银行第一个工作日。

很多出口商认为，只要把单据交到银行，就算完成了交单，或者只要把单据寄到开证行就算完成交单。需要明确的是，只有开证行完成付款责任才算完成交单。当单据被提交至指定银行或开证行后，需要及时跟踪，如果指定银行和开证行发现有不符点，那么受益人就需要及时修改单据，并提交正确的单据。这些工作都需要在交单期内完成，否则即便修改了不符点也不能结汇。

（3）交单地点

信用证会明确规定有效期和到期地点，但是一般不会说明交单的具体地点。根据《UCP600》第 6 条的规定，开证行在信用证中指定银行所在地，即为单据应提交的地点。

2. 出口收汇核销

为大力推进贸易便利化，进一步改进货物贸易外汇服务和管理，国家外汇管理局、

海关总署、国家税务总局决定，自2012年8月1日起在全国实施货物贸易外汇管理制度改革，取消出口收汇核销单，企业不再办理出口收汇核销手续。国家外汇管理局对企业的贸易外汇管理方式由现场逐笔核销改变为非现场总量核查。国家外汇管理局通过货物贸易外汇监测系统，全面采集企业货物进出口和贸易外汇收支逐笔数据，定期比对、评估企业货物流与资金流总体匹配情况，便利合规企业贸易外汇收支；对存在异常的企业进行重点监测，必要时实施现场核查。

国家外汇管理局对企业实施动态分类管理。根据企业贸易外汇收支的合规性及其与货物进出口的一致性，将企业分为A、B、C三类。A类企业进口付汇单证简化，可凭进口报关单、合同或发票等任何一种能够证明交易真实性的单证在银行直接办理付汇，出口收汇无须联网核查；银行办理收付汇审核手续相应简化。对B、C类企业在贸易外汇收支单证审核、业务类型、结算方式等方面实施严格监管，B类企业贸易外汇收支由银行实施电子数据核查，C类企业贸易外汇收支须经外汇局逐笔登记后办理。外汇局根据企业在分类监管期内遵守外汇管理规定情况，进行动态调整。A类企业违反外汇管理规定将被降级为B类企业或C类企业；B类企业在分类监管期内合规性状况未见好转的，将延长分类监管期或被降级为C类企业；B类企业、C类企业在分类监管期内守法合规经营的，分类监管期满后可升级为A类企业。

3. 出口退税

为了增强本国商品在国际市场上的竞争力，世界各国对于出口商品普遍采用出口退税的制度。企业在商品报关出口时，退还其生产该商品已缴纳的国内税金。

（1）退税商品需要符合的条件

1）出口退税只能对已经征收过增值税、消费税的货物退还或免征其已纳税额和应纳税额。

2）必须是报关离境出口的货物。

3）必须是在财务上做出口销售处理的货物。

4）必须是已收外汇的货物。

5）申请退（免）税的货物必须是生产企业的自产货物或视同自产货物才能办理退（免）税。

（2）“单一窗口”的出口退税操作

申报出口退税业务的外贸企业，需要凭出口结关报关单以及对应的供货商开具的增值税专用发票，采集相关数据向税务局进行申报。出口退税需要登录中国国际贸易“单一窗口”，在出口退税系统的界面上操作。

在“单一窗口”出口退税系统中申报退税数据，企业首先需要在出口退税系统中对退税数据进行采集，并对采集的数据进行配单，管理和自检申报的操作；税务局在接收到企业申报的自检数据后，会将审核结果发送到“单一窗口”，“单一窗口”在接收到审批结果后会识别出企业自检数据中的疑点，通过远程自检的数据可以直接转为正式申报，对于有疑点的数据企业在修改完成后重新进行远程自检，通过远程自检后确认申报即可；在“单一窗口”确认正式申报后，税务局即可接收企业的正式申报数据。

如果属于零税率应税服务业务的，财务退税人员可以根据相应的出口和进货信息采集数据，进行零税率应税服务业务的退税申报。

如果是替企业代理出口并为委托方提供通关、融资、物流、信保、收汇、退税等全部或其中几种服务的外贸企业的，财务退税人员可以根据数据采集代办退税明细，进行数据申报并打印相关报表。

“单证”模块中包含“数据采集”“数据申报”“单证反馈处理”“单证数据查询”4 个模块。系统支持以下功能：手工采集来料加工、代理证明、退运证明申请、委托出口货物证明、出口货物转内销证明申请、免税证明、补办证明、中标证明通知书的明细数据。

第二节　进口合同的签订与履行

一、申请进口核准及许可事项

海关总署为了推动通关便利化，进一步优化营商环境，会同商务部依托“单一窗口”建立了进口许可证申请系统，进口许可证可以通过“单一窗口”办理。“单一窗口”进口许可证申请系统，主要包括进口许可证申请和许可证查询等功能，实现进出口企业通过“单一窗口”一点接入提交满足商务部要求的许可证申请信息，商务部审核后将审核结果返回至“单一窗口”，企业可在“单一窗口”查询审核结果。

对于需要进口许可证的商品，必须在进口前在“单一窗口”进口许可证申请系统中向商务部或各省（自治区、直辖市）外经贸或相关部门办理进口许可证等批件。进口业务跟单员需要及时掌握有关进口许可证政策变化情况。

进出口业务涉及的进出口核准及许可事项主要有野生动植物进出口证书、出口许可证、进口许可证、机电产品自动进口许可证、非机电产品自动进口许可证、药品进出口许可证、黄金及黄金制品进出口许可证、音像制品（成品）进口批准单申请、人民币现钞进出境证明文件管理、古生物化石出境申请、麻醉药品和精神药品进出口准许证、进口医疗器械备案、人类遗传资源材料出口（出境）证明、进口普通化妆品备案凭证、进口特殊化妆品注册证书、两用物项和技术进出口许可证、技术出口合同登记证、技术出口许可证、国（境）外引进农业种苗检疫审批单、引进林木种子、苗木检疫审批单、赴境外加工光盘进口备案证明、农业转基因生物安全证书、强制性产品认证证书、特种设备生产许可证及型式试验证书、保健食品注册证书或保健食品备案凭证、婴幼儿配方奶粉产品配方注册证书、特殊医学用途配方食品注册证书等。

二、进口合同的商定

在我国进口贸易交易时，最常见的有两种形式：一是通过具有外贸经营权的企业代理进口；二是具有外贸经营权的企业自营进口。

进口业务主要环节有签订进口合同、跟进了解国外生产和交货情况、审核和执行进口合同、审单结汇付款、报关等。

（一）进口业务交易磋商的途径

进口采购信息发布的途径有参加国内外交易会、出访、邀请客户来访、媒体、网站广告、寄送需求商品目录、样品和询价清单等。进口业务交易磋商的途径有当面洽商、电话、网上可视电话、传真、电子邮件等。

（二）进口合同成立的形式

根据《联合国国际货物销售合同公约》的规定，订立国际货物销售合同的形式有3种：书面形式、口头形式和行为形式。但口头形式和行为形式较难保证进口商的利益，我国进口企业一般不采用。

三、进口合同的履行

（一）对外开立信用证

若涉及进口许可证的，进口商必须在开立信用证前办妥进口许可证，然后根据国外供应商的开证资料和进口合同内容向开证行递交开证申请书。

在选择开证行时，一般考虑国外网点多、国际结算能力强、国际信誉度高、服务能力和水平较高、开证费用低的商业银行。

开证手续费一般是开证金额的1.5‰左右。但不同的银行开证手续费等会有所区别。如银行考虑进口商的实力较小或进口业务金额较大，要求进口商提供开证第三方担保，进口商需要按开证行要求提交统一格式的担保书，并选择具有一定实力的企业或国内进口客户进行第三方担保。

（二）进口对外付汇

1. 对外付汇的备案登记

进口企业在开展进口业务之前，到当地外汇管理局办理“对外付汇进口单位名录”备案登记。没有被列入名录中的进口单位不得直接到商业银行办理进口付汇。办理备案登记时，应向外汇管理局提交以下资料：

1）外贸经营权批件。

2）企业营业执照。

3）企业组织代码证书。

4）外汇管理局认为需要提供的其他证明资料。

2. 对外付汇

进口商应当按照规定如实填写贸易进口付汇核销单（一式三联），信用证项下付汇的核销单、付汇单据一起交开证行对外付汇；属于货到汇款的还应当填写有关进口货物报关单编号和报关币种金额，将核销单、企业IC卡[⊖]连同其他付汇单证一并送外汇指定

⊖ 企业IC卡是企业在网上使用的身份证和印章，其内部存有企业用户的密钥和证书，可进行身份认证及数字签名，是企业办理网上业务时明确法律责任、保护企业合法权益的重要用具，必须妥善保存和管理。

银行审核，审核无误后付汇银行对外付汇。外汇指定银行审核进口商提供的各种单据内容相符无误后，填写核销单下方的内容，并加盖印章，将第二联退还进口商。

（1）即期信用证付汇

当进口合同规定采用不可撤销即期信用证进行支付时，进口商须要求通知行向进口商明确提示单据检查内容无误，并接受单据后，进口商才可按付款期限对外付款。

（2）远期信用证付汇

根据信用证有关规定，进口商需要在付款日期前将货款存入银行指定的账户，以备对外付款。进口商必须落实好远期付款资金，防止出现问题。

（3）采用托收方式结算货款

银行要求进口商接受单据的同时，在托收付款通知书上签字、盖章，通过银行对外支付货款。

（4）电汇方式支付货款

1）前 T/T 或部分前 T/T，可随附合同、购汇申请书、形式发票等，到银行办理对外支付手续。

2）后 T/T，可随附报关单、对外订货合同、发票、提单、购汇申请书等，对外支付。

（三）安排运输工具

租船订舱催装是跟单员在 FOB 贸易术语下重要的进口跟单业务环节，为确保进口业务的顺利履行，跟单员必须熟知国际贸易惯例，环环相扣，全程跟踪，随时掌握出口商备货情况和船舶动态，催促出口商做好装船准备工作。对于数量大或重要的进口货物，可请我国驻外机构就地协助了解和督促对方履约，或派员前往出口地点检验监督，使租船订舱等环节不因疏忽或延误导致进口合同的落空。

（四）办理进口货物保险

根据国际贸易惯例，按 FOB、CFR、FCA 和 CPT 条件成交的进口货物，由我方进口企业自行办理保险手续。进口货物保险与出口货物保险相同。

（五）报关、验收和拨交货物

1. 报关

进口货物到货后，由进出口公司或委托外贸运输公司根据进口单据向海关申报，并随附发票、提单及保险单。如属法定检验的进口商品，还须随附商品检验证书。海关查验货、证无误，才能放行。

2. 验收

进口货物运达港口卸货时，港务局要进行卸货核对：如发现短缺，应及时填制“短卸报告”交由船方签认，并根据短缺情况向船方提出保留索赔权的书面声明。卸货时如发现残损，货物应存放于海关指定仓库，待保险公司会同商检机构检验后做出处理。对于法定检验的进口货物，必须向卸货地或到达地的商检机构报验，未经检验的货物不准投产、销售和使用。如进口货物经商检机构检验，发现有残损短缺，应凭商检机构出具的证书对外索赔。对于合同规定在卸货港检验的货物，或已发现残损短缺有异状的货物，或合同规定的索赔即将期满的货物等，都需要在港口进行检验。

3. 拨交货物

在办完上述手续后，如订货或用货单位在卸货港所在地，则就近转交货物；如订货或用货单位不在卸货地区，则委托货运代理将货物转运内地并转交给订货或用货单位。关于进口关税和运往内地的费用，由货运代理向进出口公司结算后，进出口公司再向订货部门结算。

第三节　主要进出口单据的缮制

一、单证缮制要求

单证业务是国际贸易业务的一个重要组成部分，从签订合同到履行合同的全过程，每一个环节都需要单证的缮制、处理、交换和传递。这一过程不能存在差错，否则就会带来损失，因此在缮制单证时必须做到正确、完整、及时、简明和整洁等要求。

正确：一方面要求各种单据必须做到“四相符”，即证同[㊀]相符、单证相符、单单相符、单货相符；另一方面要求各种单据必须符合有关国际惯例和进出口国有关的法律和规定。

完整：一是指单证种类的完整，单证在通过银行议付或托收时，一般都要求提交成套的单证；二是指每一种单证内容必须完备齐全，包括盖章、签名、日期和背书必须清楚、不得涂改。此外，“完整”还要求出口商所提供的单据的份数不能短缺，每一种单证按合同或者信用证要求制作和提交规定份数的正本和副本。

及时：由于发货装运和制单结汇是紧密相连的，它是多环节综合性工作。如制单不及时，将会影响运输、商检、海关监管、港口作业、结汇等多部门工作，不仅会打乱了工作秩序，还会造成经济损失。“及时”一方面是指各种单据出单日期必须合理、可行，每一种单据的出单日期不能超过信用证规定的有效期限或按商业习惯的合理日期；另一方面是指交单议付要及时，即向银行交单日期不能超过信用证规定的交单有效期。

简明：《UCP600》指出，为了防止混淆和误解，银行应劝阻在信用证或其任何修改书中加注过多细节的内容。简化单证不仅可以减少工作量和提高工作效率，还有利于提高单证的质量和减少单证的差错。

整洁：单证必须清晰可辨，不能直接手写，也不能随意涂改。一份单证一般不要修改两处以上，更改要加盖“校正章”。同一份单据上填写的内容使用不同字体或字号，在传统上也属于更改的范畴，这些更改的地方也要加盖“校正章”。

㊀ “同”是指合同。

二、单证的工作环节

在进出口业务中，出口方的单证工作较多、更集中，从签订合同到交易完成，单证工作包括审证、制单、审单、交单、归档5个环节。

审证：通知行审核信用证开证行的资信情况以及信用证的密押情况等，出口企业主要审核信用证条款是否与合同相符，不符或不能接受的条款必须及时提出，要求对方修改。

制单：根据信用证或合同条款制作单据，同时要考虑买方对单据的要求；单据制作顺序为商业发票、装箱单、托运单据、投保单据、报关单据、结汇单据、财务单据、申报出口退税单据。

审单：全套单据缮制完成后应先预审、一般以发票为中心，严格仔细审核，做到单证、单同、单单一致。

交单：预审无误后，严格按照信用证或合同规定的期限及时交单，防止逾期交单，影响收汇。

归档：交单后还可能有退单、议付、争议、索赔、仲裁、续订单等发生，所以应保持一份完整的副本归档，保存一段时间，以备查阅。

三、与单证有关的国际惯例

1）国际商会于2007年修订的《跟单信用证统一惯例》（*Uniform Customs and Practice Documentary Credits*），简称《UCP600》。

2）国际商会于2007年修订的《关于审核跟单信用证项下单据的国际标准银行实务》（*International Standard Banking Practice for the Examination of Documents Under Documentary Credits*），简称《ISBP681》。

3）国际商会于1996年修订的《托收统一规则》（*The Uniform for Collection*），简称《URC522》。

四、商业发票

商业发票（Commercial Invoice）是卖方对装运货物的品质、规格、数量、价格等详细列明的一种货物清单，是买卖双方记账、收付货款、收货、进出口报关缴税、索赔、理赔的依据。商业发票还是缮制报关单、产地证、投保单等单据的依据。

商业发票没有统一规定的格式，每个出具商业发票的公司都有自己的发票格式。虽然格式各有不同，但是商业发票填制的项目大同小异。一般来说，商业发票应该具备以下主要内容：发票名称、出单人、受单人、发票号码、发票日期、合同号码、船名、启运地和目的地、唛头、商品名称、货物数量、单价、总值等。

商业发票填写规范如下：

1. 发票名称

发票上用粗体标明“COMMERCIAL INVOICE”或“INVOICE”字样。除非信用证另有授权，否则标明“Provisional Invoice”（临时发票）、“Proforma Invoice”（形式发票）或类似的发票是不可接受的。

2. 出单人

此栏前通常印有“Issuer”字样，填写出口商的名称和地址，有时还可以填写联系方式等，没有固定的格式，企业自行确定格式。在信用证付款方式下，出单人应该与信用证中的受益人一致。

3. 受单人

此栏前通常印有“To”“Sold to Messrs”“For Account and Risk of Messrs”等字样，填写进口商名称、地址、联系方式等。信用证支付方式下，受单人应与信用证中所规定的申请人或收货人严格一致。

4. 发票号码

发票号码由公司自行编制。一般公司会按照一定的规律编写，便于归档查询。

5. 发票日期

发票日期通常是指发票签发的日期。一般而言，在全套单据中，发票是签发日最早的单据，它只要不早于合同的签订日期不迟于提单的签发日期即可。发票日期通常在信用证开证日期之后、信用证有效期之前。《UCP600》规定，如果信用证没有特殊规定，银行可以接受签发日期早于开证日期的发票。

6. 合同号码

合同号码应与信用证上列明的一致。发票出具的都有买卖合同作为依据，但是买卖合同不都是以“S/C”为名称，有时会出现“Order”“Contract”等字样。

7. 信用证号码

当采用信用证支付货款时，填写信用证号码。若信用证没有要求在发票上标明信用证号码，此项可以不填。当采用其他支付方式时，此项不填。

8. 付款方式

按照合同中签订的付款方式填写，一般为“T/T”“D/A”“D/P”“L/C”。

9. 启运地和目的地

启运地和目的地要填上货物自装运地（港）至目的地（港）的地名，有转运情况应予以表示，例如：From Dalian To Rotterdam W/T at HongKong。

10. 唛头

信用证中有指定唛头的，必须按照规定制作唛头。如无规定，出口商可自行设计唛头，其内容分为3部分。第一部分为进口商名称缩写、合同号码、发票号码，第二部分为目的港，第三部分为件号。如果没有唛头，在发票上印制“N/M”。发票中的唛头要与提单中的唛头一致。

11. 货物描述、件数、包装种类

信用证支付方式下，发票中的货物描述要与信用证描述一致。托收方式下，发票货物描述参照合同内容填制。货物描述一般包括商品名称、规格、品质、包装等内容。例如：5000 pieces Men's Shirts，Shell：woven twill，100% cotton，packed in polybag，Style

No.：JX 102。信用证规定的货物信息并非英文时，发票也应照原文显示。信用证规定了多种货名，应根据实际发货情况，注明是其中的一种或几种，不得盲目照抄。除了信用证规定的货物外，发票不能再显示其他货物或免费样品等。信用证中的商品名称有错误或漏字等，未来得及修改，这时发票上的商品名称也应将错就错，以保证发票与信用证规定的完全一致，不过可在错误的名称后面加注正确的名称。

12. 货物数量

货物数量是指实际装运数量而非包装件数。商品数量单位应与单价中的数量单位保持一致。

1）缮制发票时，数量必须反映货物的实际装运数量，如果信用证中出现“About”（约）、“Circa”（大约）、“Approximately”（近似）或增减幅度时，例如“Not Exceed 20000 M/T，Minus 5% Quantity Allowance”，在这样的条件下需要注明实际装运数量。

2）如果信用证规定或者实际业务需要，一批货物要分制几套单据，则每套单据应缮制一份发票，各发票的货物数量之和应等于该批货物的总货物数量。

3）如果信用证允许分批装运，又规定了一定的增减幅度，则每批货物应该按照相同的增减幅度掌握。

4）对成交商品规格较多的，信用证常规定“AS PER S/C NO. …”，制单时须分别详列各种规格和单价。

5）当使用其他支付方式（如托收）时，货物内容应与合同内容一致。

13. 单价

单价由计价货币、计价单位、单位价格金额和贸易术语四部分构成。单价填写要与信用证一致，非信用证支付方式按照合同填写。单价表示方式如：USD100 PER SET CIF GUANGZHOU。

14. 总值

总值是实际装货数量与单价乘积计算出来的货物总价。《UCP600》规定，开证行可以拒绝接受超过信用证许可金额的商业发票，因此货物总值不能超过信用证金额。信用证中货物单价与数量条款中有“约”等词语，但总值中没有此类词语，总值就不允许有增减幅度。实际制单时，若来证要求在发票中扣除佣金，则必须扣除。折扣与佣金处理方法相同。有时信用证内无扣除佣金规定，但金额正好是扣除佣金后的金额，发票应显示扣除佣金，否则会造成发票金额超证。有时合同规定了佣金，但是来证金额内未扣除，而且证内也未提及佣金事宜，则发票不宜显示，待货款收回后另行汇给买方。

15. 总计

此栏应分别填入所有货物累计的总数量和总金额。若一笔合同中同时交易了同一类型的多种商品，如果这些商品的销售单位不同，“总计”中单位栏应填“Packages”。

16. 声明文句

信用证要求在发票内特别加列船名、原产地、进口许可证号码等声明文句，制单时必须一一详列。常用的声明文句如下：

(1) 证明所到货物与合同或订单所列货物相符

例如：We certify that the goods named have been supplied in conformity with Order No. 123.

兹证明本发票所列货物与第123号合同相符。

(2) 证明原产地

例如：We hereby certify that the above mentioned goods are of Korean Origin.

兹证明所列货物系韩国产。

(3) 证明不装载于或停靠限制的船只或港口

例如：We certify that the goods mentioned in this invoice have not been shipped on board of any vessel flying Japanese flag or due to call at any Japanese port.

兹证明本发票所列货物不装载悬挂日本国旗或驶靠任何日本港口的船只。

17. 出单人签名或盖章

《UCP600》规定发票不必签字，但是信用证规定“SIGNED INVOICE”，则必须签字，若信用证规定“MANUALLY SIGNED”“HAND SIGNED”，则必须手签。如果用影印、计算机处理或者复写方法制作出来的发票，应该在作为正本的发票上注明“正本”（ORIGINAL）的字样，并且由出单人签字。

需要注意的是，一般情况下是由受益人出具的，商业发票不是物权凭证，但是缺少发票就不能了解业务的全部情况。《UCP600》规定，发票中的币种必须与信用证汇总的币种相同。商业发票中的货物、服务或行为的描述必须与信用证中显示的内容相符。开证行、议付行、保兑行可以接受金额超过信用证所允许金额的商业发票。

五、装箱单

装箱单是发票的补充单据，主要反映货物的包装情况，列明已装箱货物的名称、规格、数量、唛头、箱号、重量、件数及包装等情况。便于国外买方在货物到达目的港时供海关检查和核对货物，通常可以将其有关内容加列在商业发票上，但是在信用证有明确要求时，就必须严格按信用证约定制作。

装箱单缮制要求如下：

1. 单据名称

装箱单名称应与信用证中规定的名称一致。信用证中对于装箱单的名称规定有“PACKING LIST”“WEIGHT MEMO”“MEASUREMENT LIST”“ASSORTMENT LIST”等形式，无论哪一种形式，都要按照信用证规定缮制。

2. 出单人

此栏前通常印有“Issuer”字样，填写出口商的名称和地址，有时还可以填写联系方式等，出单人应该与信用证中的受益人一致。

3. 受单人

此栏填写进口商名称、地址、联系方式等，应与信用证中所规定的申请人或收货人严格一致。

4. 装箱单号和出票日期

装箱单可以自行编号，但是实际中一般以商业发票编号作为装箱单号。出票日期按照发票日期填写。

5. 唛头及件数编号

此栏与商业发票填制要求一致，有时需要填写实际唛头，有时可以只注“as per invoice No. ×××”。

6. 包装件数、种类、货物描述

此栏与商业发票缮制要求一致，一般分 3 行填制。第一行填写商品名称，如“Leather Bag”；第二行填写包装，如“20 PCS/CTN”；第三行填报规格，如“as per order No. 8877”。

7. 外包装件数

此栏分别填写每种货物的包装件数。

8. 净重和毛重

此栏分 2 行填报，第一行填写单位包装毛重、净重，如“@ 19KGS”，单位毛重、净重前要加@；第二行填写总毛重、净重。

9. 尺码

此栏需要注明每个包装件的尺寸，一般有两种填写方式，可以填写长×宽×高，如“50cm×40cm×35cm”，还可以直接填写体积，如“37cm^3”。

10. 出口公司盖章和签字

此栏除填写出口公司名称外，还需要公司负责人签字。若信用证要求中性包装（NEUTRAL PACKING）或规定中性包装单（IN WHITE PAPER 或 IN PLAIN），则本栏空白。

六、提单

提单（B/L）是对外贸易中运输部门承运货物时签发给发货人的一种凭证。《中华人民共和国海商法》规定，提单是指用以证明海上货物运输合同和货物已经由承运人接收或者装船，以及承运人保证据以交付货物的单证。提单中载明的向记名人交付货物，或者按照指示人的指示交付货物，或者向提单持有人交付货物的条款，构成承运人据以交付货物的保证。

海运提单一般有正、反两面内容。在海运提单的正面和背面分别印有承运人条款。通常这些条款根据国际公约、各国法律和承运人规则印制，对于承运人和托运人双方都有约束力。

1. 必要记载事项

《中华人民共和国海商法》规定，提单必要记载事项包括：①货物的品名、标志、包数或者件数、重量或者体积，以及运输危险货物时对危险性质的说明；②承运人的名称和主营业所；③船舶名称；④托运人的名称；⑤收货人的名称；⑥装货港和在装货港接收货物的日期；⑦卸货港；⑧多式联运提单增列接收货物地点和交付货物地点；⑨提单的签发日期、地点和份数；⑩运费的支付；⑪承运人或者其代表的签字。

《汉堡规则》关于提单必须记载的内容则做出详细的规定，在第15条第1款中共列出了15项必须记载的事项，其中前11项与《中华人民共和国海商法》规定相同，以下4项也为必要记载事项：①关于货物运输应遵守该规则各项规定，凡是与此相背离的，有损于托运人或收货人的条款均属无效的声明；②货物应在或可在舱面装运的声明；③经承运人与托运人明确协议的货物在卸货港的交付日期或期限；④承运人与托运人约定的高于该规则的承运人责任限额。

《海牙规则》要求提单上要载有：辨认货物所需的主要标志，数量或者重量，货物的表面状况。

2. 提单的功能

1）提单是证明承运人已经接管货物和货物已装船的货物收据。提单不仅能证明收到货物的种类、数量、标志、外表状况，还能证明收到货物的时间。

2）提单是承运人保证凭以交付货物和可以转让的物权凭证。提单的合法持有人有权在目的港凭提单提货。

3）提单是海洋运输合同成立的证明文件。提单上规定了承运人与托运人之间的权利、义务，它是法律承认的处理有关货物运输纠纷的依据。

3. 提单缮制要求

1）提单号码（B/L No.）。提单号码是承运人或其代理人根据各家运输公司规则编制的号码，没有提单号码提单无效。

2）托运人（Shipper）。托运人是将货物委托给承运人运输的人，通常为出口商、信用证交易中的受益人，也可以为第三方。本栏填写出口商的名称和地址。

3）收货人（Consignee）。此栏填写收货人的名称、地址，必要时可填写电话、传真或代码。如要求记名提单，此栏可填上具体的收货人的名称；如属指示提单，则填写“To order”或“To order of ×××”。

4）通知人（Notify Party）。通知人一般为预定的收货人或收货委托的代理人。

5）集装箱号（Container No.）。集装箱号是指在集装箱箱体上标示的全球唯一编号，在货物装箱后，将确定的集装箱号填入。

6）船名及航次（Name of Vessel；Voy. No.）。此栏填写所装船舶及航次。如中途转船，只填写第一程船名航次。

7）装运港（Port of Loading）和卸货港（Port of Discharge）。此栏应填写具体港口名称。卸货港如不同国家有重名，则应加注国名。卸货港如采取选择港方式，应全部列明，如伦敦/鹿特丹/汉堡，则在“卸货港”栏中填上“option London/Rotterdam/Hamburg”，收货人必须在船舶到达第一卸货港前在船方规定时间内通知船方卸货港，否则船方可在其中任意一港卸货。选择港最多不得超过3个，且应在同一航线上，运费按最高者计收。如中途转船，“卸货港”即填写转船港名称，而目的港应填入“最终目的地”（Final Destination）栏内。也可在“卸货港”内填上目的港，同时注明“在××港转船”。

8）铅封号、标记及号码（Seal No.，Marks & No.）。正确填写铅封号。每个集装箱铅封上都有仅有的编号标识。集装箱铅封正常锁上，则能够证明该集装箱在运送途中未经私自开封，箱内状况由装箱人在装箱时监督担任。集装箱铅封一经正确锁上，除非暴力损坏（即剪开）则无法打开，损坏后的集装箱铅封无法继续运用。海关封识不允许随意开拆，否则需要负法律责任。

标记及号码又称运输标志或者唛头，它通常是由一个简单的几何图形和一些字母、数字及简单的文字组成，一般有收货人代号、合同号码、发票号码、目的地、原产国（地区）、最终目的国（地区）、目的港或中转港和件数号码等信息。它的作用在于使货物在装卸、运输、保管过程中容易被有关人员识别，以防错发错运。填写时，此栏与合同、装箱单、发票中的标记及号码一致。如果货物外包装上的标记及号码内容较多无法在此栏中全部显示，一般承运人接受“贴唛”。

9）箱数或件数（No. of Container or P’kgs）。填写集装箱个数或集装箱内货物外包装件数。

10）包装种类、货物名称（Kind of Packages、Description of Goods）。此栏要求与发票一致。货名如有总称，应先注总称，然后逐项列明每一包装件的货名、规格、品种等内容。

11）毛重（Gross Weight）。注明每个包装件的毛重和此包装件内不同规格、品种、花色货物各自的总毛重，最后在合计栏处标注总毛重。信用证或合同未要求的，不注亦可，例如“2588.36KGS”。小于或等于1kg的填1KG。

12）尺码（Measurement）。注明每个包装件的体积，最后在合计栏处标注总体积。信用证或合同未要求的，不注亦可。例如：“1201 CBM”。

13）运费和费用、付款地点及付款方式（Freight & Charges、Payable at、Pre-paid、Collect）。本栏只填运费支付情况，CFR 或 CIF 贸易术语填“运费预付（Freight Prepaid）”，FOB 贸易术语填“运费到付（Freight Collect）”。

14）提单号码［B/L No. 或 No. of Original B(s)/L］。提单上必须注明编号，以便核查，该号码与装货单（又称大副收据）或（集装箱）场站收据的号码是一致的。没有编号的提单无效。

15）正本提单份数［Number of Original B(s)/L］。按信用证规定签发，并分别用大小写数字填写，如“（2）TW”。信用证中仅规定“全套”（Full Set），习惯做两份正本，但一份正本亦可视为全套。

16）签单地点和日期（Place and Date of Issue）。除备运提单外，提单日期均为装货完毕日期，不能迟于信用证规定的装运期。提单签发地点按装运地填列。如果船期晚于规定装运期，要求船方同意以担保函换取较早日期提单，形成“倒签提单”（Anti Dated B/L）；货未装上船就要求船方出具已装船提单，形成“预借提单”（Advanced B/L），一旦发现这两种做法，可能造成对方索赔以至拒收而导致巨大损失。

17）提单签字栏必须由承运人或承运人代理人、船长或船长代理人签署，签字时需要注明承运人、船长或代理人的身份。提单上必须注明已装船日期，出具提单的日期被视为装运日期。船名和装运港应与信用证中规定的船名和装运港一致。装货港、卸货港应与信用证中规定的一致。银行可以接受包含“转运”字样的全程运输提单。

七、航空运单

航空运单（Ail Waybill）是一种运输合同，既是货物的收据，也是托运人与承运人之间的运输契约，但不具有物权凭证的性质，不可背书转让。

航空运单须由发货人或其代理人和承运人或其代理人签署后方能生效，一旦签发，即为承运合同的书面证据。当发货人将其货物发运后，承运人或其代理人将第一份航空运单正本交给发货人，作为其接收货物的证明。承运人将运单的第二份正本自己留存，作为收取运费的凭据。第三份运单正本由航空公司随机交收货人，收货人据此核收货物。

航空运单分为两种：一种是航空公司的运单（Air Waybill，AWS），又称总运单（Master Air Waybill，MAWB）；另一种是航空货运公司的运单（House Air Waybill，HAWB），又称分运单。

航空运单缮制要求如下：

1）航空运单号（No. of Air Waybill）。航空运单号的前三位为航空公司的代码，是由国际航空运输协会（IATA）统一编制的航空公司代码，如中国国际航空公司代码为999，新加坡航空公司代码为607，英国航空公司代码为125等。

2）航班/日期。此栏填写载货班机的航班编号和起飞日期。

3）托运人姓名及地址。此栏填写托运人名称、地址、国家及联系方式。

4）收货人姓名及地址。此栏填写收货人名称、地址、国家及联系方式。不能填写“to Order”或“to Order of Shipper”字样。

5）出具货运单的承运人代理人名称和城市。此栏填写承运人代理人的名称和所在城市名称。

6）出具货运单的承运人代理人的国际航空协会代码。此栏填写承运人代理人的IATA代号。

7）会计事项。此栏只在采取特殊付款方式时才填写，填写托运人账号、信用卡账号、费用结算等会计事务内容。

8）始发站、到达站、路线。此栏填写始发站的机场英文全称，填写到达站机场或城市全名，国外机场如果有重名情况，需要注明国别。此栏还填写航线和目的地航空站。

9）货币。此栏填写ISO货币代码，如CNY、USD、EUR、GBP、JPY。支付方式按照具体情况填写。其中，“PPD”表示Prepaid，“COLL”表示Collect。若为预付，则在“PPD”栏内标注“×”或填写“PP”；若是到付，则在“COLL”栏内标注“×”或填写“CC”。

10）操作信息。此栏一般填写承运人对货物处理的有关注意事项。

11）货物件数和运价组成。此栏填写货物包装件数。如果运输价格是比例运价或分段运价，那么需要在此栏里输入运价组成点的机场 IATA 代码。

12）毛重。此栏填写货物的毛重。

13）重量单位。此栏选填千克（kg）或者磅（lb）。

14）运价等级。此栏从 6 种代码中选填。代码分别为 M（Minimum，起码运费）、C（Special Commodity Rates，特种运价）、S（Surcharge，高于普通货物运价等级的货物运价）、R（Reduced，低于普通货物运价等级的货物运价）、N（Normal，45kg 以下货物适用的普通货物运价）、Q（Quantity，45kg 以上货物适用的普通货物运价）。

航空运单签字栏必须由承运人或代理人签署，签字时需要注明承运人或代理人的身份。需要注明货物已收妥待运。航空运单出具日期被视为装运日期。航空运单显示的航班起飞日期不能视为装运日期。起飞机场和目的地机场必须与信用证规定一致。银行可以接受全程运输由同一空运单据涵盖的转运。

八、公路、铁路、内陆水运单据

公路、铁路、内陆水运单据签字栏必须由承运人或代理人签署，或由承运人或代理人印戳或批注表明货物收讫，签字时需要注明承运人或代理人的身份。如果铁路运输单据没有指明承运人，铁路运输公司的任何签字或印戳都可以视为承运人签字。运输单据出具的日期视为发运日期。无论是否注明正本字样，铁路或内陆水运单据都被银行视为正本接受。如果运输单据上未注明出具的正本数量，提交的份数即视为全套正本。银行可以接受全程运输由同一公路、铁路、内陆水运单据涵盖的转运。

九、保险单据

保险单据必须由保险公司或承保人或代理人签署，签字人必须标明其代表的保险公司或承包人。如果出具多份正本保险单据，所有正本都要提交。保险单据日期不得晚于发运日期。投保金额币种应与信用证币种相同。如信用证未对投保金额做出规定，投保金额须至少为货物 CIF 或 CIP 价格的 110%。保险单据须标明承保的风险区间至少从信用证规定的货物监管地或启运地开始到卸货地或最终目的地为止。

习　　题

一、名词解释

1. 商业发票
2. 提单
3. 装箱单

二、简答题

1. 简述进出口单证缮制的要求。
2. 简述进出口合同的履行流程。

本章附录

附录1　出口合同

<table>
<tr><td colspan="4" align="center">广东省进出口有限公司
GUANGDONG IMP. AND EXP. CORP., LTD.
售货合同
SALES CONTRACT</td></tr>
<tr><td colspan="2">合同号
Contract No. :</td><td colspan="2">签约日期
Signed at:</td></tr>
<tr><td colspan="2">卖方
The Sellers:</td><td colspan="2">电话
Tel. :</td></tr>
<tr><td colspan="2">地址
Address:</td><td colspan="2">传真
Fax:</td></tr>
<tr><td colspan="2">买方
The Buyers:</td><td colspan="2">电话
Tel. :</td></tr>
<tr><td colspan="2">地址
Address:</td><td colspan="2">传真
Fax:</td></tr>
<tr><td colspan="4">兹经买卖双方同意由卖方出售买方购进下列货物，并按下列条款签订本合同
This sales contract is made by and between the sellers and the buyers whereby the sellers agree to sell and the buyers agree to buy the under-mentioned goods according to the terms and conditions stipulated below:</td></tr>
<tr><td>商品名称，规格及包装
Description; Specification & Packing</td><td>数量
Quantity</td><td>单价
Unit Price</td><td>金额
Amount</td></tr>
<tr><td></td><td></td><td></td><td></td></tr>
<tr><td colspan="3">合计
TOTAL:</td><td></td></tr>
<tr><td colspan="4">(允许卖方在装货时溢装或短装1%，价格按照本合同所列的单价计算)
(The sellers are allowed to load 1% more or less, the price shall be calculated according to the unit price)</td></tr>
<tr><td colspan="2">唛头
Shipping Marks:</td><td colspan="2">装船期限
Time of Shipment:</td></tr>
<tr><td colspan="2">装船码头
Port of Shipment:</td><td colspan="2">目的口岸
Port of Destination:</td></tr>
</table>

（续）

付款条件：出运后 60 天内 100%电汇付款到以下受益人 Terms of Payment: 100% T/T remittance within 60 days after B/L date to the following beneficiary. Beneficiary: BANK NAME: BANK ACCOUNT NO.: BANK'S SWIFT NO.:
保险 Insurance:
质量保证：卖方保证货物全新符合合同中所规定的质量和规格要求。 Guarantee of Quality: The Sellers guarantee that the commodity hereof is complied in all respects with the quality and specification stipulated in this contract.
争议解决： 凡因本合同引起的或与本合同有关的任何争议，如果协商不能解决，应提交中国广州仲裁委员会，按照申请仲裁时该委员会实施的仲裁规则进行仲裁。仲裁裁决是终局的，对双方均有约束力。 Settlement of Disputes: Any disputes arising from or in connection with the sales contract shall be settled through friendly negotiation. In case no settlement can be reached, the disputes shall be submitted to Guangzhou Arbitration Commission for arbitration. The arbitral award is final and binding upon both parties.
合同各方发出的上述通知、文件等，因收件方拒收、收件方提供的地址错误导致无法妥投的，自交邮之日起 5 日视为送达。 If the above-mentioned notices, documents, etc. issued by any one party of the contract cannot be delivered properly due to rejection by the recipient or incorrect address provided by the recipient, they shall be deemed delivered within 5 days from the date of delivery.
买方　　　　　　　　　　卖方 The Buyers　　　　　　　　The Sellers
签字后请一份退回我公司。本合同按照以上所列一般条款执行。 Please return one copy with the signature. This contract is subject to terms and conditions above underlined.

附录2 原产地证书

一般原产地证书

ORIGINAL

<table>
<tr><td colspan="2">1. Exporter</td><td colspan="3" rowspan="2">Certificate No.

CERTIFICATE OF ORIGIN
OF
THE PEOPLE'S REPUBLIC OF CHINA</td></tr>
<tr><td colspan="2">2. Consignee</td></tr>
<tr><td colspan="2">3. Means of transport and route</td><td colspan="3" rowspan="2">5. For certifying authority use only</td></tr>
<tr><td colspan="2">4. Country/region of destination</td></tr>
<tr><td>6. Marks and numbers</td><td>7. Number and kind of packages; description of goods</td><td>8. H. S. Code</td><td>9. Quantity</td><td>10. Number and date of invoice</td></tr>
<tr><td colspan="2">11. Declaration by the exporter
The undersigned hereby declares that the above details and statements are correct, that all the goods were produced in China and that they comply with the Rules of Origin of the People's Republic of China.

Place and date, signature and stamp of authorized signatory</td><td colspan="3">12. Certification
It is hereby certified that the declaration by the exporter is correct.

Place and date, signature and stamp of certifying authority</td></tr>
</table>

普惠制原产地证书

ORIGINAL

<table>
<tr>
<td colspan="3">1. Goods consigned from (Exporter's business name, address, country)</td>
<td colspan="3" rowspan="2">Reference No.

GENERALIZED SYSTEM OF PREFERENCES
CERTIFICATE OF ORIGIN
(Combined declaration and certificate)
FORM A
Issued in <u>THE PEOPLE'S REPUBLIC OF CHINA</u>
(Country)
See Notes Overleaf</td>
</tr>
<tr>
<td colspan="3">2. Goods consigned to (Consignee's name, address, country)</td>
</tr>
<tr>
<td colspan="3">3. Means of transport and route(as far as known)</td>
<td colspan="3">4. For official use</td>
</tr>
<tr>
<td>5. Item number</td>
<td>6. Marks and numbers of packages</td>
<td>7. Number and kind of packages; description of goods</td>
<td>8. Origin criterion (see notes overleaf)</td>
<td>9. Gross weight or other quantity</td>
<td>10. Number and date of invoice</td>
</tr>
<tr>
<td colspan="3">11. Certification
It is hereby certified, on the basis of control carried out, that the declaration by the exporter is correct.

Place and date, signature and stamp of certifying authority</td>
<td colspan="3">12. Declaration by the exporter
The undersigned hereby declares that the above details and statements are correct; that all the goods were produced in
CHINA

(Country)
and that they comply with the origin requirements specified for those goods in the Generalized System of Preferences for goods exported to
----
(Importing Country)

Place and date, signature of authorized signatory</td>
</tr>
</table>

FORM E 原产地证书

<table>
<tr>
<td colspan="3">1. Products consigned from (Exporter's business name, address, country)</td>
<td colspan="3" rowspan="2">Reference No.
ASEAN-CHINA FREE TRADE AREA
PREFERENTIAL TARIFF
CERTIFICATE OF ORIGIN
(Combined Declaration and Certificate)

FORM E
Issued in ______________
(Country)
See Overleaf Notes</td>
</tr>
<tr>
<td colspan="3">2. Products consigned to (Consignee's name, address, country)</td>
</tr>
<tr>
<td colspan="3">3. Means of transport and route (as far as known)
Departure date

Vessel's name/Aircraft etc.

Port of Discharge</td>
<td colspan="3">4. For Official Use
☐ Preferential Treatment Given

☐ Preferential Treatment Not Given (Please state reason/s)

Signature of Authorised Signatory of the Importing Party</td>
</tr>
<tr>
<td>5. Item Number</td>
<td>6. Marks and numbers on packages</td>
<td>7. Number and types of packages, description of products (including quality where appropriate and H. S. number in six digit code)</td>
<td>8. Origin criteria (see overleaf notes)</td>
<td>9. Gross weight or net weight or other quantity, and value (FOB) only when RVC criterion is applied</td>
<td>10. Number, date of Invoice</td>
</tr>
<tr>
<td></td><td></td><td></td><td></td><td></td><td></td>
</tr>
<tr>
<td colspan="3">11. Declaration by the exporter
The undersigned hereby declares that the above details and statement are correct; that all the products were produced in
----
(Country)
and that they comply with the origin requirements specified for these products in the Rules of Origin for the ACFTA for the products exported to

----
(Importing Country)

Place and date, signature of authorised signatory</td>
<td colspan="3" rowspan="2">12. Certification
It is hereby certified, on the basis of control carried out, that the declaration by the exporter is correct.

Place and date, signature and stamp of certifying authority</td>
</tr>
<tr>
<td colspan="3">13.
☐ Issued Retroactively ☐ Exhibition
☐ Movement Certificate ☐ Third Party Invoicing</td>
</tr>
</table>

附录3 保险单据

保险单号
Policy No.

货物运输保险单
CARGO TRANSPORTATION INSURANCE POLICY

(1) 发票号 提单号
Invoice No. B/L No.
合同号 信号证号
Contract No. L/C No.

(2) 被保险人
Insured: ____________________

中国人民财产保险股份有限公司（以下简称本公司）根据被保险人的要求，由被保险人向本公司缴付约定的保险费，按照本保险单承保险别和背面所载条款与下列条款承保下述货物运输保险，特订立本保险单。

THIS POLICY OF INSURANCE WITNESSES THAT THE PEOPLE'S INSURANCE COMPANY OF CHINA (HEREINAFTER CALLED THE COMPANY) AT THE REQUEST OF THE INSURED AND IN CONSIDERATION OF THE AGREED PREMIUM PAID TO THE COMPANY BY THE INSURED, UNDERTAKES TO INSURE THE UNDERMENTIONED GOODS IN TRANSPORTATION SUBJECT TO THE CONDITIONS OF THIS OF THIS POLICY AS PER THE CLAUSES PRINTED OVERLEAF AND OTHER SPECIAL CLAUSES ATTACHED HEREON.

(3) 标记 Marks. & Nos.	(4) 包装及数量 Package & Quantity	(5) 保险货物项目 Goods	(6) 保险金额 Amount Insured

(7) 承保险别
Conditions:

(8) 总保险金额
Total Amount Insured: ____________________

(9) 保费
Premium: ____________________

(10) 装载运输工具
Per Conveyance: ____________________

(11) 启运日期
Date of Commencement: ____________________

(12) 启运自经至
From: ____________________ Via: ____________________ To: ____________________

所保货物如发生保险单项下可能引起索赔的损失或损坏，应立即通知本公司下述代理人查勘。如有索赔，应向本公司提交正本保险单（本保险单共有____份正本）及有关文件。如一份正本已用于索赔，其余正本自动失效。

IN THE EVENT OF LOSS OR DAMAGE WITCH MAY RESULT IN A CLAIM UNDER THIS POLICY, IMMEDIATE NOTICE MUST BE GIVEN TO THE COMPANY'S AGENT AS MENTIONED HEREUNDER. CLAIMS, IF ANY, ONE OF THE ORIGINAL POLICIES WHICH HAS BEEN ISSUED IN _ ORIGINAL (S) TOGETHER WITH THE RELEVANT DOCUMENTS SHALL BE SURRENDERED TO THE COMPANY. IF ONE OF THE ORIGINAL POLICIES HAS BEEN ACCOMPLISHED, THE OTHERS TO BE VOID.

(13) 赔款偿付地点
Claim Payable at: __________

中国人民财产保险股份有限公司
The People's Insurance Company of China
保险人
Underwriter: __________

(14) 签单日期
Issuing Date: __________

附录4　出口许可证申请表

中华人民共和国出口许可证申请表

<table>
<tr><td colspan="3">1. 出口商：　　代码：
领证人姓名：　　电话：</td><td colspan="3">3. 出口许可证号：</td></tr>
<tr><td colspan="3">2. 发货人：　　代码：</td><td colspan="3">4. 出口许可证有效截止日期：
年　月　日</td></tr>
<tr><td colspan="3">5. 贸易方式：</td><td colspan="3">8. 进口国（地区）：</td></tr>
<tr><td colspan="3">6. 合同号：</td><td colspan="3">9. 付款方式：</td></tr>
<tr><td colspan="3">7. 报关口岸：</td><td colspan="3">10. 运输方式：</td></tr>
<tr><td colspan="3">11. 商品名称：</td><td colspan="3">商品编码：</td></tr>
<tr><td>12. 规格、等级</td><td>13. 单位</td><td>14. 数量</td><td>15. 单价（币别）</td><td>16. 总值（币别）</td><td>17. 总值折美元</td></tr>
<tr><td></td><td></td><td></td><td></td><td></td><td></td></tr>
<tr><td></td><td></td><td></td><td></td><td></td><td></td></tr>
<tr><td></td><td></td><td></td><td></td><td></td><td></td></tr>
<tr><td>18. 总计</td><td></td><td></td><td></td><td></td><td></td></tr>
<tr><td colspan="3" rowspan="2">19. 备注
申请单位盖章
申领日期：</td><td colspan="3">20. 签证机构审批（初审）：
经办人：</td></tr>
<tr><td colspan="3">终审：</td></tr>
</table>

填表说明：1. 本表应用正楷逐项填写清楚，不得涂改、遗漏，否则无效。
2. 本表内容需打印多份许可证的，请在备注栏内注明。
3. 本表填写一式二份。

附录 5　汇票

汇票
BILL OF EXCHANGE

凭　　　　　　　　　　　　　　　　　　　　　　信用证
Drawn under ________________________ L/C No. __________

日期　　　　　　　　　　　　　　　　　　　　　支　取
Dated __________　　Payable with interest@ __________ %　　按　息 __________　付款

号码　　　　　　　　　　汇票金额
No. __________　　Exchange for __________

见票　　　　　　　日后（本汇票之副本未付）付交
At ______ sight of this FIRST of Exchange (Second of Exchange being unpaid)

Pay to the order of ______________________________

金额

The sum of ______________________________

此致

To. ______________________________

____
(Signature)

附录6 商业发票

商业发票

Commercial Invoice

<table>
<tr><td colspan="2" rowspan="2">(1) 出口商
Exporter</td><td>(4) 发票号
Invoice No.</td><td colspan="3">(5) 发票日期
Invoice Date</td></tr>
<tr><td>(6) 合同号
Contract No.</td><td colspan="3">(7) 其他参考号
Other Reference No.</td></tr>
<tr><td colspan="2" rowspan="2">(2) 进口商
Importer</td><td colspan="4">(8) 原产地国家（地区）
Country/Region of Origin</td></tr>
<tr><td colspan="4">(9) 贸易方式
Trade Mode</td></tr>
<tr><td colspan="2">(3) 运输事项
Transport Details</td><td colspan="4">(10) 交货扣付款条款
Terms of Delivery and Payment</td></tr>
<tr><td>(11) 运输标志和集装箱号
Shipping Marks and Container No.</td><td colspan="2">(12) 包装类型及件数；商品编码；商品描述
Number and Kind of Packages; Commodity No. Comnmodity Description</td><td>(13) 数量
Quantity</td><td>(14) 单价
Unit Price</td><td>(15) 金额
Amount</td></tr>
<tr><td colspan="6"></td></tr>
<tr><td colspan="6">(16) 总值（用数字和文字表示）
Total Amount(in figure and word)</td></tr>
<tr><td colspan="2"></td><td colspan="4">(17) 出口商签章
Exporter Stamp and Signature</td></tr>
</table>

附录 7　装箱单

装箱单
Packing List

<table>
<tr><td colspan="2">(1) 出口商
Exporter</td><td colspan="4">(3) 装箱单日期
Packing List Date</td></tr>
<tr><td colspan="2" rowspan="2">(2) 进口商
Importer</td><td>(4) 合同号
Contract No.</td><td colspan="3">(5) 信用证号
L/C No.</td></tr>
<tr><td colspan="4">(6) 发票日期和发票号
Invoice Date and No.</td></tr>
<tr><td>(7) 运输标志和集装箱号
Shipping Marks; Container No.</td><td colspan="2">(8) 包装类型及件数；商品编码；商品描述
Number and King of Packages; Commodity of No. ; Commodity Description</td><td>(9) 毛重
Gross Weight</td><td>(10) 净重
Net Weight</td><td>(11) 体积
Cube</td></tr>
<tr><td colspan="6"></td></tr>
<tr><td colspan="2"></td><td colspan="4">(12) 出口商签章
Exporter Stamp and Signature</td></tr>
</table>

附录8　提单

<table>
<tr><td colspan="2">1. Shipper</td><td rowspan="5">B/L NO.
×××TRANSPORTATION , INC.
Combined Transport BILL of LADING
RECIVED in apparent good order and condition except as otherwise noted the total number of containers or other packages or units enumerated below for transportation hereof. One of the bills of lading must be surrendered duty endorsed in exchange for the goods or deliver order. On presentation of this document duly endorsed to the Carrier by or on behalf of the holder of the bill of lading, the rights and liabilities arising in accordance with the terms and conditions hereof shall(without prejudice to any rule of common law or statute rendering them binding on the Merchant) become binding in all respects between the Carrier and the Holder of the bill of lading as though the contract evidenced herby had been made between them.</td></tr>
<tr><td colspan="2">2. Consignee</td></tr>
<tr><td colspan="2">3. Notify Party</td></tr>
<tr><td>4. Pre-carriage by</td><td>5. Place of Receipt</td></tr>
<tr><td>6. Ocean Vessel Voy. No.</td><td>7. Port of Loading</td></tr>
</table>

8. Port of Discharge	9. Place of Delivery	REFERENCE NO.

<table>
<tr><td rowspan="2">Marks & Nos.
Container Seal No.</td><td rowspan="2">No. of
Containers
or P'kgs</td><td>Kind of Packages; Description of Goods</td><td>Gross Weight(kgs)</td><td>Measurement
(CBM)</td></tr>
<tr><td colspan="3">Declared Cargo value USD ________ per Clause 5 on the reverse of this bill of lading. If Merchant enters a value. Carrier's per package limitation of liability shall not apply and the ad valorem rate in Carrier's tariff will be charged.</td></tr>
<tr><td>10. TOTAL NO. OF CONTAINERS OR PACKAGES(IN WORDS)</td><td colspan="4"></td></tr>
</table>

<table>
<tr><td colspan="2">11. FREIGHT & CHARGES</td><td>Per</td><td>Prepaid</td><td>Collect</td><td></td></tr>
<tr><td rowspan="2">EX. Rate</td><td colspan="2">Prepaid at</td><td colspan="2">Payable at</td><td>Place and Date of Issue</td></tr>
<tr><td colspan="2">Total Prepaid</td><td colspan="2">No. of Original B(s)/L</td><td>Signed for the Carrier</td></tr>
</table>

附录 9　空运单

<table>
<tr><td colspan="2" rowspan="2">Shipper's Name and Address</td><td colspan="4">Shipper's Account Number</td><td colspan="8">NOT NEGOTIABL
Air Waybill
Issued by</td></tr>
<tr><td colspan="4"></td><td colspan="8">Copies 1,2 and 3 of this Air Waybill are originals and have the same validity.</td></tr>
<tr><td colspan="2" rowspan="2">Consignee's Name and Address</td><td colspan="4">Consignee's Account Number</td><td colspan="8" rowspan="2">It is agreed that the goods described herein are accepted in apparent good order and condition (except ad noted) for carriage SUBJECT TO THE CONDITIONS OF CONTRACT ON THE REVERSE HEREOF. ALL GOODS MAY BE CARRIED BY ANY OTHER MEANS INCLUDING ROAD OR ANY OTHER CARRIER UNLESS SPECIRC CONTRARY INSTRUCTIONS ARE GIVEN HEREON BY THE SHIPPER, AND SHIPPER AGREES THAT THE SHIMENT MAY BE CARRIED VIA INTERMEDIATE STOPPING PLACES WHICH THE CARRIER DEEMS APRRPRIER'S LIMITATION OF LIABILITY. Shipper may increase such limitation of liability by declaring a higher value for carriage and paying a supplemental charge if required.</td></tr>
<tr><td colspan="4"></td></tr>
<tr><td colspan="6">Issuing Carrier's Agent Name and City</td><td colspan="8" rowspan="3">Accounting information</td></tr>
<tr><td colspan="2">Agent's LATA Code</td><td colspan="4">Account No.</td></tr>
<tr><td colspan="6">Airport of Departure (Addr. of First Carrier) and Requested Routing</td></tr>
<tr><td rowspan="2">To</td><td rowspan="2">By First Carrier</td><td rowspan="2">to</td><td rowspan="2">by</td><td rowspan="2">to</td><td rowspan="2">by</td><td rowspan="2">curre-ncy</td><td rowspan="2">CHGS code</td><td colspan="2">WT/VAL</td><td colspan="2">Other</td><td rowspan="2">Declared Value for Carriage</td><td rowspan="2">Declared Value for Customs</td></tr>
<tr><td>PPD</td><td>COLL</td><td>PPD</td><td>COLL</td></tr>
<tr><td colspan="2">Airport of Destination</td><td colspan="4">Flight/Date
[ ]</td><td colspan="2">Amount of Insurance</td><td colspan="6">INSURANCE-If Carrier offers insurance, and such insurance is requested in accordance with the conditions thereof, indicate amount to be insured in figures in box marked Amount of Insurance.</td></tr>
</table>

（续）

Handing information												
												SCI
No. of Pieces RCP	Gross Weight	kg/ lb		Rate Class		Charg-eable Weight		Rate / Charge		Total		Nature and Quantity of Goods
					Commodity Item No.							

Prepaid [ ]	Weight Charge [ ]	Collect [ ]	Other Charges
Valuation Charge [ ]			
Tax [ ]			
Total other Charges Due Agent [ ]			Shipper certifies that the particulars on the face hereof are correct and that insofar as any part of the consignment contains dangerous goods, such part is properly described by name and is in proper condition for carriage by air according to the applicable Dangerous Goods Regulations.
Total other Charges Due Carrier [ ]			--
			Signature of Shipper or his Agent
Total Prepaid	Total Collect		--
Currency Conversion Rate	CC Charge in Dest. Currency		Executed on(date) at(place) Signature of issuing Carrier or its Agent
For Carrier's Use only at Destination	Charge at Destination	Total Collect Charge	

第十三章 违约及其法律救济方法

第一节 对卖方违约的救济方法

当卖方违反合同，即不交货或迟延交货，买方有权利宣告合同无效，要求卖方以交付替代货物或者迟延履行交货义务并做出赔偿等方式进行救济。按照《联合国国际货物销售合同公约》的规定，如果卖方不履行他在合同和本公约中的任何义务，买方可以采取以下方式进行救济：

1. 交付替代货物

当货物与合同规定不符，构成根本性违反合同时，买方可以要求卖方交付替代货物。但是必须在合理时间内提出交付替代货物的要求，如果买方未在实际收到货物之日起两年内将货物不符合同情形通知卖方，就丧失了宣告货物不符合同的权利，再无权要求卖方交付替代货物。

2. 通过修理补救

如果货物与合同规定不符，买方可以要求卖方通过修理对不符合同之处做出补救，修理的要求也必须在合理时间内提出，如果买方未在实际收到货物之日起两年内将货物不符合同情形通知卖方，就丧失了宣告货物不符合同的权利，再无权要求卖方修理货物。

3. 买方可以要求卖方延期履行合同

如果货物与合同规定不符，买方可以规定一段合理时限的额外时间，让卖方履行其义务。在延期履行合同期间，买方不得要求卖方采取任何补救办法。如果买方收到卖方的通知，声称他将不在所规定的时间内履行义务，则买方享有要求卖方损害赔偿的权利。

4. 买方宣告合同无效

在卖方出现以下两种违约情况时，买方可以宣告合同无效：①卖方不履行其在合同或《联合国国际货物销售合同公约》中的任何义务，等于根本性违反合同；②如果发生不交货的情况，卖方不在延期时间内交付货物，或卖方声明他将不在所规定的时间内交付货物。但是如果卖方已交付货物，买方就丧失了宣告合同无效的权利。

5. 减低价格

如果货物不符合同，不论价款是否已付，买方都可以要求减低价格，减价按实际交付的货物在交货时的价值与符合合同的货物在当时的价值两者之间的比例计算。但是如果卖方按照规定对任何不履行义务做出了补救，或者买方拒绝接受卖方的补救措施，则买方不得减低价格。

6. 补交货物

如果卖方只交付一部分货物，或者交付的货物中只有一部分符合合同规定，买方有权要求卖方交付缺漏部分及补交不符合同规定部分的货物。

7. 拒绝收取货物

如果卖方在规定的日期前交付货物，买方可以收取货物，也可以拒绝收取货物。如果卖方交付的货物数量大于合同规定的数量，买方可以收取也可以拒绝收取多交部分的货物。如果买方收取多交部分货物的全部或一部分，则其必须按合同价格付款。

第二节 对买方违约的救济方法

一、买方违反合同的补救办法

如果买方不履行他在合同和《联合国国际货物销售合同公约》中的任何义务，卖方可以采取以下补救措施：

1. 要求损害赔偿

买方违反合同应负的损害赔偿额，应与卖方遭受的包括利润在内的损失额相等。这种损害赔偿不得超过违反合同的买方在订立合同时，依照他当时已知道或理应知道的事实和情况，对违反合同预料到或理应预料到的可能损失。

如果合同被宣告无效，而在宣告无效后一段合理时间内，买方已经以合理方式购买替代货物，或者卖方已经以合理方式把货物转卖，则卖方可以取得合同价格和替代货物交易价格之间的差额。

如果合同被宣告无效，而货物又有时价，若买方没有购买替代货物，或者卖方没有把货物转卖，则卖方可以取得合同规定的价格和宣告合同无效时的时价之间的差额。

如果卖方声称买方违反合同，卖方必须按情况采取合理措施，减轻由于该买方违反合同而引起的损失，包括利润方面的损失。如果不采取这种措施，买方可以要求从损害赔偿中扣除原可以减轻的损失数额。

2. 卖方要求买方支付价款、收取货物或履行其他义务

卖方可以规定一段合理时限的额外时间，让买方履行支付价款、收取货物或履行其他义务。

除非卖方收到买方的通知，声称他将不在所规定的时间内履行义务，卖方不得在这段时间内对违反合同采取任何补救办法。但是，卖方并不因此丧失他对迟延履行义务可能享有的要求损害赔偿的任何权利。

3. 卖方宣告合同无效

以下情况，卖方可以宣告合同无效：

1）买方不履行其在合同或《联合国国际货物销售合同公约》中的任何义务，等于根本性违反合同。

2）买方不在规定的额外时间内履行支付价款的义务或收取货物，或买方声明他将不在所规定的时间内这样做。

3）如果买方已支付价款，卖方就丧失了宣告合同无效的权利。

二、《中华人民共和国民法典》中关于买卖双方违约的规定

1. 解除合同

当事人可以约定一方解除合同的事由。解除合同的事由发生时，解除权人可以解除合同。当事人可以解除合同的情形如下：

1）因不可抗力致使不能实现合同目的。当事人一方因不可抗力不能履行合同的，根据不可抗力的影响，部分或者全部免除责任，但是法律另有规定的除外。因不可抗力不能履行合同的，应当及时通知对方，以减轻可能给对方造成的损失，并应当在合理期限内提供证明。

2）在履行期限届满前，当事人一方明确表示或者以自己的行为表明不履行主要债务。

3）当事人一方迟延履行主要债务，经催告后在合理期限内仍未履行。

4）当事人一方迟延履行债务或者有其他违约行为致使不能实现合同目的。

5）法律规定的其他情形。

以持续履行的债务为内容的不定期合同，当事人可以随时解除合同，但是应当在合理期限之前通知对方。

2. 损害赔偿

当事人都违反合同的，应当各自承担相应的责任。当事人一方违约造成对方损失，对方对损失的发生有过错的，可以减少相应的损失赔偿额。

当事人一方违约后，对方应当采取适当措施防止损失的扩大；没有采取适当措施致使损失扩大的，不得就扩大的损失请求赔偿。当事人因防止损失扩大而支出的合理费用，由违约方负担。

当事人一方因第三人的原因造成违约的，应当依法向对方承担违约责任。当事人一方和第三人之间的纠纷，依照法律规定或者按照约定处理。

因国际货物买卖合同和技术进出口合同争议提起诉讼或者申请仲裁的，时效期间为4年。

3. 中止履行合同

应当履行债务的当事人，有确切证据证明对方有下列情形之一的，可以中止履行：①经营状况严重恶化；②转移财产、抽逃资金，以逃避债务；③丧失商业信誉；④有丧失或者可能丧失履行债务能力的其他情形。当事人没有确切证据中止履行的，应当承担违约责任。

当事人依据上述4个原因中止履行的，应当及时通知对方。对方提供适当担保的，应当恢复履行。中止履行后，对方在合理期限内未恢复履行能力且未提供适当担保的，视为以自己的行为表明不履行主要债务，中止履行的一方可以解除合同并可以请求对方承担违约责任。

债权人分立、合并或者变更住所没有通知债务人，致使履行债务发生困难的，债务人可以中止履行或者将标的物提存。

4. 提前履行债务

债权人可以拒绝债务人提前履行债务，但是提前履行不损害债权人利益的除外。债务人提前履行债务给债权人增加的费用，由债务人负担。

债权人可以拒绝债务人部分履行债务，但是部分履行不损害债权人利益的除外。债务人部分履行债务给债权人增加的费用，由债务人负担。

习　　题

一、名词解释

1. 卖方违约救济
2. 买方违约救济

二、简答题

1. 简述国际贸易中常见的违约情形及其法律救济方法。
2. 简述《中华人民共和国民法典》中对买卖双方违约的处理方法。

第十四章 国际贸易方式

第一节 经销、代理和寄售

一、经销

（一）经销的含义

经销（Distribution）是指经销商（Distributor）与供货商（Supplier）达成协议，在规定的期限或地域内购销指定商品的一种贸易方式。经销商在购得货物以后，利用自己的销售渠道将货物提供给消费者。经销业务中的两个当事人是一种售定性质的买卖关系，即供货商是卖方，经销商是买方。与一般进出口业务不同的是，在经销方式下，通过签订经销协议，经销商和供货商之间确定了相对长期和稳定的买卖关系。许多经销协议只在原则上规定双方当事人的权利、义务和一般交易条件，以后每批货物的交付要依据经销协议订立具体买卖合同，明确价格、数量、交货期、支付方式等具体条件，或由供货商根据经销商发出的订单来交付货物。

从法律上讲，供货商和经销商是个人对个人的关系：经销商是以自己的名义购进货物，在规定的区域内转售时，也是以自己的名义进行，货价涨落等经营风险由经销商自己承担。

（二）经销的分类

按经销商权限的不同，经销方式可分为以下两种：

1. 一般经销

一般经销又称定销，在这种方式下，根据经销协议的规定，经销商不享有独家专营权。供货商可以在经销协议中规定，在同一经销区域内委派一个以上的经销商来经营同类商品。在这种方式下，经销商与供货商之间存在的只是相对长期、稳定的买卖关系，实质上与一般意义的国际货物买卖没有本质区别。

2. 独家经销

独家经销（Sole Distribution）又称包销（Exclusive Sales），是指出口企业（即供货商）授予某一进口经销商在规定期限和规定区域内，享有指定商品的独家专卖权的一种方式。采用独家经销方式时，在经销协议所规定的时间和区域内，只能有一家经销商经营指定的商品，该区域内的任何其他商人均不得销售此种商品。也就是说，包销商享有排他性的经营权。包销商一般也要承担一定数量的销售、维护授权商品的知识产权、承担出口企业委托的商品促销活动和部分商品的售后服务工作等义务。

（三）经销协议

经销协议（Distributorship Agreement）是供货商和经销商之间订立的，确定双方法律关系的契约，主要规定经销的商品、期限和地区范围以及经销商品的最低金额或数量等。一般来说，经销协议主要包括以下内容：

1. 当事人的名称和地址

在协议中要以明确无误的文字说明双方当事人的名称（包括全称和简称）。在双方当事人名称之后应将各自的办公地址准确地写明，以便于通信联系。

2. 经销权的授予和双方的关系

在一些比较正式的经销协议中，通常要说明一方当事人（供货方）授予另一方当事人（经销商）在一定时间和区域内对某些商品的经销权。这一方面确定了该协议的性质是经销协议，而不同于代理或其他协议；另一方面说明了协议的双方当事人之间是买卖关系。另外，对于经销权还应明确是一般经销还是独家经销，也就是说，明确经销商是否享有独家专营权。

3. 经销商品的范围

经销商品可以是出口供货商经营的全部商品，也可以是其中的一部分商品。所以，在经销协议中要明确说明商品的范围，以及同一类商品的不同牌号和规格。

4. 经销地区

经销地区是指经销商行使经营权的地理区域。它可以是一个或几个城市，也可以是一个甚至几个国家。确定经销地区时，供货商应考虑经销商的经营规格和能力、经销地区的政治区域划分、地理条件和交通运输状况以及市场差异程度等。另外，在独家经销的情况下，为了维护经销商的专营权，供货商不得在经销区域内再指定其他经销商经营同类商品。

5. 经销期限

经销期限即经销协议的有效期，其长短应明确规定，一般为一年，也可以是若干年。在经销期限中往往订有延期条款。

6. 经销商品的数量或金额

经销商品的数量或金额在经销协议中是必不可少的，对双方当事人具有同等约束力。它既是经销商在一定时间内应承购的数额，也是供货商保证供货的数量。在经销协议中通常采用注明最低经销额的做法来规定经销商品的数量或金额。

7. 作价方法

经销协议中对商品作价的规定方法可以有以下两种：

1）次作价，即在规定的期限内一次作价，结算时无论协议内商品价格涨落与否，一律以协议规定的价格为准。

2）分批作价，即在经销期内，双方对协议商品逐批定价，或由双方定期根据市场情况加以商定价格。这种方法比较常用。

（四）采用经销方式出口应注意的问题

经销作为出口业务中常见的方式之一，如果运用得当，对于出口商扩大国外市场和出口销售会产生良好的推动作用。然而，如果运用不当，则会带来相反的结果。采用经销方式出口时，应注意以下几个问题：

1. 慎重选择经销商

供货商与经销商之间存在着一种相对长期的合作关系。如果所选择的经销商信誉好且经营能力强，其能充分利用自己的经验和手段，努力完成承购数额，并且减少不必要的法律纠纷。如果所选择的经销商经营能力不佳或资信不好，则会损害供货商的利益。

2. 要注意经销协议的内容

经销协议的内容直接关系到经销业务的成败，因此要认真对待。慎重选择经销商品的种类，合理确定经销的地理范围，适当规定经销商在一定期限内的承购数额，以及完不成的后果或超额完成的奖励等。这些都是至关重要的内容。在签订经销协议时，还应该了解当地的有关法规并注意使用的文句，尽可能避免与当地的法律相悖。

二、代理

（一）代理的定义

代理（Agency）的一般概念是，代理人（Agent）按照本人（Principal，即委托人）的授权，代表本人同第三人订立合同或从事其他的法律行为，由此产生的权利与义务。《中华人民共和国民法典》第 161 条规定，民事主体可以通过代理人实施民事法律行为。依照法律规定、当事人约定或者民事法律行为的性质，应当由本人亲自实施的民事法律行为，不得代理。第 162 条规定，代理人在代理权限内，以被代理人名义实施的民事法律行为，对被代理人发生效力。国际贸易中的代理是以委托人为一方、接受委托的代理人为另一方达成协议，规定代理人在约定的时间和地区内，以委托人的名义和资金从事业务活动，并由委托人直接负责由此产生的后果。在国际贸易中，由于货主对很多特定的国外市场不够熟悉，或者由于自身经营力量有限等，经常需要委托代理人在一定期限内代为处理某一地区的业务活动。

在代理业务中，代理人只是代表委托人与第三方订立合同或从事其他委托事宜，而不是以自己的名义与第三方订立合同，因此，代理人与委托人之间是委托代理关系，而非买卖关系。代理人不垫付资金，不承担经营风险，不负责盈亏，不承担履约责任，而是运用委托人的资金进行业务活动，并从代销额中提取一定的比例作为佣金。

（二）代理的分类

国际市场上有名目繁多的代理商，如采购代理、销售代理、运输代理、保险代理、广告代理等。下面主要以销售代理为基础介绍代理的一般知识。

按照授权的大小不同，代理可分为总代理、独家代理和一般代理三种，下面对这三种代理分别进行介绍。

1. 总代理

总代理（General Agent）是在指定地区委托人的全权代理。他除了有权代理委托人进行签订买卖合同、处理货物等商务活动外，也可代表委托人从事一些非商业性的活动或委派处理其他事务，如代表出口商在当地洽商交易、签订合同、履行合同，代理货运、保险、理赔、仲裁等。总代理有权指派分代理，并可分享代理的佣金，对分代理的行为承担连带责任。

2. 独家代理

独家代理（Sole Agent）是指委托人授予代理人在规定期限和规定地区内代销指定货物的专营权，委托人不得在以上范围内自行或通过其他代理人进行销货。例如，某公司委托了 A 公司作为某地区的独家代理，就不能再委托 B 公司在该地区代理其产品。

3. 一般代理

一般代理也称佣金代理（Commission Agent），是指在同一地区和一定的期限内，委托人可以同时授权多个代理人，代理人不享有独家专营权。一般代理根据推销商品的实际金额或根据协议规定的办法和百分率向委托人收取佣金。

一般代理与独家代理的区别在于，一般代理的代理商不享有独家代理的专营权。目前在我国出口业务中，较多采用一般代理。

（三）代理协议的主要内容

代理协议也称代理合同，它是用以明确委托人和代理人之间权利与义务的法律文件。协议内容由双方当事人按照契约自由的原则，根据双方的合意加以规定，国际贸易中的代理种类繁多，代理协议的形式和内容也各不相同。业务中常见的销售代理协议主要包括以下内容：

1. 代理的商品和区域

协议要明确规定代理商品的品名、规格以及代理权行使的地理范围，其规定方法与包销协议大体相同。

2. 代理人的权利与义务

代理人的权利与义务是代理协议的核心部分，一般应包括下述内容：①明确代理人的权利范围，即是否有权代表委托人订立合同，或从事其他事务，以及明确其所享有的专营权；②规定代理人在一定时期内应推销商品的最低销售额，并说明核定方法，以及完不成定额的处理办法；③代理人应在代理权行使的范围内保护委托人的合法权益；④代理人应承担市场调研和广告宣传的义务。

3. 委托人的权利与义务

委托人的权利主要体现在对客户的订单有权接受，也有权拒绝；对于拒绝订单的理由可以不做说明，代理人也不能要求支付佣金。委托人有义务维护代理人的合法权益，保证按协议规定的条件向代理人支付佣金。在独家代理的情况下，委托人要尽力维护代理人的专营权。

4. 佣金的支付

佣金是代理人为委托人提供服务所获得的报酬。代理协议要规定在什么情况下代理人可以获得佣金。在独家代理的协议中，常常规定如委托人直接与代理区域内的客户签订买卖合同，代理人仍可获取佣金。协议中还要规定佣金率、佣金的计算基础、佣金的支付时间和支付方法等内容。

5. 商标保护、广告宣传和市场报道

代理商同包销商一样，按协议规定，有义务对推销货物的商标予以保护，并进行广告宣传和市场销售情况的报道。但对上述所支付的费用，有的规定由委托人支付，有的规定由委托人与代理商共同分担。

除上述基本内容外，还可在协议中规定不可抗力条款、仲裁条款以及协议的期限和终止办法等条款。这些条款的规定办法与包销协议大致相同。

（四）代理的优点

在出口业务中，使用代理的优越性主要表现在以下几个方面：

1）代理商不承担经营亏损的风险，但享有专营权利，多推销货物即可多得佣金，有利于调动代理商经营委托方货物的积极性。

2）在代理业务中，代理商一般只负责介绍业务、收取订单，由委托方与当事方直接谈判成交签订合同。因此，委托方掌握货物的成交价格、数量和其他交易条件，比较主动，代理商一般不会控制市场。

3）代理经营比较集中，容易发挥委托方货物集中推销的作用。

三、寄售

寄售是国际贸易中为开拓商品销路、扩大出口而采用的一种通常做法。它是先出运、后出售商品，与先出售、后出运货物的一般贸易方式不同。

（一）寄售的概念及性质

寄售（Consignment）是一种委托代售的贸易方式，其一般做法是，寄售人（Consignor）先将准备销售的货物运往国外寄售地，委托当地代销人（Consignee）按照寄售协议规定的条件代为销售，再由代销人向货主结算货款。世界上许多国家和地区在推销手工艺品、轻纺产品、土特产品、易腐商品以及小型机械设备等时都会采用这种交易方式。

寄售是按双方签订的协议进行的，寄售人和代销人之间不是买卖关系，而是委托与受委托关系。寄售协议属于行纪合同（或信托合同）性质。按照《中华人民共和国民法典》的解释，行纪合同是指行纪人以自己的名义为委托人从事贸易活动，委托人支付报酬的合同。在寄售业务中的代销人属于行纪人，也是一个赚取佣金的受托人，其权利和义务与代理人相似，但又有区别。最主要的区别是：代理人在从事授权范围内的事务

时，可以用委托人的名义，也可以用自己的名义；代销人只能用自己的名义处理寄售合同中规定的事务，其与第三方进行的法律行为不能直接对委托人产生效力。由此可见，寄售既不同于包销，又与一般的代理业务有区别。

（二）寄售的特点

1）寄售是一种凭实物进行买卖的现货交易。

2）寄售是一种先出运、后成交的贸易方式。寄售是由寄售人先将货物运至目的地市场，然后经代销人在寄售地向买主销售。

3）寄售人与代销人之间是委托代售关系，而非买卖关系。代销人只能根据寄售人的指示出售货物，货物的所有权在售出之前仍属于寄售人。

4）货物出售以前的所有风险和费用，由寄售人承担。代售人不承担任何风险和费用，只收取佣金作为报酬。

（三）寄售方式的利弊

1. 寄售的优点

1）代销人可以根据市场的供求情况，及时掌握销售时机并出售货物，有利于提高商品的竞争力并使商品卖个好价。

2）寄售是凭现货买卖，货物与买主直接见面，买主可以看货成交，有利于促进销售。

3）代销人不负担风险和费用，一般无须垫付资金，多销多得，有利于调动其经营的积极性。

可见，寄售是出口方委托国外代销商开拓新的销路、扩大出口的一种贸易方式。

2. 寄售的缺点

对于寄售人来说，寄售有明显的缺点。

（1）风险大

在寄售货物出售前，寄售人要承担待售货物的一切风险，其中包括货物在运输和储存当中的风险，价格变动的风险等。

（2）资金周转期长

在寄售方式下，待售货物出售前的一切费用，如运费、保险费、储存费、税费和其他各项费用以及代销人的报酬，都由寄售人承担。

（3）收汇不够安全

由于寄售方式是先出运、后成交，寄售人不仅在货物出售前要垫付资金，而且一般要等到货物出售后才能收回货款，从而不利于寄售人的资金周转。

（四）出口人在采用寄售方式时应注意的问题

1）必须严格选择代销人。

2）在签订寄售协议前，应对寄售地的市场动态、供求情况、商业习惯等做好深入细致的调查研究。

3）寄售人为减少风险，可以要求代销人提供银行保函，当代销人不履行协议规定义务时，可由银行承担支付货款责任。

(五) 寄售协议的主要内容

寄售协议是寄售人和代销人之间就双方的权利、义务以及寄售业务中的有关问题签订的法律文件。寄售协议中一般应包括下列内容:

1. 关于寄售商品的价格条款

规定寄售商品的作价办法,通常有以下 3 种做法:一是规定最低限价,即代销人在不低于最低限价的前提下,可以以任意价格出售货物;二是随行就市,即代销人可按市场价格自行定价出售寄售货物;三是销售前征得寄售人意见,即代销人在得到买主的递价后,立即征求寄售人的意见,确认同意后,才能出售货物。

2. 佣金条款

佣金结算的基础一般是发票净价,通常解释为用售价减去有关费用。关于佣金的支付时间和方法,做法各异。代销人可在货物售出后从所得货款中直接扣除代垫费用和应得佣金,再将余款汇给寄售人,也可先由寄售人收取全部货款,再按协议规定计算出佣金汇给代销人。

3. 货款的收付

在寄售方式下,寄售货物售出后的货款,一般由代销人扣除佣金和各项代垫费用后汇给寄售人。因此,为保证寄售人及时收汇,以利于资金周转,有的在协议中加订"保证收取货款条款",或在协议之外另订"保证收取货款协议",由代销人提供一定的担保。

4. 协议双方当事人的义务条款

通常代销人的义务主要包括:①提供储存寄售商品的仓库,雇用工作人员,取得进口商品的许可证;②努力保证货物在仓库存放期间,品质和数量完好无损、代垫寄售商品在经营、仓储期内所产生的有关费用;③代垫费用,对寄售商品办理保险;④宣传广告、展示商品或提供售后服务;⑤及时向寄售人进行市场报告。

寄售人的义务主要包括:①按质、按量、按期提供寄售商品;②偿付代销人在寄售过程中所代垫的费用。

第二节 展卖、拍卖和招投标

一、展卖

展卖是最古老的交易方式之一,其雏形是区域性的集市。随着世界经济的发展和国际贸易的不断扩大,展卖形式逐渐向国际化、大型化和综合化方向发展。

(一) 展卖的含义及做法

展卖(Fairs and Sales)是指利用博览会和展览会及其他交易会形式,把出口商品的展览与推销有机结合起来,边展边销,以销为主,对商品实行展销结合的一种贸易方式。

展卖可以采取不同方式，我国企业可以到国外参展，亦可参加国内举办的展卖会。无论采取什么样的展卖方式，其目的都是寻找交易机会，扩大市场销售。我国企业到国外参展时，从展卖商品的所有方和客户的关系来看，展卖的做法主要有两种：一是将货物通过签约的方式卖断给国外客户，双方是一种买卖关系，由客户在国外举办或参加展览会。货价有所优惠，货款可在展览会后结算或定期结算。二是双方合作，展卖时货物所有权不变，展品出售的价格由货主决定；国外客户承担运输、保险、劳务及其他费用，货物出售后收取一定手续费作为补偿；展卖结束后，未售出的货物可以折价卖给合作的客户，或运往其他地方进行另一次展卖。

除此之外，还可以将寄售和展卖方式结合起来进行，即在寄售协议中规定：代销人将寄售的商品在当地展卖。至于展卖的有关事项，可以在协议中规定，也可以另签协议做出规定。

无论哪一种做法，展卖作为一种商品推销方式，既能展示产品的特性充分发挥广告宣传的效果，也能够作为各国彼此交流技术和了解国际市场上竞争产品的窗口。以展卖的方式开展国际贸易具有以下优势：

1）参加展会的客户众多，为集中成交创造了有利的条件。

2）有利于建立和发展客户关系，扩大销售地区和范围。

3）有利于开展市场调研，听取消费者的意见，改进产品质量，增强出口竞争力。

4）加强了与各国客户的广泛联系，便于了解国际市场动态，开展行情调研，熟悉客户的资信和作用。

（二）我国开展展卖的形式

我国从20世纪50年代就开始举办中国进出口商品交易会（广交会），以后又陆续开展了各种类型的交易会、展览会，并多次参加国外举办的博览会。随着改革开放的不断深入，展卖业务在我国得到更为广泛的运用，极大地促进了我国对外经济贸易的发展。

1. 国际博览会

国际博览会（International Fair）又称国际集市，是指在一定地点定期举办的由一国或多国联合组织并邀请各国商人参加交易的贸易形式。

这一方式不仅为买卖双方提供了交易方便，还越来越多地作为产品介绍和广告宣传以打开销路，以及作为介绍新产品、新工艺以进行技术交流的重要方式。

国际博览会可分为综合性和专业性两种类型。凡各种商品均可参展并洽谈交易的博览会，其规模较大、产品齐全，且会期较长，属于综合性的，又称“水平型博览会”，比较著名的有智利圣地亚哥国际博览会和叙利亚大马士革国际博览会。凡只限某类专业性商品参加展览和交易的博览会，其规模较小、会期较短，属于专业性的，又称“垂直型博览会”，比较著名的有纽伦堡玩具展览会和慕尼黑体育用品展览会，它们都是专业性很强的国际博览会。

2. 中国进出口商品交易会（广交会）

中国进出口商品交易会（广交会）是指我国各进出口公司在广州定期联合举办的、

邀请国外客户参加的一种展览与交易相结合的商品展销会。我国于1957年举办了首届广交会，以后每年于春、秋两季各举办一次，分别称为春交会和秋交会。60多年来，我国利用广交会定期邀请国外客户来华集中谈判成交，根据“平等互利、互通有无”的原则，以出口为主，进出口相结合，有效地促进了我国的对外贸易发展，加强了我国同世界各国的经济联系。

广交会的作用主要表现在以下几方面：

1）来会的各国客商和友好团体众多，为集中成交创造了有利条件。

2）加强了与各国客户的广泛联系，便于了解国外市场动态、开展行情调研、熟悉客户的资信。

3）有利于生产和其他有关部门直接听取客户对产品的要求和反映。

4）交易会采取当面洽商、看样成交的方式，有利于发现问题，及时解决。

在广交会闭会期间，在某些商品的产地或出口口岸等地，还会举办一些专业性的小型交易会，简称“小交会”，如地毯交易会、工艺品交易会、服装交易会、化工交易会等。小交会的特点是专业性强，成交高度集中，交易方式灵活。它减少了广交会物品过于综合和时间过于集中的弊端，对于推销新小商品起到了积极作用。

（三）开展展卖应注意的问题

展卖是一种将产品宣传、推销和市场调研结合起来的贸易方式，它所带来的经济效益不能单纯地用一次展卖会的销售额来衡量。经验表明，一次成功的展卖会后，由于建立了广泛的客户联系，往往给参展者带来数量可观的订单。当然，并非每次展卖会都能硕果累累，要想取得展卖的成功，还应注意下列问题：

1. 选择适当的展卖商品

在选择确定展卖商品时，要考虑选择一些质量较好、在市场上具有竞争力的参展商品；展出的品种应多样化，每一种花色的档次要多而全，既要有能满足特殊需要的高档品，也应有供应一般消费品的大路货和低档货，以适应各类不同层次消费者的不同需要。一般来说，机器设备、电子产品、手工艺品、儿童玩具以及一些日用消费品比较适用。

2. 选择合适的展销地点

一般来说，应考虑选择一些交易比较集中、市场潜力比较大且有发展前途的集散地或交易中心进行展卖活动，同时还应考虑当地的各项设施，如展出场地、通信、交通等基础设施所能提供的方便条件和这些服务的收费水平。

3. 选择适当的展卖时机

一般来说，展出的时间应与商品的销售季节一致，每次展出的时间不宜过长，以免耗费过大，影响经济效益。

4. 做好参展组织工作

展卖本身是一种宣传活动，但要成功地进行展卖，需要做大量的宣传组织工作。可以利用各种媒体刊登广告以引起公众注意，同时还可以邀请当地客户和知名人士进行重点宣传以引起社会轰动，扩大在当地的影响力。

5. 选择好合作的客户

合作的客户必须具有一定的经营能力，在当地市场应有一定的地位和影响力，比较熟悉展出地点的市场情况，并有较为广泛的业务联系或销售系统，通过客户开展宣传组织工作，扩大影响，联系各界人士，这对展卖的成功具有重要作用。

二、拍卖

（一）拍卖的概念及特点

1. 拍卖的概念

拍卖（Auction）是由专营拍卖业务的拍卖行接受货主的委托，在规定的时间和场所，按照一定的章程和规则，以公开竞价的方法，把现货出售给出价最高的买主的一种现货交易方式。在国际贸易中，采用拍卖方式进行交易的商品，一般都是品质难以标准化、难以久存或按传统习惯以拍卖方式销售的商品，如裘皮、茶叶、花卉、牧畜、古玩和艺术品等。参与拍卖的买主，通常须向拍卖行交存一定数额的履约保证金。

2. 拍卖的特点

1）拍卖是在一定的机构内有组织地进行的。拍卖一般是由拍卖行统一组织，在拍卖中心进行的。拍卖形式可以是由公司或协会等形式组成专业拍卖行，专门接受货主委托从事拍卖业务，也可以是大贸易公司内部设立拍卖行，还可以是由货主临时组织拍卖会。

2）拍卖业具有自己独特的法律和规章。拍卖不同于一般的进出口交易，它不仅体现在交易磋商的程序和方式上，还表现在合同的成立和履行等问题上。在长期的业务实践中，拍卖形成了一套独特的规章和惯例，各个拍卖行都制定有自己的章程和规则，供拍卖时采用。

3）拍卖是典型的现货交易。在拍卖开始前，买主可查看货物，做到心中有数。拍卖开始后，买主当场出价，公开竞买。由拍卖主持人代表货主选择交易对象，一般都是选定出价最高者作为买主。拍卖的成交方式不同于一般交易，它由主持人以敲木槌的方式表示接受，木槌落下，交易达成，这一独特的成交方式从古沿用至今。

（二）拍卖的出价方式

拍卖的出价方式有3种，即增价拍卖、减价拍卖、密封递价拍卖。

1. 增价拍卖

增价拍卖也称“买主叫价拍卖”，或称“英国式拍卖”，是最常用的一种拍卖方式。拍卖中，由拍卖人（Auctioneer）宣布被拍卖货物的最低价格，然后由竞买者（Bidder）竞相加价，直至无人再出更高的价格时，拍卖人以击槌动作宣告达成交易，物归出价最高者。增价拍卖的最大优点在于最高竞价不封顶，这尤其适用于文物艺术品的售卖，它能够促使本身就具有收藏价值、观赏价值、研究价值的物品的拍卖，使其得到高不可测的价值增值。

2. 减价拍卖

减价拍卖也称“卖方叫价拍卖”，或称“荷兰式拍卖”（Dutch Auction），来源于荷兰的鲜花拍卖方式。先由拍卖人喊出最高价格，然后逐渐减低叫价，直至有竞买者。直到有人表示接受而达成交易。减价拍卖经常用于拍卖鲜活商品和水果、蔬菜等。减价拍卖的最大优点在于成交过程迅速。现代拍卖过程的这种机械化和电子化更是加速了拍卖交易的速度。

3. 密封递价拍卖

密封递价拍卖也称招标式拍卖（Sealed Bid）。先由拍卖人公布每批商品的具体情况和拍卖条件等，然后由竞买者在规定时间内将自己的出价密封递交拍卖人，供拍卖人审查比较，以决定将货物卖给哪一个竞买者。有些国家的政府或海关在处理库存货物或没收货物时往往采用这种方法。密封递价拍卖的最大优点在于它能给双方更充裕的时间考虑以便做出正确的选择，并且拍卖人有更多的主动权来安排和操纵拍卖。

（三）拍卖的一般程序

拍卖业务进行的程序一般可分为 4 个阶段。

1. 准备阶段

参加拍卖的货主先要将货物运到拍卖地点，存入指定仓库，委托拍卖行对货物进行挑选、分类、分级，并与拍卖行订立委托拍卖合同。拍卖行要负责编印拍卖目录，将经过挑选分批待售的商品载入目录，在拍卖前一段时间发布拍卖公告，说明拍卖的时间、地点、标的、拍卖标的展示的时间与地点、参与竞买需要办理的手续及其他事项。

2. 察看货物

由于拍卖是看货成交的现货交易，买主必须事先对拍卖货物进行察看。买主既可察看拍卖人提供的样品，也可去仓库察看整批货物并在其中抽取一定数量的样品，以供分析和试用。

3. 正式拍卖

拍卖会在规定的时间和地点开始，并按照拍卖目录规定的先后顺序进行。买主按照事先登记的座位号对号入座，按拍卖规则举牌竞价。拍卖主持人（拍卖师）作为货主的受托人掌握拍卖业务的进行。拍卖一般采用增价方式，由主持人以击槌决定货物归属。有的国家法律规定，在拍卖主持人落槌之前，竞买人可以撤回其出价。我国法律规定，竞买人一经应价，不得撤回，当其他竞买人有更高应价时，其应价即丧失约束力。

4. 成交和交货

拍卖成交后，买方即在成交确认书上签字，表明交易正式达成。拍卖行分别向委托人和买主收取一定比例的佣金，佣金一般不超过成交价的 5%。买方通常以现汇支付货款，付清后凭拍卖行开出的栈单（Warrant）或提货单（Delivery Order）到指定的仓库提货。由于拍卖前买主可事先看货，因此事后索赔现象比较少。如果货物确有瑕疵，或拍卖人、委托人不能保证其真伪，必须事先声明，否则拍卖人要负担保责任。

三、招投标

招标与投标是国际贸易中常见的一种传统贸易方式。由于这种方式的公开性和竞争性，能较好地避免一般买卖过程中出现的不经济、无效率甚至违法犯罪行为，目前已经成为各国政府、企事业组织采购货物的一种主要方式。它广泛应用于国家政府机构、大型企业、公用事业单位采购物资、器材或设备中，并更普遍用于国际工程承包。

（一）招投标的含义

招标与投标是同一种贸易方式的两个方面。

招标（Invitation to Tender）是指招标人（买方）发出招标通知，说明拟采购货物的名称、规格、数量及其他交易条件，邀请投标人（卖方）在规定的时间、地点，按照一定的程序进行投标的行为。从法律的角度来看，这是一种要约邀请，即招标人邀请投标人向其发出要约（发盘）。

投标（Submission of Tender）是指投标人（卖方）应招标人的邀请，根据招标人发布的招标公告所列明的具体条件和要求，在规定时间内向招标人提交自己报价的过程。它是对招标人的一种响应。

（二）招投标的特点

与其他的贸易方式相比较，招投标具有以下特点：

1）招标一般由专门的机构组织，在固定的场所进行，有较规范的招标规则和程序。

2）招标人公布其交易条件，通过招投标决定中标人，使投标人可以公平竞争，保证了招投标的公开性和公平性。

3）投标人只能一次报价，不存在讨价还价的可能。投标人在交出投标书以后，就不能对其价格进行更改和撤销，这也是招投标区别于其他贸易方式的主要特点。

（三）招投标的分类

1. 国际竞争性招标

国际竞争性招标（International Competitive Bidding，ICB）是投标人最多、竞争最激烈的招标方式，是指招标人邀请多个投标人参加投标，通过投标人的竞争，选择其中对招标人最有利的投标人达成交易。它属于竞卖的方式，具体来说又分为以下两种：

（1）公开招标

公开招标（Open Bidding）又称无限竞争性招标，是指在公开监督之下进行的招标活动过程。招标人在国内外报刊上公开发布招标通知，向公众明示招标意图和简要招标条件，任何卖方只要愿意，皆可按招标通知上的规定索取招标文件和资格预审表格，以便投标。在公开招标方式下，一切愿意参加投标的厂商都有机会。

（2）非公开招标

非公开招标（Selected Bidding）也叫选择性招标，又称邀请招标或有限竞争招标，是指招标人并不在报刊上公开发布招标通知，而只是根据自己具体业务关系和情报资料，有目的地向少数声誉好、资金实力强、技术水平高或与自己有良好业务关系的卖方发出招标通知。非公开招标主要用于购买技术要求高的专业性设备或大型成套设备，应邀参加投标的企业通常是经验丰富、技术装备优良、在该行业中有一定声誉的企业。

2. 谈判招标

谈判招标（Negotiated Bidding）又称议标，它是非公开的、非竞争性的招标。这种招标由招标人挑选几家投标人直接进行谈判，谈判成功则达成交易。它不属于严格意义上的招标方式。

3. 两段招标

两段招标（Two-Stage Bidding）是无限竞争性招标和有限竞争性招标结合的方式，采用此类方式时，先用公开招标再用非公开招标，分两段进行。

（四）招投标的基本做法

招投标业务的基本程序由招标、投标、开标、评标和决标、签订合同等环节构成。

1. 招标

（1）发布招标公告

凡采用选择性招标或谈判招标方式时，一般发出招标通知；采用公开招标或两段招标时，应在报刊上登招标广告。招标通知与招标广告的内容基本相同，主要包括项目内容、要求条件和投标须知等内容，无论发送招标通知还是刊登招标广告，都必须及时。按照国际惯例，一般应在开始招标的前两周发出通知或广告。

（2）资格预审

资格预审就是对投标人的基本情况、财务状况、供应与生产能力、经营作风及信誉等进行全面考核，以确定其投标能力。这是一项关键步骤，预审合格才能取得投标的资格。

（3）编制与发售招标文件

招标文件又称标书、标单。招标文件的内容可归纳为两大部分。一是"投标人须知"，主要是制定规则，使投标人投标时能有所遵循。这些规则大致包括 3 项内容：首先是一般情况，如资金来源、所需设备或货物的简要说明、投标资格及货物来源地、投标费用的负担等；其次是程序性规定，如投标的时间、地点、投标格式、投标保证金的规定、投标有效期标书修改或撤销的规定等；最后是实质性规定，如是否可投标供应一部分，是否可提出代替性方案，分包以及投标报价的规定等。二是列明商品采购的合同条件，与买卖合同的内容类似，还包括双方的责任和义务。

2. 投标

投标人在对招标通告和招标文件进行详细研究后，按照招标要求和条件，结合自身实际情况编制投标文件，并在投标期限届满前向招标人递交。注意，投标书的内容要涵盖中标后签订合同的内容，并且必须具体、确定。通常情况下，投标书一经发出，在其有效期内不得撤回或者做实质性修改。为防止投标人在中标后不与招标人签约，招标人通常要求投标人提供投标保证金或投标保函。投标书须在招标文件规定的有效期内送达招标人，逾期投标将视为废标。

3. 开标

期限届满后，招标人（或招标机构）对所收到的投标书进行整理汇总，对各投标人的投标条件进行比较，从中选择最有利的投标人作为中标人，称为开标。开标有公开和不公开两种形式。

公开开标公开进行，由招标委员会主持开标会议，并邀请有声望的人士及公众代表参与监督，当众宣读各投标书的投标人名称及标价，并一一记录在案，投标人不得修改报价或修改实质性内容。

不公开开标是指由招标人自行选定中标人。在这种方式下，投票人能否中标，除其本身竞争力外，还取决于招标人与投标人之间的关系及其他多种因素。开标后，如果招标人认为所有投标均不理想，可宣布招标失败，另行招标。

4. 评标和决标

评标指招标人组织专家对所有投标进行评审，比较各自的交易条件和技术条件，审查投标计算是否有误或对招标要求是否有误解，然后进行筛选，列出最高报价、最低报价和中间几档的报价，分析差价原因，选择报价合理、综合条件较好的投标人。经过评标，选定中标人称为决标。

5. 签订合同

投标人选定中标人后，要向其发出中标通知书，约定双方签订合同的时间和地点。中标人必须依约与招标人签订合同，并按照惯例，在签约时以银行履约保函的形式提供履约保证金。对于货物买卖合同，一般由中标人在合同签字后 30 天内提供履约保函。如果中标人不交履约保函，招标人将按弃权论处，扣罚投标保证金并采取其他制裁措施。

第三节　期货交易和对销贸易

一、期货交易

（一）期货交易的概念和特征

期货交易（Futures Trading）是指众多的买主和卖主，在期货市场（Futures Markets）或商品交易所（Commodity Exchange）按照一定的规则，用喊价并借助手势进行讨价还价，或通过计算机买进或卖出某种商品期货合同的交易方式。由于交易中的标的物不是具体的商品，而只是代表一定商品的合同，因此这种方式又称为纸合同交易。期货交易具有下列特征：

1. 合约标准化——期货交易具有标准化和简单化的特征

期货交易通过买卖期货标准化的合约进行。这种标准化是指进行期货交易的商品的品质、规格、数量等都是预先规定好的，只有价格是变动的。期货合约标准化，大大简化了交易手续，降低了交易成本。

2. 场所固定化——期货交易具有组织化和规范化的特征

期货交易是在依法建立的期货交易所内进行的。期货交易所是买卖双方汇聚并进行期货交易的场所，是非营利组织，旨在提供期货交易的场所与交易设施，制定交易规则。

3. 结算统一化——期货交易具有付款方向一致性的特征

期货交易是由结算所专门进行结算的。在付款方向上，交易双方都只对结算所，而不是交易双方之间互相往来款项。

4. 交割定点化——实物交割只占一定比例，多以对冲了结

期货交易的“对冲”机制免除了交易者必须进行实物交割的责任。由于在期货市场进行实物交割的成本往往要高于直接进行现货交易的成本，交易者多以对冲了结手中的持仓，进行实物交割的只占很小的比例。

5. 交易经纪化——期货交易具有集中性和高效性的特征

这种集中性是指期货交易不是由买方和卖方在交易所内直接见面进行交易，而是由场内经纪人代表所有买方和卖方在期货交易所内进行。高效性的特征主要体现在交易过程简便、交易效率高。

6. 保证金制度化——期货交易具有高信用的特征

这种高信用特征集中表现为期货交易的保证金制度。交易者在进入期货市场开始交易前，必须按照交易所的有关规定交纳5%～10%的履约保证金，为交易的最终达成提供履约担保，确保交易者能够履约。

7. 商品特殊化——期货商品具有特殊性

商品是否能进行期货交易，取决于4个条件：一是商品是否具有价格风险，即价格是否波动频繁；二是商品的拥有者和需求者是否渴求避险保护；三是商品是否耐储藏并运输；四是商品的等级、规格、质量等是否比较容易划分。

（二）期货合同

期货合同简称期货（Futures），是标准化的商品远期购销合同。具体而言，期货合同是由期货交易所制定的，规定在将来某一特定地点和时间交收某一特定商品的合同。它的特点主要体现在以下几个方面：

1. 期货合同下的商品都具有统一的品级

虽然在实物交易中同一种商品往往会有不同的品级，但在期货合同中只规定一个基本品级（即合同品级），认为期货合同下同一种商品都具有同样的品质。但商品交易所也在基本品级之外规定了若干可交割品级，一旦期货交易下需要进行实物的交割，就要考虑商品实际的品质情况。如果交割的是基本品级商品，价格也就保持期货合同原有的价格；如果交割的是可交割品级商品，则要依据其品级高于或低于基本品级的情况，相应调高或调低商品的价格。

2. 期货合同下的商品都有规定的数量

期货交易所事先对每份期货合同所代表的商品的数量都做了统一规定，买卖双方不能通过磋商任意确定商品数量，而只能成倍买卖规定数量的商品。因此，在期货市场上买卖商品的数量实际上表现为买卖期货合同的份数。

3. 期货合同下的商品都有规定的交割月份

按照期货交易所的有关规定，大多数商品的期货合同都被规定了若干交割月份，参加期货交易的人不能买卖这些月份以外的期货。例如，芝加哥农产品交易所小麦期货只有5个交割月份，即7月、9月、12月以及次年的3月、5月。因此，任何人在这里都无法买到10月交割的小麦期货。若期货合同下确实需要履行商品的交割，则交割可选

在交割月份中的任意一个营业日进行。

4. 期货合同到期履行时，一般并不交割实际的商品

期货合同的执行有两种方式。卖方可以在合同到期时向买方交付代表合同项下商品所有权的栈单及品质证明，由买方在指定的仓库提货。这是实物交割方式，在期货交易中比较少见。由于期货是一种标准合同，对期货合同的买与卖具有可以相互冲销的性质，因此，期货合同常见的交割方式是由期货的买方或卖方在交割前卖出或买入相同份数、相同交货期的期货合同，买卖相互抵销就算履行了合同项下的义务。这种做法被称为“对冲”或“平仓”。

综上所述，期货合同中商品的数量、品质、交货时间与交货地点等都是既定的，只有价格是唯一的变量。因此，期货交易双方可以通过买入期货后再卖出，或卖出期货后再买入的方式对冲掉当事人交割实际现货的责任，而只去结算这一买一卖之间的差价。

（三）期货市场

期货交易必须在期货市场上进行。所谓期货市场，就是按照一定的规章制度对各种期货进行买卖的专门场所，期货市场是在商品交易所的基础上发展起来的。目前世界上有许多著名的商品交易所，如伦敦金属交易所、芝加哥商品交易所、东京工业品交易所、新加坡国际金融交易所、香港期货交易所等，成为世界期货市场的重要组成部分。

期货市场是有组织的、严格的交易所市场，通常由以下几部分构成：

1. 期货交易所

期货交易所是为进行期货交易而设立的经济组织。一般采取会员制的形式，只有正式会员才能进入交易场所内进行期货交易。非会员不能直接进入，但可委托会员代办。期货交易所作为经济组织只是为期货交易提供场所、设施，制定、实施交易规则，解决交易中可能发生的争议。商品交易所本身并不参加交易，也不拥有任何商品。

2. 场内经纪人

在期货交易所，除少数只为自己谋利的投机商外，大多数会员主要接受非会员企业的委托，代其进行期货交易。这些会员就是场内经纪人（Floor Broker），他们往往受雇于期货佣金商，在交易所内进行活动。

3. 期货佣金商

期货佣金商（Futures Commision Merchant，FCM）又称佣金行、经纪行，是一种专门代理客户在期货市场上进行买卖交易并收取佣金的组织。期货佣金商一般都是期货交易所的会员，可以直接代客户买卖期货。在日常的经营活动中，期货佣金商要雇用专人处理客户的账目、接受客户委托、代客户下达指令、管理客户交纳的履约保证金，并向客户提供市场信息和市场研究报告。

4. 清算所

清算所（ClearingHouse）也称为结算所，是负责对期货交易所内的期货合同进行交割、对冲和结算的机构。清算所一般实行会员制，对会员的财力往往有严格的要求，其会员多为国际佣金行、商业企业、贸易公司与金融机构等。非清算所会员要委托清算所会员对其期货交易进行清算，同时向其支付一定的清算手续费。

5. 交易者

这里的交易者是指期货交易的参加者，包括个人和企业，即所有委托他人或亲自在期货市场上进行期货交易的人。期货交易者的目的有二：一是利用期货市场进行保值交易，以减少价格波动带来的风险，确保生产和经营的正常利润，这种交易者称为套期保值者。二是投机，即他们参加期货交易的目的与套期保值者相反，他们愿意承担价格波动的风险，其目的是希望以少量的资金来博取较多的利润，这种交易者称为投机者。

二、对销贸易

（一）对销贸易的含义和特点

对销贸易（Counter Trade）又称对等贸易、相对贸易或反向贸易，是指在互惠的前提下，由两个或两个以上的贸易方达成协议，规定一方的进口产品可以部分或者全部以相对的出口产品来支付，其主要目的是以进代出，开辟各自的出口市场。这种贸易把进口贸易和出口贸易结合起来，组成相互联系的整体交易，交易双方都有进有出，并在进出中求平衡或基本平衡。

对销贸易不同于单边进出口，实质上是进口和出口相结合的方式。一方商品或劳务的出口必须以进口为条件，体现了互惠的特点，即相互提供出口机会。但这种以进口抵补出口的贸易方式又不是易货的简单重复，它常常伴随着借贷资本甚至商品资本化的运动。

（二）对销贸易的种类

对销贸易有多种形式，但归纳起来基本有 4 种，即易货贸易（Barter Trade）、反购或互购（Counter Purchase）、补偿贸易（Compensation Trade）和转手贸易（Switch Trade）。

1. 易货贸易

（1）易货贸易的概念

易货有狭义和广义之分。狭义的易货是纯粹的以货换货方式，不用货币支付。现代的易货贸易即所谓的广义的易货，即采用比较灵活的方式，双方将货值记账，相互抵冲，或通过对开信用证来结算货款。需要说明的是，这种做法仍是以货换货，而非现汇交易。国际贸易中的易货贸易通常是指买卖双方将进出口结合起来，相互交换各自的商品，从而避免向对方进行货币支付的贸易方式。

（2）易货贸易的形式

国际贸易中，易货贸易主要有以下几种：

1）直接易货，又称狭义易货，是指买卖双方各以一种能为对方所接受的货物直接进行交易，两种货物的交货时间相同、价值相等，这是一种纯粹的以货换货的贸易方式，不用货币结算，即使两种货物的价值出现了少量的差额，也只能以提供货物的方式抵补。在直接贸易方式下，由于很难找到合适的易货对手，因此这种贸易方式在现代国际贸易中较少采用，有相当一部分边境贸易通过这种形式进行。

2）综合易货，又称广义的易货、记账易货、“一揽子”易货。这种贸易方式较为灵活。它既可以用一种出口货物交换另一种进口货物，货物逐笔平衡，也可以通过双方签订易货协议或总合同，规定在一定时期内用几种出口货物交换另外几种进口货物，货款分别结算，最后综合平衡。这种综合贸易多用于两国之间的易货贸易，也是当前易货贸易中最为常见的做法。

（3）易货贸易的利弊

易货贸易的优点主要表现在两个方面：①由于易货方式下一般不发生现汇的收付，因此这种贸易方式可以促进外汇短缺国家对外贸易的发展；②利用易货方式可以达到以出带进或以进带出的目的，可以帮助本国从国外获得一些紧缺的重要物资，或向国外推销一些过剩的商品。

易货方式在具备特有的优点的同时，也存在明显的局限性：①易货得以进行的前提条件是交易双方能够提供的商品恰好是对方所需要并且愿意接受的，而目前从事国际货物买卖的贸易公司大多具有相当高的专业化程度，经常无法提供对方需要的商品，因此很难找到合适的易货伙伴。②如果采用记账易货方式，则逆差方实际上无偿占用了顺差方的资金和外汇，这显然对顺差方不利，所以易货双方不愿积极向对方提供货物，从而大大妨碍了易货交易的顺利发展。

2. 反购或互购

反购或互购是指出口方在向进口方出售货物时，承诺在规定的期限内向进口方购买一定数量或金额的商品。互购贸易涉及两个既独立又相互联系的合同，每个合同都以货币支付，金额不要求等值。

3. 补偿贸易

（1）补偿贸易的概念和特征

补偿贸易是在信贷的基础上，一方进口机器设备或技术，不用现汇支付，而以产品或劳务分期全额或部分偿还价款的一种贸易做法。补偿贸易区别于其他贸易方式的根本特点是：①补偿贸易必须是在信贷的基础上进行的；②补偿贸易中设备供应方必须承诺承担回购产品或劳务的义务。补偿贸易是一种通过商品交易起到利用外资作用的交易方式。

（2）补偿贸易的形式

目前在我国实行的补偿贸易基本上有以下3种形式：

1）直接产品补偿。在协议中双方约定，以进口的机器、设备、技术等直接生产出来的产品支付进口价款。这种补偿方式称为产品回购（Product Buyback），是补偿贸易的基本形式。

2）间接补偿贸易。在协议中双方协定，不是以进口的机器、设备、技术等直接生产出来的产品偿付进口价款，而是以其他产品偿付进口设备的价款。这种方式称作产品互购（Counter Purchase）。但它与一般的互购贸易不同，它是建立在信贷基础上的。

3）劳务补偿。先由出口方自垫货款，代进口方购进所需的机器设备，由进口方为出口方进行加工生产，进口设备所欠的款项从进口方应收的工缴费中分期扣还。

在实践中，上述3种补偿贸易的方式并不一定是截然分开的，既可以是部分直接产品、部分其他产品，也可以是部分产品、部分劳务，甚至可以是部分直接产品、部分现汇支付等。

4. 转手贸易

转手贸易又称三角贸易或转账贸易，是在记账贸易条件下贸易商取得硬通货的一种手段。这种贸易方式要涉及两个以上当事人，内容复杂。

在国际贸易中，转手贸易主要有以下两种方式：

1）简单的转手贸易。握有顺差的一方根据记账贸易将回购的货物运到国际市场，为了提高其产品的竞争力，往往以低于市场的价格转售货物，从而取得硬通货。

2）复杂的转手贸易。记账贸易下，拥有顺差的一方，用该顺差以高于市场的价格从第三方购进本来需用自由外汇才能换得的其所需的设备或其他产品，由该第三方用该顺差从记账贸易下的逆差国家购买约定的货物在其他市场转售，最后取得硬通货。

（三）对销贸易的利弊

1. 对销贸易的好处

1）对销贸易是一种可以不动用外汇或少动用外汇就能发展一国对外贸易的有力手段。

2）在贸易保护主义盛行的当代，对销贸易有利于打破西方国家的贸易壁垒，为本国产品，尤其是发展中国家的工业制成品打开市场。

3）有些方式，如产品回购（补偿贸易），除了具有一般对销贸易所具有的平衡国际收支的作用外，还具有融通资金和吸收外国资本流入的功能。

4）由于对销贸易采用的是进出结合的做法，故核算其经济效益可从进出口两方面通盘考虑。例如，进口盈利，出口亏损，但只要前者大于后者，还是有利可图的。此外，对销贸易是由交易双方私下进行的，这就更增加了决定价格时的灵活性和隐蔽性，从而起到补贴出口而不遭报复的作用。

5）从发达国家角度看，通过对销贸易，承诺一定的回购，提供信贷或投资，不仅可以增强其市场竞争力，还有助于推销一些用现汇难以销售的产品、技术，争取一些廉价的原材料或零部件供应。

2. 对销贸易的弊端

1）对销贸易带有浓厚的双边性和封闭性。这其实是以限制性的措施来反对保护主义，其结果反而助长了贸易保护主义。

2）在上述模式下，决定交易的主要因素已不是商品的价格和质量，而是回购的承诺，这就不可避免地削弱了市场机制的作用。

第四节　加工贸易与国际租赁贸易

在国际事务中，就贸易方式而言，从宏观上大致可分为两大类：一类是正常进出口贸易，就是通常不加任何附加条件的正常进口和出口贸易；另一类是灵活贸易，即一般进出口贸易以外的其他贸易方式，如加工贸易、补偿贸易、易货贸易、国际租赁贸易等。

一、加工贸易

（一）加工贸易的定义

《中华人民共和国海关加工贸易货物监管办法》（海关总署令第113号）规定，加工贸易是指经营企业进口全部或者部分原辅材料、零部件、元器件、包装物料，经加工或装配后，将制成品复出口的经营活动，包括进料加工和来料加工。通常所说的“三来一补”，是指来料加工、来件装配、来样加工和中小型补偿贸易。其中，来样加工不在加工贸易的范围内。

（二）加工贸易方式

加工贸易是以加工为特征的再出口业务，其方式多种多样，常见的加工贸易方式有以下几种：

1. 进料加工

进料加工又称以进养出，是指用外汇购入国外的原材料、辅料，利用本国的技术、设备和劳动力，加工成品后，销往国外市场。我国的进料加工是指进口料件由经营企业付汇进口，制成品由经营企业外销出口的经营活动。

这类业务中，经营的企业以买主的身份与国外签订购买原材料的合同，又以卖主的身份签订成品的出口合同。两个合同体现为两笔交易，它们都是以所有权转移为特征的货物买卖。要注意：进料加工贸易所加工的成品在国际市场上要有销路。

2. 来料加工

来料加工通常是指加工一方由国外另一方提供原料、辅料和包装材料，按照双方商定的质量、规格、款式加工为成品，交给对方，自己收取加工费。有的是全部由对方来料，有的是一部分由对方来料，另一部分由加工方采用本国原料的辅料。此外，有时对方只提出式样、规格等要求，而由加工方使用当地的原料和辅料进行加工生产。这种做法常被称为“来样加工”。

我国的来料加工是指进口料件由境外企业提供，经营企业不需要付汇进口，按照境外企业的要求进行加工或者装配，只收取加工费，制成品由境外企业销售的经营活动。

3. 装配业务

装配业务是指由一方提供装配所需设备、技术和有关元件、零件，由另一方装配为成品后交货。

需要注意的是：首先，来料加工和装配业务包括两个贸易过程：一是进口原料；二是产品出口。这两个过程是同一笔贸易的两个方面，而不是两笔交易。原料的提供者和产品的接受者是同一家企业，交易双方不存在买卖关系，而是委托加工关系，加工一方赚取的是劳务费，因而这类贸易属于劳务贸易范畴。其次，来料加工与装配业务只是一种初级阶段的劳务贸易，加工方只能赚取加工费，产品从原料转化为成品过程中的附加价值，基本被对方占有。由于这种贸易方式比进料加工风险小，在我国开展得比较广泛，获得了较好的经济效益。

4. 协作生产

协作生产是指一方提供部分配件或主要部件，另一方利用本国生产的其他配件组装成一件产品出口。商标可由双方协商确定，既可用加工方的，也可用对方的。所供配件的价款可在货款中扣除。

（三）加工贸易合同

加工贸易合同是规定委托方、承接方的权利和义务的法律性文件，其主要内容包括以下几方面：

1. 合同的标的

加工装配业务的合同标的与买卖合同的标的不同，它体现为将原材料或零部件加工成指定成品而付出的劳动以及一定的技术或工艺。因此，合同的标的应规定与劳动或一定技术有关的产品种类及标准，以及委托加工的具体事项。

2. 原材料供应

在合同中应具体规定委托方送交料件的时间、地点，并应列明对料件品质、数量的具体要求以及委托方来料、来件不符合合同要求的处理方法。

3. 成品交付

在合同条款中，要对成品的品质、规格以及交货期做出明确规定，通常还要规定违约的处理办法。

4. 耗料和残次品率

委托方规定生产企业产品消耗原材料或零部件的具体数额，以及残次品的比例。

5. 工缴费

承接方为委托方加工装配所收取的劳务报酬即为工缴费，它的支付方法通常有以下两种：

1）对来料、来件和产品均不作价，加工装配业务完成后，由承接方按约定向委托方收取。

2）对来料、来件和产品分别作价，承接方对委托方的来料、来件先不付款，从成品出口的货款中扣除，成品的价格与来料、来件价格之间的差额就是工缴费。

6. 对外运输

对外加工装配业务涉及原材料、零部件的运进及成品的运出问题。按照对外加工装配业务的性质，这两段运输责任及费用应由委托方承担。但在实际业务中，由委托方办理两段运输业务有困难，承接方应协助代办。

7. 保险

中国人民财产保险股份公司为适应来料加工业务发展的需要，设立了来料加工“一揽子”综合险，投保这种险别，保险公司即承担了两段运输和存仓财产险。

8. 支付

在加工装配业务中，可采用国际贸易中各种惯常的支付方式。

（四）我国加工贸易的业务流程

企业开展加工贸易，需向海关办理加工贸易手（账）册。我国加工贸易的业务流程大致如下：

1）签订合同。

2）经对外贸易主管部门审批，颁发加工贸易业务批准证，到海关备案，在银行设立保证金台账，领取加工贸易登记手册。

3）在税务部门登记备案。

4）填报生产企业进料加工登记申报表或填报来料加工贸易免税申请表。

5）进口，入库加工生产后出口。

6）向税务部门申报“免抵退”税。填报生产企业进料加工进口料件申报明细表，申请出具生产企业进料加工贸易免税证明或填报生产企业出口货物退免税申报明细表（来料加工免税出口明细），申请出具生产企业来料加工贸易免税证明。

7）到税务部门办理退税核销。持进料加工登记手册、进料加工海关登记手册核销申请表或来料加工登记手册到税务部门办理。

8）在合同执行完毕后一个月内进行海关核销（含银行保证金台账核销）。

（五）我国加工贸易办理的注意事项

1）是否超越经营范围签订加工贸易合同。

2）企业是否已开业投产，资金到位率是否达到要求。

3）企业生产规模如何，是否有能力承接加工贸易合同规定的产量。

4）加工贸易企业履行情况和进（来）料加工合同的进出口价格情况，防止出现“低进高报，高出少报”。

（六）单耗的含义和分类

1. 单耗的含义

单耗是指加工贸易企业在正常生产条件下加工生产单位出口成品（包括深加工结转的成品和半成品）所耗用的进口保税料件的数量。

2. 单耗的分类

单耗包括净耗和工艺损耗。

净耗是指加工生产中物化在单位出口成品（包括深加工结转的成品和半成品）中的加工贸易进口保税料件的数量。

工艺损耗是指因加工生产工艺要求，在生产过程中除净耗外所必须耗用，且不能完全物化在成品（包括深加工结转的成品和半成品）中的加工贸易进口保税料件的数量。

损耗率是指工艺损耗占单位进口保税料件投入量的百分比。

下列情况不列入工艺损耗范围：

1）因生产过程中突发停电、停水或人为原因等造成保税料件、半成品、成品的损耗。

2）对加工贸易企业未经加工或组装的保税料件、半成品、成品在运输移动和仓储放置过程中发生的各种损耗（遗撒、蒸发、挥发、沾罐、沾管、挂壁、挂仓等）。

3）因失窃、丢失、破损等造成的保税料件、半成品、成品的损耗。

4）因不可抗力等客观因素引起的保税料件、半成品、成品的损毁、灭失或短少等损耗。

5）因进口保税料件或出口成品（包括深加工结转）的品质、数量不符合合同要求或约定，造成加工用料增加或成品短少的损耗。

6）加工生产过程中被检测出的不合格进口保税料件，以及因工艺性配料所用的非进口料件所产生的损耗。

7）加工生产过程中完全不物化在成品中的消耗性材料的损耗。

8）经海关认定，其他不属于工艺损耗的情况。

（七）单耗的报核

加工贸易企业加工的成品实际加工出口或深加工结转前，应如实申报成品的单耗，如海关认为必要，还应提交以下资料：

1）原材料、成品样品或其影像图片、图样及其品质、成分、规格、型号等相关数据和资料。

2）工艺流程图、排料图、工料单、配料表、质量检测标准等能反映成品加工的质量技术要求、加工工艺过程及相应耗料的有关资料。

3）加工合同、生产报表、成本核算等有关账册。

4）财政、税务、审计部门对企业稽查审计的结果和报告资料等。

5）其他能反映单耗、净耗和工艺损耗情况的资料。

二、国际租赁贸易

（一）国际租赁贸易的定义

国际租赁贸易是指营业地在不同国家的出租人，根据承租人的要求，把自己的资产或设备、利用自有资本或银行贷款临时购买的资产或设备，交付给承租人在一定期限内使用并向承租人收取租金的一种国际性业务。

（二）国际租赁贸易的分类

1. 融资租赁

融资租赁（Financial Leasing）是指出租人根据承租人对租赁物件的特定要求和对供货人的选择，出资向供货人购买租赁物件，并租给承租人使用，承租人则分期向出租人支付租金，在租赁期内租赁物件的所有权属于出租人所有，承租人拥有租赁物件的使用权。

融资租赁是集融资与融物、贸易与技术更新于一体的新型金融产业，是市场经济发展到一定阶段而产生的一种适应性较强的融资方式。融资租赁产生于20世纪50年代的美国，由于它适应了现代经济发展的要求，因此在20世纪六七十年代迅速在全世界发展起来，当今已成为企业更新设备的主要融资手段之一，被誉为“朝阳产业”。我国在20世纪80年代初引进了这种业务方式。

融资租赁的主要特点如下：

1）融资租赁是一项至少涉及三方当事人的交易，即出租人、承租人和供货商，并至少由两种合同（买卖合同和租赁合同）构成的自成一类的三边交易。这三方当事人相互关联，两种合同相互制约。

2）拟租赁的设备由承租人自行选定，出租人只负责按用户的要求给予融资便利，购买设备，不负责设备缺陷、延迟交货等责任和设备维护的义务，承租人也不得以此为由拖欠和拒付租金。

3）金额清偿，即出租人在基本租期内只将设备出租给一个特定的用户，出租人从该用户收取的租金总额应等于该项租赁交易的全部投资及利润，或根据出租人所在国关于融资租赁的标准，等于投资总额的一定的比例，如80%。换言之，出租人在此交易中能收回全部或大部分该项交易的投资。

4）不可解约性。对承租人而言，租赁的设备是承租人根据自身需要而选定的，因此，承租人不能以退还设备为条件而提前中止合同。对出租人而言，因设备为已购进商品，不能以市场涨价为由在租期内提高租金。总之，一般情况下，租期内租赁双方无权中止合同。

5）设备的所有权与使用权长期分离。设备的所有权在法律上属于出租人，设备的使用权在经济上属于承租人。

6）设备的保险、保养、维护等费用及设备过时的风险均由承租人负担。

7）基本租期结束时，承租人对设备拥有留购、续租或退租三种选择权。

2. 经营租赁

经营租赁的租赁期限较短，在设备使用的有效期内，不仅仅租给一个用户，每个用户所交纳的租金只相当于设备投资的一部分，故又称为不完全支付租赁。在租赁期内，由出租人提供设备维修保养服务，以期保持设备的良好状态供再次出租。对承租人来说，这种租赁方式和提供的服务使其获得了始终保持正常运转的高新技术设备，但租金较高。

经营租赁的标的物是通用设备。当承租人需要短期使用某种通用设备时，往往采用这种租赁方式。

经营租赁的出租人通常是生产制造商兼营的租赁公司或者专业租赁公司。

3. 转租租赁

我国在以租赁方式引进国外设备时，往往由我国的租赁公司作为承租人向国外租赁公司租用设备，然后将该设备转租给国内用户。经营转租业务的租赁公司，一方面为用户企业提供了信用担保，即以自己的名义承担了支付租金的责任；另一方面为用户承办涉外租赁合同的洽谈和签订。

我国租赁公司除办理转租赁外，还作为中介机构为国内用户企业介绍国外租赁公司，由用户企业与国外公司直接签约。我国租赁公司开立保函，为国内承租人定期支付租金作保。

4. 回租租赁

回租租赁是指承租人向出租人租赁原来属于自己的设施。一般做法是先由承租人和出租人签订租赁协议，然后再签订买卖合同，由出租人购进标的物，将其租给承租人，即原物主。这种租赁方式主要用于不动产，承租人由于缺少资金而出售不动产以筹措所需资金。

回租租赁均为融资租赁。标的物的售价将分摊在各期租金中，故在回租租赁业务中，标的物的售价往往并不反映真正的市场价，而更多取决于承租人所需资金的数额，当然也不可能超过其真正的市场价。

（三）国际租赁的一般程序

以融资租赁为例，说明国际租赁贸易的一般做法。

1. 委托租赁

用户企业将已选定的租赁物品向租赁公司提示，并填写租赁委托书。租赁委托书中应包括企业资产负债状况及经营指标。如有必要，应表明可以提供的担保。

2. 洽购标的物

由用户企业或租赁公司或双方联合，与租赁标的物的制造厂或供应商磋商购买标的物的贸易条件。

3. 签订租赁合同

当购买标的物的贸易条件已商定，租赁公司即出具租赁费估价单。然后，双方就租期、租金、租赁标的物的交接验收、维修保养以及保险等条件达成一致，并签署租赁合同。

4. 签订购货合同

租赁公司与制造商就事先谈妥的贸易条件，正式签订购货合同。

5. 交货验收

制造商按合同规定直接向用户企业交货。我国企业以租赁方式引进设备，其手续等同于一般进口贸易。用户企业验收合格，以承租人身份向租赁公司出具验收收据。

6. 支付租金和履行合同义务

承租人应按合同规定定期支付租金，并履行合同中规定的其他义务。租赁公司也应按合同规定，承担保险和维修责任。租赁期内，设备一般由用户自行维修保养。

7. 期满留购

融资租赁期满后，通常标的物所有权即归承租人所有。租赁合同也可规定承租人支付一定数额的设备残值后才拥有所有权。

（四）国际租赁合同的基本内容

一项国际租赁服务贸易往往需要订立多份合同，如购货合同、租赁合同、贷款合同、维修合同、保险合同等，但租赁合同是其中的基本合同，它属于经济合同的范畴。在国际租赁业务中，由于实际运用的租赁方式及租赁物不同，租赁合同的内容也不完全相同，但一般应包括如下基本内容：

1. 合同日期

租赁合同的签订日期一般为该项国际租赁交易当事人签订合同的当天，但是合同日期并非租期的起算日。

2. 合同的当事人

租赁合同的当事人主要是指出租人和承租人。出租人是租赁物的所有者，而承租人则是租赁物的使用者。合同中须注明当事人的姓名和地址。

3. 租赁物

租赁合同中应明确租赁物的价格、名称、规格、型号、数量等，以及承租人使用租赁物应注意的事项。

4. 租赁期限

租赁期限一般从承租人验收租赁物之日算起，如果设备需要安装，则应从设备安装完毕、承租人正式开始使用算起。租期的长短主要依据设备的使用寿命而定。通用设备租期一般为3年左右；厂房、机械设备、计算机等租期一般为5年左右；飞机、船舶等租期一般为10年左右。

5. 租金

在租赁合同中，按期支付租金是承租人的一项主要义务。租金条款须明确总租金额、每期支付的租金额、支付方式、支付时间和支付币种等。

6. 租赁物的购买与交货

租赁合同中须注明出租人所购买的租赁设备是由承租人选定的，应明确租赁物的交货期和交货地点、验货时间和方法等，以及交货人不能按时交货应承担的责任。

7. 纳税

国际租赁贸易中涉及海关关税、工商统一税等多种税款的缴付问题，合同的当事人应在合同中明确各方应承担支付的税收种类。

8. 租赁物的维修与保养

租赁合同须明确承租人对设备的保管义务，在使用设备时应注意的事项。融资性租赁合同一般规定由承租人支付租赁物的维修费用，而经营性租赁合同往往由出租人或制造商负责租赁物的维修与保养。

9. 租赁保证金

租赁合同通常规定承租人交纳租赁保证金给出租人，作为履行租赁合同的保证，保证金的具体金额应在合同中注明。保证金一般不计利息，待租期满后退还给承租人。如果承租人违约，出租人有权从租赁保证金中扣抵承租人应该交纳的款项。

10. 保证书

在国际租赁贸易中，通常需要担保人保证承租人严格履约。当发生承租人不能按照租赁合同的规定向出租人缴付租金或其他款项时，担保人应无条件地替承租人向出租人支付包括迟延利息在内的未付租金余额和其他应付款项，一般要求银行出具担保书。

11. 保险

租赁双方应在合同中规定由谁为租赁物投保，如果是由承租人支付保费，承租人应以出租人的名义为租赁物投保，当因保险范围内的风险使租赁物受损时，承租人须及时向出租人提交有关文件，帮助出租人顺利获取保险赔偿金。

12. 租赁物期满后的处理

在租赁合同中，应明确租赁期满后租赁物的处理方法。如果退还，须规定租赁物应保证的状态；如果续租，应注明承租人在何时提出续租要求；如果留购，应明确留购的价格。

13. 仲裁条款

租赁合同中应规定交易过程如果出现违约情况的赔偿金额和争议的解决方法。《中华人民共和国涉外经济合同法》规定，合同当事人可以选择处理合同争议所适用的法律。当事人没有选择的，适用与合同有最密切联系的国家的法律。

第五节 跨境电子商务

跨境电子商务构建的开放、多维、立体的多边经贸合作模式，极大地拓宽了企业进入国际市场的路径，大大促进了多边资源的优化配置与企业间的互利共赢。

近几年，在国际经济形势持续不振的环境下，我国中小外贸企业跨境电子商务仍逆势而为，近年来保持了30%的年均增速。有关部门正在加紧完善促进跨境网上交易对平台、物流、支付结算等方面的配套政策措施，促进跨境电子商务模式不断创新，出现了一站式推广、平台化运营、网络购物业务与会展相结合等模式，使得更多中国制造产品通过在线外贸平台走向国外市场，有力推动了跨境电子商务的纵深发展。

一、跨境电子商务的含义

跨境电子商务是指分属不同关境的交易主体，通过电子商务平台达成交易、进行电子支付结算，并通过跨境电商物流及异地仓储送达商品，从而完成交易的一种国际商业活动。

跨境电子商务融合了国际贸易和电子商务两方面的特征，具有更大的复杂性。这主要表现在：一是信息流、资金流、物流等多种要素流动须紧密结合，任何一方面的不足或衔接不够，就会阻碍整体商务活动的完成；二是流程繁杂且不完善，国际贸易通常具有非常复杂的流程，牵涉海关、检疫检验、外汇、税收、货运等多个环节，而电子商务作为新兴交易方式，在通关、支付、税收等领域的法规目前还不太完善；三是风险触发因素较多，容易受到国际经济政治宏观环境和各国政策的影响。

二、跨境电子商务的特征

1. 全球性

网络是一个没有边界的媒介体，具有全球性和非中心化的特征。依附于网络发生的跨境电子商务也因此具有了全球性和非中心化的特性。电子商务与传统的交易方式相比，一个重要的特点在于电子商务是一种无边界交易，丧失了传统交易所具有的地理因素。互联网用户不需要考虑跨越国界就可以把产品尤其是高附加值产品和服务提交到市场。网络的全球性特征带来的积极影响是信息的最大限度的共享，消极影响是用户必须面临因文化、政治和法律的不同而产生的风险。任何人只要具备了一定的技术手段，在任何时候、任何地方都可以让信息进入网络、相互联系并进行交易。

2. 无形性

网络的发展使数字化产品和服务的传输盛行。数字化传输是通过不同类型的媒介，如数据、声音和图像，在全球化网络环境中集中进行的，这些媒介在网络中以计算机数据代码的形式出现，因而是无形的。电子商务是数字化传输活动的一种特殊形式，具有无形性的特征。

数字化产品和服务基于数字传输活动的特性也必然具有无形性，传统交易以实物交易为主，而在电子商务中，无形产品却可以替代实物成为交易的对象。以书籍为例，传统的纸质书籍，其排版、印刷、销售和购买被看作产品的生产、销售。然而，在电子商务交易中，消费者只要购买网上的数据权，便可以使用书中的知识和信息。

3. 匿名性

由于跨境电子商务的非中心化和全球性的特征，因此很难识别电子商务用户的身份和其所处的地理位置。在线交易的消费者往往不显示自己的真实身份和自己所处的地理位置，但丝毫不影响交易的进行，网络的匿名性也允许消费者这样做。在虚拟社会里，隐匿身份导致自由与责任不对称。人们在这里可以享受最大的自由，却只承担最小的责任，甚至干脆逃避责任。

4. 即时性

对于网络而言，传输的速度和地理距离无关。传统交易模式，信息交流方式如信函、电报、传真等，在信息的发送与接收间存在着时间差。电子商务中的信息交流，无论距离远近，一方发送信息与另一方接收信息几乎是同时的，就如同生活中面对面交谈。某些数字化产品（如音像制品、软件等）的交易，还可以即时结清，订货、付款、交货都可以在瞬间完成。

电子商务交易的即时性提高了人们交往和交易的效率，免去了传统交易中的中间环节。

5. 无纸化

电子商务主要采取无纸化操作的方式，这是以电子商务形式进行交易的主要特征。在电子商务中，电子通信记录取代了一系列的纸面交易文件。用户发送或接收电子信息。由于电子信息以比特的形式存在和传送，整个信息发送和接收过程实现了无纸化。无纸化使信息传递摆脱了纸张的限制。

6. 快速演进

互联网是一个新生事物，现阶段它尚处在幼年时期，网络设施和相应的软件协议的未来发展具有很大的不确定性。互联网将以前所未有的速度和无法预知的方式不断演进。基于互联网的电子商务活动处在瞬息万变的过程中，短短的几十年，数字化产品和服务花样出新，不断改变着人类的生活。

三、跨境电商流程

从跨境电商出口的流程看，生产商或制造商将生产的商品在跨境电商企业的平台上上线展示，在商品被选购下单并完成支付后，跨境电商企业将商品交付给物流企业进行投递，经过两次（出口国和进口国）海关通关商检后，最终送达消费者或企业手中，也有的跨境电商企业直接与第三方综合服务平台合作，让第三方综合服务平台代办物流、通关商检等一系列环节，从而完成整个跨境电商交易的过程。跨境电商进口的流程除了与出口流程的方向相反外，其他内容基本相同。

四、跨境电子商务的类型

跨境电子商务按照不同的分类原则可以分为不同的类型。

（一）按交易对象分类

按照交易对象的不同，跨境电子商务可以分为 B2B、B2C、C2C、B2G 等。其中，C2C 主要应用于消费者之间的个人拍卖等行为；B2G 是企业与政府之间的跨境电子商务，主要应用于政府采购，但目前进行跨境采购要受到各国诸多法规的限制。我国跨境电子商务主要分为企业对企业（即 B2B）和企业对消费者（即 B2C）的贸易模式。B2B 模式下，企业运用电子商务，以广告和信息发布为主，成交和通关流程基本在线下完成，本质上仍属于传统贸易，已纳入海关一般贸易统计。B2C 模式下，我国企业直接面对国外消费者，以销售个人消费品为主，物流方面主要采用航空小包、邮寄、快递等方式，其报关主体是邮政或快递公司，目前大多未纳入海关登记。B2B 模式是我国跨境电商的“主力军”，我国跨境电商 90%都是 B2B 模式，B2C 是补充。

（二）按经营主体分类

按照经营主体，跨境电子商务可以分为平台型、自营型和混合型 3 种。

1. 平台型

平台型即通过邀请国内外商家入驻的模式来进行运营，如亚马逊、全球速卖通、eBay、敦煌网等。海外仓和海外本土化服务给消费者以更好的体验服务，也称为极速电商。平台型是最能保证商品品牌品质的模式，但是它的高门槛让很多创业者望而却步。

2. 自营型

自营型一般指不依托第三方平台，自己构造电商体系，自建网站，自己引流。自营型跨境电商平台主要包括网易考拉、京东全球购、米兰网、聚美优品、小红书等。大部分跨境创业者选择自营模式来确保其产品品类最大化，以获取大量的用户。

3. 混合型

混合型是指既有自己的平台又能自营的模式。

（三）按监管模式分类

按照监管模式，我国跨境电子商务零售进出口业务可以分为“网购保税进口”“直购进口”“一般出口”和“特殊区域出口”海关监管模式。

1. “网购保税进口”海关监管模式

“网购保税进口”海关监管模式是指符合条件的电子商务企业或平台与海关联网，电子商务企业将整批商品运入海关特殊监管区域或保税物流中心（B 型）内并向海关报关，海关实施账册管理。境内个人网购区内商品后，电子商务企业或平台将电子订单、支付凭证、电子运单等传输给海关，电子商务企业或其代理人向海关提交清单，海关按照跨境电子商务零售进口商品征收税款，验放后账册自动核销。

2. “直购进口”海关监管模式

符合条件的电子商务企业或平台与海关联网，境内个人跨境网购后，电子商务企业或平台将电子订单、支付凭证、电子运单等传输给海关，电子商务企业或其代理人向海关提交清单，商品以邮件、快件方式运送，通过海关邮件、快件监管场所入境，按照跨境电子商务零售进口商品征收税款。

3. “一般出口”海关监管模式

符合条件的电子商务企业或平台与海关联网，境外个人跨境网购后，电子商务企业或平台将电子订单、支付凭证、电子运单等传输给海关，电子商务企业或其代理人向海关提交申报清单，商品以邮件、快件方式运送出境。综合试验区海关采用“简化申报，清单核放，汇总统计”方式通关，其他海关采用“清单核放，汇总申报”方式通关。

4. “特殊区域出口”海关监管模式

符合条件的电子商务企业或平台与海关联网，电子商务企业把整批商品按一般贸易报关进入海关特殊监管区域，企业实现退税；对于已入区退税的商品，境外网购后，海关凭清单核放，出区离境后，海关定期将已放行清单归并形成出口报关单，电商凭此办理结汇手续。

五、我国跨境电子商务的发展

近年来，我国跨境电子商务快速发展，已经形成了一定的产业集群和交易规模。跨境电子商务的发展，有利于通过“互联网+外贸”实现优进优出，发挥我国制造业大国优势，扩大海外营销渠道，合理增加进口，扩大国内消费，促进企业和外贸转型升级；有利于增加就业，推进大众创业、万众创新，打造新的经济增长点；有利于加快实施共建“一带一路”等，推动开放型经济发展升级。

2014年被称为跨境电商元年，2015年则是跨境电商大爆发的一年，越来越多的资本进入这个处于发展初期且生命力旺盛的行业。天猫国际、京东全球购、网易考拉海购等电商巨头们在跨境电商行业攻城略地之时，一些初创公司也进入了快速上升期。

行业迅速发展的背后是不断释放的政策利好。2014年7月，海关总署陆续出台了《关于跨境贸易电子商务进出境货物、物品有关监管事宜的公告》和《关于增列海关监管方式代码的公告》，从政策层面承认了跨境电子商务，也认可了业内通用的保税模式。2015年6月，我国发布《国务院办公厅关于促进跨境电子商务健康快速发展的指导意见》，大力支持国内企业更好地利用电子商务开展对外贸易。该文件提出了明确规范进出口税收政策、完善电子商务支付结算管理、提供积极财政金融支持、规范跨境电子商务经营行为等12项具体指导意见。

2015年3月，国务院正式批复决定在杭州开展跨境电子商务综合试验区建设。在试点政策的支持下，杭州市跨境电子商务交易规模从2014年的不足2000万美元快速增至2015年11月底的30.4亿美元。2016年1月，国务院又批准在天津、上海、重庆、合肥、郑州、广州、成都、大连、宁波、青岛、深圳、苏州共12个城市新设一批跨境电子商务综合试验区，复制推广杭州经验。

根据中国国际电子商务中心发布的2015年度中国电子商务市场数据，中国的跨境电商交易规模达到了5.4万亿元，同比增长了28.6%。2016年的跨境电商进出口贸易额达到6.5万亿元。数据显示，中国跨境电商规模5年增长近10倍。2020年中国跨境电商进出口1.69万亿元，同比增长31.1%，跨境电商已逐渐成为外贸高质量发展新引擎。

据新华社报道，2020 年，中国新增 46 家跨境电商综合试验区，总数扩大到 105 个。目前，各跨境电商综合试验区建设成效显著，充分带动就业效应明显。

六、跨境电子商务的意义

跨境电子商务作为推动经济一体化、贸易全球化的技术基础，具有非常重要的意义。

1）跨境电子商务冲破了国家间的障碍，使国际贸易走向无国界贸易，同时它正在引起世界经济贸易的巨大变革。

2）跨境电子商务构建的开放、多维、立体的多边经贸合作模式，极大地拓宽了企业进入国际市场的路径，大大促进了多边资源的优化配置与企业间的互利共赢。

3）跨境电子商务使消费者非常容易地获取其他国家的信息并买到物美价廉的商品。

七、跨境电子商务海关监管中有关用语的含义

1. 电子商务企业

电子商务企业是指通过自建或者利用第三方电子商务交易平台开展跨境贸易电子商务业务的境内企业，以及提供交易服务的跨境贸易电子商务第三方平台。

2. 个人

个人是指境内居民。

3. 电子商务交易平台

电子商务交易平台是指跨境贸易电子商务进出境货物、物品实现交易、支付、配送并经海关认可且与海关联网的平台。

4. 电子商务通关服务平台

电子商务通关服务平台是指由电子口岸搭建，实现企业、海关以及相关管理部门之间数据交换与信息共享的平台。

5. 电子商务通关管理平台

电子商务通关管理平台是指由中国海关搭建，实现对跨境贸易电子商务交易、仓储、物流和通关环节电子监管执法的平台。

习　　题

一、名词解释

1. 经销
2. 代理
3. 寄售

二、简答题

1. 简述经销与代理的主要区别。
2. 企业在选择国际贸易方式时，应考虑哪些因素？

参考文献

[1] 黎孝先，石玉川．国际贸易实务：精简本［M］.7 版．北京：对外经济贸易大学出版社，2020.
[2] 冷柏军．国际贸易实务［M］.4 版．北京：中国人民大学出版社，2023.
[3] 余庆瑜．国际贸易实务原理与案例［M］.3 版．北京：中国人民大学出版社，2021.
[4] 中国国际商会，国际商会中国国家委员会．国际贸易术语解释通则：中英版　2020［M］．北京：对外经济贸易大学出版社，2020.
[5] 陈平．国际贸易实务：数字教材版［M］.4 版．北京：中国人民大学出版社，2022.
[6] 韩玉军．国际贸易实务［M］.3 版．北京：中国人民大学出版社，2018.
[7] 吴百福，徐小薇，聂清．进出口贸易实务教程［M］．8 版．上海：格致出版社，2020.
[8] 张燕芳，史俊红．国际贸易实务［M］.4 版．北京：人民邮电出版社，2021.
[9] 崔日明，王海兰．国际贸易实务［M］.2 版．北京：机械工业出版社，2010.
[10] 胡丹婷，成蓉．国际贸易实务［M］.4 版．北京：机械工业出版社，2022.
[11] 鲁丹萍．国际贸易实务［M］.3 版．北京：高等教育出版社，2021.
[12] 姚涛．国际贸易实务［M］．上海：立信会计出版社，2021.
[13] 张桂梅．国际贸易理论与实务［M］．杭州：浙江大学出版社，2014.
[14] 陈岩．国际贸易理论与实务［M］.3 版．北京：机械工业出版社，2020.
[15] 张文敬．国际贸易实务［M］．北京：北京理工大学出版社，2018.
[16] 黎孝先，石玉川，王健．国际贸易实务［M］.6 版．北京：对外经济贸易大学出版社，2017.